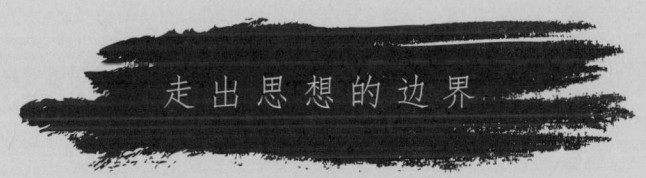

走出思想的边界

knowledge-power
读行者

钱穆
著

中国文化丛谈

著作财产权人：© 三民书局股份有限公司
本著作中文简体字版由三民书局股份有限公司许可中南博集天卷文化传媒有限公司在中国大陆地区发行、散布与贩售。
未经著作财产权人书面许可，禁止对本著作之任何部分以电子、数位、影印、录音或任何其他方式复制、转载或散播。

图书在版编目（CIP）数据

中国文化丛谈 / 钱穆著 . -- 长沙：岳麓书社，2023.5
ISBN 978-7-5538-1810-8

Ⅰ.①中… Ⅱ.①钱… Ⅲ.①中华文化—文集 Ⅳ.①K203-53

中国国家版本馆 CIP 数据核字（2023）第 049325 号

ZHONGGUO WENHUA CONGTAN
中国文化丛谈

著　　者：钱　穆
责任编辑：李伏媛
监　　制：秦　青
版权支持：张雪珂
特邀编辑：列　夫
封面设计：姜　姜
版式设计：秋　晨
岳麓书社出版
地　址：湖南省长沙市爱民路 47 号
直销电话：0731-88804152　88885616
邮编：410006
2023 年 5 月第 1 版　2023 年 5 月第 1 次印刷
开本：875×1230　1/32
印张：11.75
字数：270 千字
书号：ISBN 978-7-5538-1810-8
定价：68.00 元
承印：三河市鑫金马印装有限公司

若有质量问题，请致电质量监督电话：010-59096394
团购电话：010-59320018

序

　　本集所收，系本人二十年来有关中国文化问题之讲演共二十六篇或则在港九星马，或则在台湾各地。其中唯"知识青年从军先例"一篇，乃对日抗战时在成都所讲，兹亦附收在内。各篇不分年代先后，略就其内容，又分为上下两编。上编主就中国历史指出中国文化之演进及当前文化复兴运动之主要途径所在。下编分述中国文化之各方面，如宗教信仰、道德修养、农村生活、社会经济设计，以及科学艺术法律诸端，并及海外移民等，而以"中国民族之克难精神"及"人人必读书"两篇为殿。凡本人对于中国文化之看法，大体轮廓略具。其他已发表之文字，有《中国文化史导论》《文化学大义》《民族与文化》《中华文化十二讲》四种，读者可取参考。其他尚有未尽收编成书者，此后当再络续汇集出版。

　　一九六九年八月中旬钱穆识于台北外双溪之素书楼。

目录

上 编

人类文化之展望 / 003

从中西历史看盛衰兴亡 / 009

历史地理与文化 / 031

中国文化之成长与发展 / 051

谈中国文化复兴运动 / 085

中国文化与中国人 / 111

中国历史人物 / 129

中国文化与国运 / 163

怎样做一个中国人 / 173

文化与生活 / 181

变与滥 / 195

下 编

中国人之宇宙信仰及其人生修养 / 205

中国传统文化与宗教信仰 / 225

孔孟学说蠡测 / 231

中国传统文化中之道德修养 / 237

农业与中国文化 / 245

中国文化与科学 / 259

中国文化体系中之艺术 / 271

从中国固有文化谈法的观念 / 283

中国文化与海外移民 / 291

华侨与复兴中华文化运动 / 301

中国社会的礼俗问题 / 313

中国民族之克难精神 / 323

知识青年从军的历史先例 / 331

复兴中华文化人人必读的几部书 / 345

简体版出版说明 / 369

上编

人类文化之展望

目前的世界，仍然是个动荡不安的局面，政治、经济、社会种种问题，先后经过第一、第二次世界大战，依然不能解决。假如有第三次世界大战发生的话，怕还是不能彻底解决人类的问题！为什么呢？我认为这正是人类文化的缺点和病态。因此，我们对目前的人类文化，应该做一番总检讨，揭发人类文化病源所在，重新认识，而提出改进文化的新方案来。

文化是什么？文化就是人生，而且是多方面的人生。现在我把人类文化分开三方面，也就是分为三个阶层来讲：

一、属于物质经济方面的，是人对物的问题。

二、属于政治社会方面的，是人对人的问题。

三、属于精神心灵方面的，是心对心的问题。

先说第一阶层。譬如人生吃饭、穿衣、住房子，都脱离不了物质经济的关系。可是，物质经济只可限制人生活动，而不能决定人生活动；因为衣、食、住等物质生活，并没有一定的标准，所以物质经济，只是人生活动中消极的必需。如果人类文化仅仅止于"对物"这一方面，那么，这种文化，只可说是一种原始文化。

其次，说到第二阶层。由于人对人的关系，渐渐就形成了社会群体，社会群体必然会产生政治。于是这里建立一个国家，那里建立一个国家；这里形成一个集团，那里也形成一个集团。为了国家和集团的利益，政治必然要求人民服从，所以政治带有一种权力性，带有一种拘束性和压迫性。一个国家为巩固内部，或向外发展，或抵抗侵略，还带有一种斗争性。然而在第一次世界大战的时候，英国人祈祷上帝，赐予战争胜利，打败德国，那么世界就会实现和平。同时德国人也同样地祈祷上帝，赐予战争胜利，打败英国，那么，世界就会实现和平。你们说，到底谁的祈祷对呢？事实上，政治又使人群隔离，造成国家与国家的对立，集团与集团的对立，因而更引起严重的斗争。不是吗？

我以为人类的理想政治，应该遵循下列两大法则：一、要尽量减轻其权力性，使不致引起对内对外的一切斗争；二、要在小量的服从和拘束中，获得大量的自由和平等。因为人类文化，演进至有国家的阶段，是为文化进步过程中的一大关键；要是人类文化仅仅止于这一阶层而不再前进的话，那只可算是一种半熟的文化。

现在说到第三阶层，属于心灵精神方面的，才是人生的本质部分，也是人生的终极部分。心对心，心灵的活动虽然是个别的，所谓"人心不同各如其面"，但是心灵的活动却有共通性，所谓"人同此心，心同此理"。我们心里的思想，总希望发表传给别人。如果我们的思想不能表达出来，那么，有思想不是等于没有思想吗？同时，我们心对心地发表思想，正是一种赠予、赠予而自己仍没有损失；相反的，可能把自己的思想加强，而发生普遍的传播作用。所以说，只有心对心，才能把全人类融成为一整体。

人类文化最坚实的东西是心灵，它能启发、感通和积累。我们从物质和政治的观点出发，你有了钱，仍希望有更多的钱；有了权力，仍希望有更大的权力；这是一种分割性的占有欲，必然引起斗争。要是从心灵的观点出发，喜、怒、哀、乐都是人类共同享受的公物，是一种共通性的感发和享受；心灵只求感通，求感通是赠与，而非占有。换句话说，心灵感通乃是精神共产。人类文化，便是这种精神共产的结晶和成果。因为物质人生是有限的，心灵人生是无限的，而且它更不受空间和时间的限制。人类文化必须进展到这一阶层，才是人类文化的终极归趋和最高向往。

人类文化要是停顿在物质阶层或政治阶层再不前进的话，都不能说是文化的完成；只有越过上述两关，而向心灵精神方面迈进，才是人类理想文化的成熟。但是也有在这三方面虽各具备而轻重倒置的，这就产生了文化病。就历史而论，在这文化三方面，安排比较妥贴的，西方国家只有希腊，东方国家只有中国。希腊文化虽高，到底是小型性的政治，未能形成大国。中国由格物、致知、诚意、修身、齐家、治国、平天下这一套大同思想和王道政治，已经演进成一大国了。

中国政治思想，比较不重权力、不重斗争，而多留社会以自由。因为中国文化，向重"安"与"足"，而不重富与强。"安"就是政治，"足"就是经济。安而不强，足而不富，自然也是缺点；但是今天的世局，许多是强而不安，富而不足的，可以说是彼此各有得失了。不过，中国文化在前两阶层，仅以安足为目标，这正为要使人易于迈进最高的第三阶层去。

人类文化的当前问题，在于如何减轻政治和经济的重要性，而求增进人类心性相互感通的重要性这一问题上。人类不要为了经济问题来歪曲政治，更不要为了政治问题来歪曲心灵，甚而抹杀了心灵。

我们应该为人类心灵尽先安排一良好的环境，先获得物质经济方面给养，再获得政治方面的安定，而后大大地求其心灵的感通。换句话说，一切政治经济等问题，都该依随着心灵方面的大目标，这才是人类文化的新希望。

（一九五六年五月星加坡马来亚大学中文系讲演）

从中西历史看盛衰兴亡

一

今晚的讲题，是上次讲完"中国文化与中国人"后，由张先生提出，要我讲"从历史上来看中国的盛衰兴亡"。我今略事扩大，改为"从中西历史看盛衰兴亡"。大义承续前讲，只是所从言之角度不同而已。

我改从中西双方历史来讲的原因，因我幼时有一事常记心头，到今已快六十年。那时我在小学爱看小说，一日，正看《三国演义》，一位先生见了，对我说："这书不用看，一开头就错。所谓'天下合久必分，分久必合，一治一乱'，这许多话根本错误，在我们中国历史不合理的演进下才有这现象。像近代西方英法诸国，治了就不会乱，合了就不会分。"当时那位先生这番话深印我心头，到今不忘。那时我还不满十岁，但今天由我眼看到西方国家像英法，也走上衰运。不仅如此，我们读西方历史，常见他们的国家和民族往往衰了即不再盛，亡了就不再兴，像巴比伦、埃及、希腊、罗马都是显例。所以西方人讲历史，没有像我们中国人所想的"天运循环"观念。要说一治一乱，亡了再兴，衰了复盛，西方人似乎没有这信心。但中国历史明明如此，亡了会再兴，衰了会复盛，其间究是什么一番道理，值得我们研究。下面所讲，或许是我一时之想，但不妨提出，供大家讨论。

我上次讲，中国文化是内倾的，西方文化是外倾的。西方文化精神总倾向于求在外表现，这种表现主要在物质形象上。这可说是"文化精神之物质形象化"。其长处在具体、凝定、屹立长在，有一种强固性，也有一种感染性。一具体形象矗立在前，使人见了，不由得不受它感染，因此这一种文化力量相当大。但亦有缺点。既成了一形象，又表现在物质上，成型便不容易再改。换言之，不是继续存在，即是趋向毁灭。而且物质形象固由人创造，但创造出来后，却明明摆在人外边，它是独立自存了。它虽由人创造，但没有给人一种亲切感。它和人，显成为"两体"的存在，而且近乎是"敌体"的存在。而且物质形象化有其极限，发展到某一高度，使人无可再致力，它对我们乃发生一种顽强的意态，使人发生一种"被压迫""被征服"的感觉，而那种感觉又是不亲切的。因此物质形象之产出，固由于人的内心生机与灵性展现，但到后来，它可以压迫人，使人"灵性窒塞"，"生机停滞"。因此文化之物质形象化，到达一限度，衰象便随之而起，而且也不容易再盛。

埃及的金字塔，便是文化物质形象化之一个具体好例。今天我们去埃及，面对此巨型体制，无不感其伟大。从其伟大，可以引生出我们对自身之渺小感。纵使今天人类科学远迈前古，但面对此成型巨制，也感到无可措力、无可改进。金字塔的建造，本也是"由小而大"逐步进展的。但最后到达一"限度"，它定了型，好像超然独立于人类智慧与力量之外而自存自在。埃及古文化衰亡了，但此金字塔则屹然常在，脱离了它所由生的文化而独立。

又如欧洲中古时期的许多教堂，鬼斧神工，宏丽瑰伟，也都到达了定型化，无法再进了。可见任何物质形象之伟大，必有一限度。一方面是人类文化进展而始能到达此限度。人类当时的文化精神就表现在此伟大上。但当时人类文化之无可再进，也表现在此限度上。所以物质形象化到达一限度，即回头来压迫人，要人自认渺小，自承无能，而人的灵性也因此窒塞，生机也因此停滞了。在耶教初期，以至在罗马地下活动时，我们不能不承认耶教有其不可估量的生命力。但到中古时期，各地大教堂兴起，不论教徒、非教徒，只要一番瞻仰，敬心油然而生。而耶教的新生命、新精神，也不能不说在向着下坡路而逐渐萎缩了。

今天跑进欧、美各地的大博物馆，收藏的尽是些巴比伦、埃及、希腊、罗马，乃至中古时期的各项遗物，要瞻仰研究他们的古文化，多半要凭借这些遗物。这说明了他们的文化，正表现寄存在这些遗物上。若舍弃了那些遗物来直接观察今天的巴比伦、埃及、希腊、罗马，试问他们的文化在哪里？所以说他们的文化，偏向于物质形象化，精神外倾，衰了不复盛，亡了不再兴。

二

且离开西方的古代和中古，来看他们几个现代国家吧！我认为现代西方文化，仍然不脱其外倾性而走了物质形象化之老传统。姑举他们几个大国的首都来讲。这些首都建设，正也是他们文化精神外倾及其走向物质形象化的一种具体例证。

如去英国伦敦，总要瞻仰西敏寺、白金汉王宫和国会。三建筑近在一区，就其历史演变言，实从一个而演化成三个。中古时期的宗教"神权"，下及近代国家的专制"王权"，再进到现代的立宪"民权"，不到一千年来英国全部历史上三个阶段的演进，都保留在那里。他们的历史文化精神，正可一瞻仰伦敦这一区的三大建筑而具体获得一影像。而由一个展演出三个，又是三个共存在一块。从这里，我们可以进一步来看英国的国民性，是"最现实"的，又是"最保守"的，所以又最长于"适应"与"调和"。因其重视现实，一切过去现实都舍不得丢，要保守，而又要与当前现实适应调和。他们的现实主义，由一面保守、一面适应调和来完成。因此产出他们一种无理想而灰色的所谓"经验主义"。但这一种灰色，经过历史的长期累积，终于不得不变质。由淡灰色变成深灰色，再变，便慢慢地成为黑色，暗淡无光了。历史积累，遂成为英国人一种负担与束缚。英国人凭借他们那一套重现实、重保守、重适应调和的经验哲学，而创出他们一段光辉的历史。但历史要再向前，而保守有限度，从西敏寺到白金汉宫，到国会，极相异的全保留，而且像是调和成为一体了，全部历史文化精神都从物质形象化中具体客观地放在那里。不论是英国人非英国人，来此一瞻仰，无不肃然起敬，觉得它了不得。困难的，是物质形象已定了型，极难追随此下新历史之无穷演变而前进。若要划地改造，则是另一回事。所以物质形象化，终于要使人精神被困惑住，新生命不易再发展。

再看法国巴黎，从凡尔赛宫过渡到拿破仑的凯旋门，成为巴黎市容的中心。广大的马路，会合向此凯旋门而八面开展。体制定了，便苦于无法变。由拿破仑凯旋门推扩到拿破仑墓，不论法国人非法国人，一到巴黎，就会联想到拿破仑。巴黎市的建筑，就表现出法国的国民性主要乃是一种个人崇拜的"英雄主义"。由拿破仑而造成巴黎市。法国历史光荣，在巴黎市容上表现。到今天，拿破仑阴魂不散，还控制着法国。如戴高乐，何尝不是受着拿破仑影响而想恢复法国已往的历史光荣呢？但这也是一种文化外倾物质形象化到达了某阶段，而回头来压迫征服人，使人限制在此一形象上，不能再有新生机、新开展。除非革命，把巴黎市容整个破坏，从新做起。然而此一破坏，亦不易忍受。

英国人讲保守，法国人讲革命，都有他们一段光辉历史，都物质形象化在他们的首都建设上，正可使我们来推测他们国运之将来。"个人英雄主义""经验保守主义"皆不适于新历史之不断向前，因此在今天而谈英法两国之前途展望，皆不免于黯淡，不使人兴奋。

再看意大利，它是一新兴国家，立国远在英法之后。然而一到罗马，首先看到许多古代罗马的遗迹，其次便是梵谛冈教皇宫廷，以及代表"文艺复兴"一段最光辉历史的、最伟大的教堂建筑。这些在意大利人精神上、心灵上是会有一种压迫感的。伦敦巴黎，是英法人的自身表现，罗马则是一种"先在"表现。这些先在表现压迫着，便不易再起来一个新兴的罗马。墨索里尼法西斯政权，梦想要把古代罗马的阴魂来放进这个新兴国家里面去，昙花一现，当然要失败。所以意大利的新生机不易成长。只看文艺复兴那一时期的表现，意大利人的聪明智慧，断不差于英法人，正因为在其境内的物质形象化已到达了某阶段，遂使这一块疆土内生机衰落，停滞不前了。

英、法、意以外，要讲到德国。德国同是一个新兴国。但意大利有历史担负，远古西方文化之物质形象，重重地累积压迫在它身上。德国比较是平地拔起，柏林是一新兴城市，又在第二次世界大战后整个毁灭了，此刻正在新兴。在德国，物质形象化方面似乎还没发展出一定型来，因此他的向前的生命力，似乎也比较旺盛。

现再综述上面所讲，我认为西方文化总会在外面客观化，在外在的物质上表现出它的精神来。因此一定会具体形象化，看得见，摸得着；既具体，又固定；有目共睹，不由不承认它的伟大有力量。这一种文化，固然值得欣赏，但它会外在于人而独立。我们游历到埃及，埃及古国早已灭亡，但金字塔依然屹立。欧洲中古时期各地的大教堂也如此，似乎在此以前的耶教精神都由它接受过来而作为唯一真实的代表似的。此后的耶教心灵，却不免为此等伟大而宏丽的教堂建筑所拘束、所范围。换言之，从前耶教精神，多表现在人物及其信仰上。此下耶教精神，则物质形象化了，人物和信仰，不能超过那些庄严伟大的物质建设。英、法各有一段光荣历史，亦都表现在伦敦、巴黎两都市之物质形象里去了。游伦敦如读英国史，游巴黎如读法国史，至少其历史上之精采部分揭然提示在眼前。然而，文化精神表现在物质上而定型了，便不能追随历史而前进。起先是心灵创出了物质形象，继之是物质形象窒塞了心灵生机。前代之物质造形，已臻于外在独立之阶段，与后起之新生机有冲突性，旧定型吞灭了新生机，而此国家民族，乃终于要走上衰运。而且一衰就不易复盛。

再论国家体制，它们也多定了型，所以近代欧洲极难有统一之望。我们由此推想古代希腊各城邦，始终不能统一而卒为马其顿所并，希腊灿烂文化，亦终告熄灭，此非偶然。若要在定型后更求发展，则如古代罗马及近代欧洲走上"帝国主义"而"向外征服"，这是唯一可能的路线。但帝国主义违背历史进程，到后仍只有以悲剧收场。故国家定了型，是除非革命，从新改造，否则摆脱不了以前的旧传统。

三

现在代表西方文化的应轮到美国。美国又是一个新兴国，其年代比较浅。从历史来看美国，应可分四阶段。我们也不必定读美国史，只到美国各地游历一番，便可明白一大概。因美国不脱西方文化范围，一切也是外在形象化的。如到康桥、到新港，哈佛、耶鲁几个大学所在地，尚可约略想象英国人最先移民来此，他们的社会村落人情生态一个简单轮廓来。其次看美国首都华盛顿，市区计划模仿巴黎，可是和巴黎不同。巴黎充满着个人英雄崇拜、帝国主义的色彩。华盛顿的市区形象显然是平民化，是民主的。市区中心是国会，向四面展开。而总统白宫则并不占重要地位。当时美国建国那种素朴的民主作风，一游华盛顿，还可想象到。接着是美国的西部发展，这犹如中国历史上有"南向"发展一样，造成中美两国泱泱大国之风者在此。此下，就发展出一个极端繁荣的"自由资本"主义的社会，纽约市作为其代表。纽约市容，亦可谓是近代西方文化到达了一个登峰造极的阶段，这是人类一奇迹，乃是现代西方文化物质形象化之一奇迹。这当然是近代科学工商文明一项得意的杰作。

华盛顿市代表"旧"美国素朴的,涵带农村意味的"平等民主"精神。纽约市代表"新"美国豪华的高生活的,沉浸于物质享受的"自由资本主义"精神。这两个中心,到今天,不见有大冲突,这诚然是美国国运之深厚处。但光看它政治、经济,不看哈佛、耶鲁这许多学校,及其各地乡村和教堂的情形;单看它东部十三州,不看它西部发展,等于在中国只看黄河流域,不到长江流域去,同样不易了解美国。因此到今为止,我们还难看出美国的将来。可是我们可以想象,美国实际上大部分由英国移民,虽然两国国民性有不同,但美国几百年来的历史演变,由移民到独立,而西部发展,而到现今高度的自由资本主义社会,由于"基督教"与"民主政治"与"自由资本"之三位一体而结成为一新美国,他们能兼容并包在一体之下,而亦仍然是物质形象化了,这一点,还是保有很多英国色彩。换言之,美国社会也是一个无理想的,现实经验主义的,到今天只有三百多年历史,再往下,历史积累慢慢加厚,将仍不免由浅灰色变深灰色。他们亦已在全盛中潜伏衰象。我们很难想象如纽约,仍然继长增高,更有何种新花样出现。不仅如此,即现状也难有长久维持之可能。今天纽约的飞机场,任何一架飞机不能按照定时起落。天空的没有降,地上的不能升。任何一辆车,不能定时进出。首尾衔接的大批车子排长龙蜿蜒着,亦壮观,亦麻烦。车子进了市,要找一停车处,又极难。本由最科学的发展出纽约,现在的纽约却变成为不科学。最不能遵守时间的是纽约,交通最困难的是纽约。若我们超然置身在纽约市之外,纽约大值欣赏。但一旦进入其内,容身纽约市中,则纽约市实已是外在独立于人生活之外，它不断会来束缚压迫人。总而言之，纽约市之出现，亦证明了我所说外倾文化之一切外在客观化，物质形象化，而已到达了一限度，没法再进展。

再看全美国的公路网，亦是一伟大壮观。有些是八道平行，四往四来，又且上下架叠，终日夜车辆飞驰，但全国也好像被许多绳束紧紧捆扎了。几乎尽人可有一辆车，最少一家有一辆，可以直达各家门。但你在家想买一包香烟，也得驾车去。一出大门就是公路，两方车子对开，道路交通之发达，剥夺了人在路上之散步自由。周末和星期，有着半天一天闲，除非关门在家困坐，否则只有开车出门奔驰。若星五星一有假期，连得三天闲，就会举国若狂，披阅明天报纸，准见因车祸死亡的统计数字。平地上的公路网，亦如大都市中的摩天大厦，同可在外面欣赏它，跑进去了，便见困缚与压迫。

在美国，黑人是一大问题。个性伸展与群体紧缩相冲突，如大都市集中，如公路网之捆缚，都会使个人自由窒息，也是一大问题。现状的美国，显然有种种隐忧。而其一往直前，趋向定型化；愈定型，将使各种隐忧愈曝着，愈难得圆通的解决。

以上讲西方文化都带有一种"外倾性"，物质形象化之逐步进展，一定会到达一限度，前面便苦无路，人的精神到时就衰下。一衰下，就没有办法。这些都从最简单处讲，既不是讲哲学，也不是讲历史，只是些亲眼目睹的情形，也说不上是创见。西方学者从经济发展来讨论文化盛衰的，如斯宾格勒《西方的没落》一书，也认为大都市集中到某一限度，就转向衰运。古代的罗马，近代的美国纽约就有其相似处。进一步，乃有马克思的"唯物哲学"与其"历史必然论"……至于我们中国人说历史,如"天运循环","暑往寒来",这一理论,西方人是不易接受的。但即拿人的生命来讲,生命走入物质中,从生物学讲,每一种生物,发展都有一最高限度。到人类形体,几乎是再难演进了。人又不能不死,起初是生命依赖物质而表现,生机在物质中,但物质限制着生机,物质变化,生机坏了,生命亦跟着坏。任何生命不得不依赖物质。有物质就有死亡,生命只有转向新物质体中去求再生。这是一个很粗浅的譬喻,但在这譬喻中,实可把中西文化历史联挽在一起来做说明。下面我将转说到中国。

四

讲到中国历史的发展,似乎没有一定型,至少是不倾向某一定型而发展。亦可说,它没有一个客观外在具体而固定的物质形象,可作为其历史文化的象征。因此,中国文化转像是新陈代谢生机活泼。姑举历代首都为例,远从商朝有沬邑,这一首都也有几百年历史,并相当富庶与繁荣。接着是西周镐京,也是几百年。秦代咸阳,体制更大。西汉长安,东汉洛阳,南朝金陵,北朝新洛阳,隋唐两朝的两京,北宋汴京,南宋临安,辽、金、元、明、清的燕京、北京,各朝代各首都的物质建设,都极伟大壮丽。读《洛阳伽蓝记》《长安巷坊志》等书,可见一斑。西方学人对此甚感兴趣,只要有物质具体证据,如殷墟地下发掘,如最近长安古城遗迹发掘,以及其他古器物,他们都认为是那时文化水准的无上证明。但在我们,历代首都,一个接一个地毁灭,在今天去游洛阳、长安,真有铜驼荆棘,黍离麦秀之感。俯仰之间，高天厚地，一片苍凉，文物建设荡焉无存。但国脉不伤，整个文化传统依然存在。雅典毁灭了便没有希腊，罗马城毁灭了便没有罗马，今天的伦敦、巴黎不存在了，英法又如何，这就很难想象。这是中西双方历史文化一相异点，值得我们注意。

再讲整个的国家体制，在中国亦可谓未有一定型。从远古起，夏、商、周三代一路下来，大体言之，永是一个中国。实际上，中国疆域是在慢慢地扩大而始有今天的。西方又不然，英国就是一英国，法国就是一法国。定了型，再向外，便成为帝国主义。到今天，在欧洲有罗马、有巴黎、有伦敦、有柏林，有英、法、德、意诸国，国家虽小，历史虽短，都像已成了型。即如他们讲学问，分门别类，有组织、有系统，总爱把来定一型。不仅自然科学如此，人文科学也如此。在中国，一门学问划分得太清楚，太定型了，反而看不起。这好像中国人头脑不科学，然而这里面长短得失很难言。

这一层暂不讲。要之，拿今天的西方各国来回想从前希腊各城邦，我们可以说，希腊即是今天西欧的缩影，今天西欧之不易统一是可以想象的。但在中国，从春秋到战国，以至秦代统一，其间楚国、燕国各历八百年。齐国只统治者换了姓，实也有八百年。韩、赵、魏三晋都有三百年，宋、卫诸邦都有八百年。当时历史最短的国家如今美国，长的如今英法。何以秦始皇能一举把天下统一，而且此后就不再分裂。若把西方历史作比，这就很难讲。我只说：中国国家发展无定型，疆土可大可小，可分可合，立国的主要精神不在此。一个国家当然有一首都，首都当然有其物质建设，然而此非立国精神所在。破坏了，也并不伤害国家的命脉。历史文化生命可以依然还在。从我们的历史看，这是很清楚的。但西方显然不同。以上只讲历史现象，双方不同处已显见。

因此我们可以说，中国并非没有物质建造，物质建造则必然形象化，但与中国文化大统没有甚深之勾联。即是说，中国文化命脉，不表现在这些上，也不依托在这些上。其存其毁，与中国文化大统无甚深之影响。即如今天的北平故宫三大殿、天坛、北海、中南海、颐和园等建筑都还存在，西方人每好凭此来欣赏中国文化，但中国人心中，则另有一套想法。孙中山先生建都南京，中国人都想新的中国复兴了。在极平常的心理反映上，可知必有一番道理可资阐说。

五

今且问中国文化命脉，与其传统精神究表现寄放在哪里？上面说过，西方文化是外倾的，中国文化是内倾的，外倾的便在物质形象上表现，内倾的又在何处表现呢？《易经》上有句话说："形而上者谓之道，形而下者谓之器。""器"即属于物质形象，形而下是说成形以后，客观具体看得见。我上面讲都市建筑，也可说其都属器。形而上是在成形以前，这叫作"道"。器可见，而任何器之形成，则必有一本源所在，那是道。开物成务属"器"，在开物成务之上还有其不可见之"道"。因此《易经》上把"开物成务"都归属于"圣人"。圣人便是有道者，当知宫室衣冠一切文物都从道而来。但这是中国人观念。

今且问：埃及金字塔其道何在？可知西方人所震惊重视者即在器。中国人必从器求道，苟其无道，斯器不足贵。希腊人雕刻一人像，极尽曲线之美，那亦是物质形象。中国人画一人，重其气韵，注意在其眸子，在其颊上三毫。这些处，都可见中西方人实在所重有不同。中国古代传下的礼乐器，乃至一切瓷器丝织品等，专从器方面讲，也都极精妙，但这里更应注意者，在中国一切物中所包含的关于人生意义的分数却多过于物质意义的分数。因此中国人又要说"技而进乎道"，这是中国的艺术精神，在中国艺术之背后也必有一个"道"的存在。

中国人并不想科学只是科学，艺术只是艺术，宗教只是宗教，可以各自独立。却要在科学、艺术、宗教之背后寻出一"道"来，此即艺术、科学、宗教之"共同相通"处。器有成坏，旧的不坏，新的不成。这一所房子不拆，不能在此再造一所新房子。房子里的旧陈设不拿走，新陈设就摆不进。一所房子造成即已定了型，建造工程也从此终止，不能在这所房子上再造。所以西方人要讲革命，把旧的拆了造新的。中国历史上有汤武革命，但意义甚不同。中国人认为道有"隐显"，有"消长"。道显固然是存在，道隐还仍是存在。如说"君子道长，小人道消"；或"小人道长，君子道消"。消即隐了，但不就是毁灭，可毁灭的即非道。中国人讲道，则表现在人身上，人群中，所以说"道不远人"，"道不离人"。中国人所讲道，主要是"人道"，即"人之道"，因此说中国文化是"人本位"的。

中国人所谓"人"，包括"个人"与"大群"，既非个人主义，亦非集体主义。道则存在于各人，存在于社会，存在于天下，存在于历史传统里。子贡说："文武之道，未坠于地，在人；贤者识其大者，不贤者识其小者，莫不有文武之道焉。"可见道表现寄托在人。只要人存在，道就不会坠地而尽。

孟子也说过："待文王而后兴者，凡民也。豪杰之士，不待文王犹兴。"乱世不会无好人。世界不理想，人仍可以有理想。世界乱，人自己还可治，至少是治在他的"心"。道消而隐，举世陷于衰乱，但道仍可以在人。人兴，即道兴之机缘。道兴则历史时代可以复兴，而文王之世亦再见了。故说"道不行，卷而藏之"，"达则兼善天下，穷则独善其身"。"道"与"善"，在我心里，在我身上。因此说"文王既没，文不在兹乎？"

我上次讲中国人所谓"道"即是"文化"，即是文化中之"有价值意义"者。中国文化之内倾性，正在其把文化传统精神表现寄托在各个人之"身"与"心"，乃以各个人为中心出发点，由此推去，到人皆可以为尧舜，到各自身修而家齐、国治而天下平。乃以"天下平"与"世界大同"为道之极限。到此极限，道仍可有隐显消长，但道则仍在，故历史文化可以不断有再兴与复盛。

刚才讲过，外倾文化总要拿我们的聪明、智慧、技能、才力一切表现到外面具体物质上去。譬如今天美国人要送人上月球，可能十年八年真见此事。自然要整个文化配合，各方面条件够，才能送人上月球。这是今天西方文化一大表现。我并不抹杀此种文化之力量与价值。但人上月球又怎样，能不能再上太阳去？一方面在上月球，一方面却共产主义、资本主义永远对立，种种不合理的人生还存在。当前人类各项问题仍不得解决。

西方人遇要解决问题，或表现其文化伟大，每好从远大艰难处，人所难能而己所独能处着意用力。如古埃及人造金字塔，英国人自夸其国旗无日落，及最近美国人之要争先送人上月球皆是。中国人又不然。遇要解决问题及表现其文化伟力,只从日常亲切处,细微轻易处,人所共能处下手。我上讲提到"君子无入而不自得",虽遇无道之世,个人仍可自求有得,其所得乃在"道"。行道有得,得于己之谓"德"。德在己,别人拿不去,因此纵在大乱世,个人修德,亦可以避艰险,渡难关。国家大事也如此,如孟子告滕、告邹,如宋儒告其君,都只从"正心""诚意""敬天""修德"处求。

中国人又说:"士可杀,不可辱。""三军可以夺帅,匹夫不可以夺志。"原子弹氢气弹可以屈服强敌,夷灭人之国家,今天美、苏互怕,都只怕在此。但每人有其内心决定,有每一人之德操与人格修养,虽不表现在外,看不见,却为外力所无奈何。中国人又说:"德不孤,必有邻。"这一细微看不见处,却可影响别人。"十室之邑,必有忠信如丘者焉。""君子之德风,小人之德草,草上之风必偃。"一君子有德,慢慢地可以影响后世千万人,使次第尽变为君子。但小人则无法影响到君子,君子则必不为小人所影响。因此一人之"德"可以变成一时代的"气运",气运转而时代就复兴了。

六

《中庸》上讲:"莫见乎隐,莫显乎微。"最容易见的反在隐处,就在人之"心"。力量最显著的反在轻微处,就在人的一"言"一"行"。《中庸》上又说:"上天之载,无声无臭。"中国人看天,好从此无声无臭处看,听不见,闻不到,然而它的力量最大,可以运转主宰一切。待具体摆出来后,那就小了,形而下的则总有限。

因此中国人的"文化观",其基本只在"道"。道存,国家存,民族存,文化就传下;道灭,那就完了。

所以顾亭林有"亡国""亡天下"之辨。如西周镐京毁灭了,秦之咸阳、西汉长安、东汉洛阳毁灭了,改朝易代,此之谓"亡国"。如何是亡天下?中国人不成为中国人,尽变成夷狄了,即是说中国人所看重的人道亡了,这叫作"亡天下"。明亡了,中国人的政权被满人夺去,一时大贤像顾亭林、黄梨洲,都回头注意到中国文化传统上面去。他们不是不想对国家负责任,但这责任负不起。国家体制摆在外面,大乱局面已成,一时挽回不过来。但还有隐藏在后面的,文化大传统,道之兴亡,则寄放在每一人身上,因此每一人各有一份责任。因此其文化传统与道究也不易亡,因每一人都可为转移气运扭转时代的中心。而且这一事又是最自由最坚强,谁也夺不了你的"志"与"德"。此番话,说给西方人听,会说你有点神秘性。这不错,这是中国人内倾文化的说法呀!

所以我说中国文化是"个人中心"的文化,是"道德中心"的文化,这并不是说中国人不看重物质表现,但一切物质表现都得推本归趋于"道德"。此所谓"人本位",以"个人"为中心,以"天下"即世界"人群"为极量。《中庸》上又说:"人存政举,人亡政息。"我在幼年时,即听人批评此说要不得。由今想来,《中庸》此语还是有道理。埃及的金字塔,人亡了,塔还在。一部《罗马法》,罗马亡了,法还在。中国人则更看重人,光有物质建造,光有制度法律,也无用。所以说:"人能宏道,非道宏人。"要转移世运,责任仍在"人"身上。

中国人爱讲天运循环,又说"物极必反"。物则必有极,"极"

是尽头处，物到尽头，自然向前无路了。人之道则没有极。人生有极是死，后浪推前浪，时代继续向前，人物随时转换，那是从生物界自然界来看是如此。从人之修心养德处讲，人到达为完人，不是做了完人就必然得要反。而且我在上讲又提过，人要做一完人，当下现前即可做，所谓"我欲仁，斯仁至"。但也不是一为完人便到了尽头，也还须时时不断地"修"与"养"。做人如此，世运亦然。世运转了，不是尽可恃，还有盛衰兴亡接踵而来，但不能说道极必反。因道在人为，非必反，亦非必不反。由此讲下，恐引申过远，暂不深讲吧！

现在再讲"世运"与"人物"。世运转移也可分两方面来讲。一是自然的物极必反，饥者易为食，渴者易为饮，久乱则人心思治，那是气运自然在转了。但人物盛衰有时与气运转移未必紧密相依成为并行线。有的是新朝开始，像是气运已转，然而人物未盛，如秦代统一，这是中国历史上最大一新气运，但秦始皇、李斯这些人物并不够条件。汉高祖平民革命，又是一番新气运，但汉初人物条件还是不够。待过七十年，到汉武帝时，然后人物大盛。也有些朝代气运已衰，如东汉末年，而人物未衰，还是有存在，所以到三国时还有很多像样人物。从历史看，新朝崛起，不一定就是太平治世。而旧朝垂亡，却已有许多新人物预备在那里。如唐初新人物早在北朝末及隋代孕育。又如元代是中国史上一段黑暗时代，然而元朝末年孕育人才不少，明太祖一起便得用。明初人物之多，较之唐初无愧色，两汉、宋代均不能比。明亡了，人物未衰，清人入关，那辈人物，间接直接，都影响了清初的政治。最近如中华民国开国，这又是中国历史上一个极大新气运的转变，然而人物准备似乎还没有齐全。实因清之末季，人物早已凋零了。到今已经过了五十二年，但西汉开国经过七十年，北宋经过一百年，才始人物蔚起，何况这五十二年中，内乱外患频乘，无怪我们这一时代，要感觉到人物异常缺乏。但气运可以陶铸人才，新气运来了，自然有新人物产生。而人物也可扭转气运，纵在大乱世，只要有人物，自可转移气运，开创出新时代。

西方人看法和我们不同，他们注重物质条件。他们总说我们是落后，这几年来台湾，说我们进步了。究竟进步在哪里？其实也只从物质条件上衡量。进一步，问言论自由吗？法律平等吗？政治民主吗？仍是从外皮形迹看。他们没有能深一层像中国人来看所谓"道"。西方道在上帝，在天国。权力财富则在地上，在凯撒。西方人把人生分作此两部分。现实人生则只是现实的，理想人生不在现世，在天国。希腊、罗马、希伯来是现代西方文化三源，又加进"新科学"，遂成为现代的西方。但这几方面，始终不能调和融合。在孔子时，若论富强，自然鲁不如齐，齐不如晋。但孔子的评论，则鲁在齐前，齐在晋上。此后晋分为三，田氏篡齐，鲁最孱弱，但安和反较久。唐初亦有一故事：西域高昌王曾派人入贡，见隋炀帝当时物阜民丰，他觉中国了不起，奉事甚恭。隋亡，唐兴，高昌王听说中国换了朝代，再来朝，那时正经大破坏，不能和隋相比，高昌从此不再来中国。没几年，唐朝派兵把高昌国王捉到，高昌国也就亡了。那位高昌王也正是从物质形象表现在具体上的证据来看一个国家。他可谓是不知"道"，从而也不能好好保住他的国。

七

中国文化最可宝贵的，在其知"重道"。今再问道由何来？当然中国人一样信有天，道是人本位的，人文的，但道之大原出于"天"。中国人虽看重人文，但求"人文"与"自然"合一，此是中国人"天人合一"的理想。不过道总表现在人身。所以人可以"参天地赞化育"。我又听近代人常说黄金时代，其实时代不能把黄金来代表做衡量。又常说中国唐虞三代是我们理想中的黄金时代。其实中国人理想中，应该没有黄金时代这观念。中国人只说"大道之行"，孙中山先生也把此四字来想象新中国之将来。这一传统观念，我深切希望大家莫忽略。只此一端，便可使中国永存天地间。中国不亡，中国的文化传统也永不至中断。

"中国不亡"这句话，在今天讲来已是铁案不可移。这又要讲到我小孩子时的事。我为读到梁任公"中国不亡"这句话，才注意研究中国历史，要为这句话求出其肯定的答案。在我小孩时，人都说中国要亡，康有为就是这样讲，波兰、印度就是中国两面镜子，中国是快被瓜分了。到今天，我想不仅中国人，连全世界人，都不会想象到中国会亡，这句话已经不存在。但要中国复兴再盛，却不可专靠时代和运气……而中国之真正复兴，到底还在我们的"文化传统"上，还在我们各自的"人"身上，在我们各人内心的"自觉自信"，在我们各自的"立志"上。我上讲每个人不论环境条件都可做一理想的完人，由此进一步，才是中国复兴再盛的时期来临了。

道有隐显，有消长。道之行亦有大、小、广、狭。但道则仍是道，不能说道之本身在进步。我们岂能说孔子不如孟子，孟子不如朱子阳明，朱子阳明不如现代的外国人。中国人看法，物质经济可以有进步，人之生活可以有进步，"道"则自始至终无所谓进步。"德"亦然，它可不论外在条件而完成。所谓"东海有圣人，西海有圣人，此心同，此理同"，不能说西海圣人定超过了东海的圣人。因此照中国文化传统讲，"量"的方面可以扩大到世界全人类，到世界大同而天下平。"质"的方面则还是这一道，道无所谓进步，因亦无所谓极限。不如形而下之器与物是有极限的。而且道，父不可以传子，孔子不能传付与伯鱼，仍要伯鱼自修自成。所以世界随时要人来创造，永远要人来创造。今天盛，明天可以衰；今天衰，明天仍可以盛。这是中国人看法，其责任则在我们每人各自的身上。这是我们想望中国再兴复盛一最要的契机。

我这两次讲演，可以推广来专讲中西艺术比较、中西文学比较、中西物质建设的比较、中西人生哲学的比较，如是以至整个中西文化的比较。而我此两讲，虽笼统，也还亲切，并不敢凭空发理论申意见，也决没有看轻近代的西方。我只想指出一点中西双方之不同处。我们固然应该接受西方的，但也希望西方人能了解中国的。如此下去，或许有一天，诚如中国人所谓"大同太平"时代之来临。可惜我所讲粗略，请各位指教吧！

（一九六三年八月十五日"国防研究院"演讲，
刊载于"国防研究院"《中西文化论集》）

历史地理与文化

一

我认为历史与文化，此二者实际是一而二，二而一的。有了历史，才有文化，同时有了文化就会有历史。也可说文化是"体"，历史是此体所表现的"相"。或说是"现象"，在现象背后则必有一体。看着种种相，自能接触到这个体。可是我们也该明白须有了这个体，才能发生出种种相。

讲到表现在历史外面的种种相。只就粗浅讲，历史有长、有短，这是时间绵延。中国历史可说在世界任何一部历史中是最长的。过去的埃及、巴比伦、希腊、罗马，他们的历史都已完了。现在西方各国有的只有七八百年，有的只有两三百年，有的历史刚开始，只有几十年。而中国历史，有器物、有文字，可以具体讲的，总在四五千年以上。至于中国历史长，别人家历史短，这是历史表现的一个相。也可说历史有大小，拿历史的内容讲，有的历史范围很小，有的历史范围很大。如希腊历史范围就很小，罗马比较扩大了，但比起中国的广土众民，直自秦始皇时代开始就同目前差不多，也可说在世界各民族的历史中间，中国历史是范围最大的一部。

除了历史之长短大小以外，可以进一步讲，有的历史繁复，有的历史简单。中国历史又是世界人类所有历史中间最复杂的。试看清代《四库提要》，中国史籍卷帙之多，分类之广，试举一例，就政治区域分，有省、有县，还有更小的乡市莫不有史。中国史中之"方志"，在世界上是独特的。即如一个家，任何一家几乎都有历史记载。特别是孔家，从孔子到现在，有世世相传的一部家史，世界上更没有第二个家庭具备到两千五百年以上的历史的。再说到个人，古代书多失传暂不论，但自唐以下这一千几百年，中国历代各方面有名人物，多数有年谱。从生到死，一年年详细记下，其他方面不胜缕举，故说中国历史记载最复杂。西方历史记载较简单。再就政府组织论，中国政府自秦以下，试看历代正史如《百官公卿表》《职官志》之类，可以知其组成之复杂。即就现代西方政府论，也并不比我们历史上的政府复杂得很多。因此，现代西方人讲政治，只分立法、司法、行政三权，但我们孙中山先生，却根据我们历史来加进监察、考试两权，此两权在中国历史上就有了几千年的演进。可见孙先生脑筋里的民主政治，比之西方人几百年来所讨论的要繁复得多了。我所说的历史之繁复与简单，大家就此推求便可处处得其证明。

历史又有安定性与不安定性之比。拿世界上各国历史来讲，中国史最富安定性。西方历史则变动超过了安定，我们是安定超过了变动。当然我们的历史也有变动，但比较安定。古代西方如希腊、罗马，倏起倏灭，这些且不讲。专讲近代，英国八百年历史，其中变动很大。德国两百年历史，其变动更大。以前如此，以后可知。西方人因为在变动的历史中成长，他们认为历史应该变，变动才有进步。但我们认为真进步，定在安定的情形下才发生。变动过程中的进步，我们认为靠不住。因其下面还要变。在一个安定状态下的进步，进一步同时保留一步，这才是真进步。

我上面所举中国历史，在长的时期，广大的范围，复杂的情形，安定的过程中，三四千年，一路下来，像这样一部历史，使我们不容易看清楚，不容易讲明白。譬如一个远行人，他环游世界，今天到这里，明天到那里，在一个极变动的状态下，好像得到很多知识，有很多话可以向人讲，亦可以写很多字的书来记载报导。但另外有一个家庭，在长时期中，安安稳稳在一个安定的环境中过活，他们似乎无话可说；但我们深一层求之，他们一家人之所了悟所获得，或许会比常在变动旅行中的人所得更深更实在。因此我说中国历史有深度。比一个在变动的、简单的、短时期的、小范围的历史内容来讲，他们是深度不够，是比较浅显。历史讲英雄、战争、胜败、兴亡，听来动人，也易了解。如法国大革命，拿破仑故事，战后德国复起，希特勒故事，这一切易讲易知，而中国历史则并不然。

我们可以说历史不同，就是文化不同。所谓历史不同者，不是几个人名、地名，或几件事情之不同。我所指乃是刚才所说的几种"相"，长、短、大、小、繁复、简单、安定、变动、深、浅，当然还可继此分出种种相。在这种种异相之后，便可讲到"质"之不同。我们也可说因为文化相异，所以产生出历史面相不同。我常喜讲中国《易经》上一句话，"可大可久"，要可以扩大，可以长久。一个人的事业，乃至一个国家、民族、一种文化，都希望能如此。《易经》就是要讲变，然而所谓"穷则变，变则通，通则久"。只有"通"了才可大而可久。孟子说："所过者化、所存者神。"历史上一切经过都化了，传下来能存的则是不可测的一种神。也可说中国人讲历史有两个字，一是"通"，从外面讲要能通；一是"存"，从内部讲要能存留下来。若使今天进步了，明天又推翻了，没有了，不再存在了，这不是我们所要的进步。一面进步，要一面能存留。

西方历史，如希腊如罗马，如中古时期如近代帝国，都不能存，现在历史转到美国。再过一时期，又如何呢？他们对历史上一切能留不能留，似无自信，一切只是过而不留，保存不下来。像大英帝国，到今天不是不再能保留了吗？他们认为变就是进步，要进步一定要变。中国人所讲与西方不同。中国人讲要通、要留，这样才可久可大。不论研究生命或生物，一定要有禀承，有变通，能绵延。这也可说是中国的传统历史文化精神。我们看历史面相，正如相人一样。相人是注意一个人的面孔，又看他坐和立，看他种种形相，就能约略知道这人的个性。我们只看历史的种种相，也就可以懂得它的文化精神。

二

前面所讲是历史面相，拿别人家的历史同我们的一比，长短、大小、繁简、深浅，显然不同。而历史之主干在人物。历史只是人事记载，在人事中有杰出的人，起领导作用，主持历史命运的，便是历史人物。没有人物，仅有社会，也不会有历史。如非洲社会存在，并不比中国社会迟得多，只因没有人物就没有历史。希腊社会依然存在，但到罗马兴起以后，希腊就没有了人物，有些人物转到罗马去。希腊也便没有历史了。罗马覆亡以后，社会还存在，而人物不同了。罗马历史也中断了。

讲到历史里面的"人物"，我想全世界任何一个国家民族的历史记载，都没有中国历史里的人物丰富。也可能因为中国人很早就懂得人之重要，所以在历史记载里把人物的重要性很详细地透露出来。至少从太史公《史记》以下，历代正史都是"列传"第一，把一个个的人物，分别作传。即在《史记》以前，试看《左传》，里面就包括多少人物。在中国历史里，可说有各式各样的人物。政治上有军事、外交人物；学术上有哲学、文学、史学等种种人物；科学上有医学、工程、水利、农业、天文等种种人物；艺术上有建筑、书画等种种人物。中国历史上人物分类最多。若把英国八百年历史的人物都写下，把我们历史切一段八百年的人物也写下，分类比较，我相信必然是中国人物丰富，多采多姿。只有最近一百年，中国人才凋零，西方新科学兴起，人才蔚盛，但这是一时期的现象。

再进一步说历史人物从什么地方来？我说从"文化陶冶"而来。从文化中陶冶出人物，同时也由人物来指示、创造、改进这文化。文化的创造、发扬、精进，都要靠人物。因此我们研究历史，进一步，应研究历史的灵魂，这就是人物了。治乱、盛衰、兴亡，乃及黑暗、光明，都关系在人物……

人物之辨，主要有正人、大人与邪人、小人。东汉以后为何会有三国？主要在出了一个曹操。曹操不能说不是一人物，政治、外交、军事、文学他都行，可是是一个邪人、小人，由他来造成下面一个黑暗的时期……正如民国初年出一个袁世凯，他们都有力量，有作用，可是也都是一个邪的、小的。使中国近代史平增祸害，横添曲折。因此中国人一向看历史，是看重人物的。

二

讲到人物之产生，就会讲到地理。人物是历史的主脑，地理是历史的基础。若说历史如一本戏剧，演剧的是人物，而地理即是戏台。

我们从历史上看，并不是某地可以产生人物，而某地不能产生人物。也不能说某地产生某种人物，而别一地则产生另外一种人物。当然，如看西洋史，英国人同法国人；法国人同德国人，他们国民性不同，所出人才也有分别。中国有地方性，南方人同北方人，沿海人同西北人，也有不同。但既成为一人物，应能超疆域的。如一个文学家，法国的文学家英国人也欢喜；英国的文学家德国人也欣赏。又如一个政治家，江苏人到陕西去做地方官，陕西人会佩服他；东北人到广东云南做地方官，那里也会对他了解，服从尊敬。可知人物并不为地理所限，不能说什么地方出人，什么地方不出人。至少我们应有这样一个观念，任何地区都能产生人物。这一层即拿中国历史便可作证。但为何有时某一地区却不产生人物？理由何在？我们应另做推寻，我们不能说北美洲是产生人物的，南美洲是不产生人物的。我们中国内地能产生人物……朝鲜、日本、安南，再远到印度，亦都产生人物。出产人物之多少盛衰,背后另有原因。我们不能说这个地方太热了就不产生人物,这个地方太冷了又不产生人物。又说这个地方太穷了不产生人物,又说这个地方太富了又不产生人物,这样讲法太浮泛。

我们要做进一步研究,先认定任何一地区都可产生人物。中国人有一句话说"人杰地灵",人物杰出,才觉得这地之灵,而地灵不一定有人杰的。历史最重要的是人物,我们要抱一信心,任何地都可产生人物。我们研究地理,有很多不同的地区,从历史上看来,各时期产生人物的地区,常在转动着。某个时期,某地方产生人物特别多,为什么在这时期杰出人物都在这地方呢?为什么换一个时期杰出人物又转到别地方产生呢?显然西洋史也同样,如最先人物都出在希腊,后来转到罗马,以后又到别处。历史要靠人物,人物可以将这个地区黑暗的历史变为光明,也可将这地区光明的历史变为黑暗。人物可使历史起死回生,看时奄奄一息了,有个人物出来,就百病皆消,健康起来,精神恢复了。但也可把一段活活的历史弄死。出了一个反面人物,可使时代在忽然间变一面目。所以我们要把握时代的命运,最重要注意在"人物"上。

当然我们希望能多生人物,来支撑,来扭转局面,开下面的新历史。但诸位不要认为人物只产生在某一地区上,任何地区都能产生人物,尤其在中国的广大疆土之上,各时代、各地域,都曾产生了不少人物。简单讲,唐以前,北方人物多;宋以后,南方人物多。我们当研究其关键所在。我想我们讲中国事,不妨用中国原有的话来讲。我将用简单的"风气"两字来做说明。天的风气是流动、转变的。一切生命，当然要春风和气。天暖了，下些雨，阳光、水份、和风通畅，一切生物都生长了。冬天寒冷、肃杀，生物就凋残了。这是风气影响着生命。

中国人常说："人物产生于风气"。在某种风气下，就易产生某种人物。说风气犹如说气候。某种风气，也定要等到某个时候，它才能生长出这力量来。所以风气必有一个"等候"，定要时机到来，机缘成熟了，便是气候到了。一如春天来到，也定要待暮春三月才能百花生树，群莺乱飞。这是自然的气候，也有人为的气候，中国人又称"火候"。如煮一杯水，定要等待几分钟，那水才沸。煮一个鸡蛋，要看着表，或老、或嫩，都要看火候。也说"火功"，用文火或是用强烈的火，经过多少时可以烧成陶，或炼成钢。历史上的所谓风气，也要等到某种程度，某个阶段，才产生人物来。

我们讲教育，说"十年树木，百年树人"，便是拿生物来比人物，栽一棵树要十年工夫，栽培一批人才差不多要百年工夫。植物生长，一定是春天来了，先是梅花、杨柳，而后到桃花以及其他，有一段时期的经过。中国人讲教育，所谓"春风化雨"，就是拿作师的当作一个天地。大地可以产生人，而文化教育可以产生人物。"物"是一种品质之称，高级的理想的，经过选择的品种，才叫物。普通人只是一个人，有品种分别，如圣人、贤人，政治家、军事家、思想家、文学家、艺术家，分等分类，这是第一级，这是第二级。政治家有第一流的，也有第二流的；文学家也有最高级的，次一级的。天地只能生人，在人中间要培养出各种品质，分门别类，多采多姿，这才是所谓人物。陶铸人物的权就在人自己的手上。天地生人，等于自然原料，人物须等加上制造。如棉花、羊毛，经过人类的科学技艺，可以造成种种布料，人也要经过一个大的工厂或一个大的工程师来制造他。中国人称作陶铸，等于在炉子里炼钢，在窑里烧陶器。春风化雨，就是人代天工；作育人才，即如桃李满门。

朱光庭到程明道先生家住了一个月，回来后，别人问他，你到了程先生家，得到什么印象？他说如在春风中坐了一个月。人须有生气，在人格上、学识上、性情上，各方面都该有生长，如在春风中，经过一段气候，才成为一人物。也有人说，程明道一团和气。你一接触到他，你的一切感情、理智各方面，经过这和气，就可以得到扶养，成长到某个境界中去。《易经》上说"天地变化，草木蕃"，天地是一片自然产生万物。人文陶冶，教化作育，是在这许多原料中精制出很多理想的品种来。

我们的社会、历史、文化，是另一个天地。这个天地在我们人自己手里，要能造成气候、生长人物。如清朝末年的曾国藩，他在军营中，过着一种战斗生活，但他的幕府就是一个小天地，跑进幕府做宾僚的，后来都是人物，他的幕府等如一个园地，他自己是一个农师，可以有很多花草在他手中生长起来。所以我们在任何一个时代中，要提倡有一种风气，在此风气之下，须能作育、陶铸人才。有了人才，才能改换历史。在某时代某地区，具备这种气候，就出人物了。这种风气过去了，人物就不出了。我们可以把中国史分期来看，唐代人才开始在哪里，后来在哪里；宋代人才开始在哪里，后来在哪里？我们细求它原因所在，这里面就把握到一个历史的重心，可以旋乾转坤，可以来开创新时代。

开创新时代，一定要有新人物，而新人物一定在新风气中产生。天地也是一样，风气必待凝成，冷也好，热也好，都得积渐凝聚而成。好像我们刚才所讲的火功，炉子里的火一定要集中在一点上。我们只要能在某个地区养成某种风气，某个地区便会出人才。而后慢慢传播开去，传播到其他地方。这个风气要可久，一代传两代传三代；这个风气又要可大，一地可以传播到别地。倘使这风气消失了，人才就没有了，人还是照常。他们的聪明体力并不比前一代差，然而他不能继，不能传，不能成一个高的品质，不能继续成为一人物了。

我们在这里就得到两个教训。第一个教训是历史的主持者是"人"，第二个教训是人在各个地域都可以产生，而主要在有一"风气"。这个风气由少数人提倡，即可以形成。

四

不论中外，一个大的文化传统，所谓"文化精神"，是不会消失的。这种文化传统精神，弥漫在天空，散布在各地，然而我们若是不能和这种历史上大的传统精神接触，便不能发生出实际影响来。譬如：广播电台的歌声，散布在太空，只要有一个收音机，这歌声就会进入我们耳朵里，倘使没有一个收音机，那歌声便像没有，其实它是存在的，而我们不觉得。《论语》说："文武之道，未坠于地，在人，贤者识其大者，不贤者识其小者，莫不有文武之道焉。"所谓文武之道，即是历史文化传统。他说历史文化传统没有掉下地，还在人身上，不过贤人得其大，小人、不贤者得其小，莫不有此文武之道在我们身上。今天我们讲中国文化，讲孔孟精神，讲五千年中华民族的精神道统，也都还在我们身上。不是在某一人身上，全国家、全民族，每个人身上多多少少、大大小小、深深浅浅都有的，所以说没有掉下地。如巴比伦、埃及、希腊，他们也有他们的历史传统、文化精神，可是掉下地了，不再在人身上，不再在社会上。今天我们到埃及去，在埃及人身上和其社会上，找不到古埃及的文化。到希腊亦然。我们研究埃及文化和希腊精神，便要到地下去发掘古器物。一个雕刻，在里面可以见得古希腊的精神；一个金字塔，在里面可以想象古埃及的文化，即使今天我们发现少数几本古书，实际上也已经隔一层；至于古物，更隔一层。

西方人研究古代文化，第一是研究古器物。研究埃及也好，希腊也好，比如一块石头，地下一个小箭头，都重要，在这里面可以想象出古代的文化。第二是拿各地的土产，如台湾的土产，菲律宾的土产，拿来可以研究这个地方的文化。这是一种褊狭观念。主要的，文化应在"人"身上，在我们人的感情、理智、生命中。当然器物也可以表现出文化，但已经掉下地了。你掉下去，我可以捡起来，希腊的掉下地，给罗马人捡起；罗马的掉下地，给现代欧洲人捡起。现代欧洲人的恐怕也快要掉下地，又给美国人捡起来。美国人的又要掉下地。主要在他们不懂看重人。我们中国人的文化传统还把握在自己手里。不是一些器物，而是一种内部的精神和生命，贤者识其大，不贤者识其小，莫不有文武之道在我们身上。

西方人对于这一点，似乎不曾深切了解。他们讲历史哲学，从黑格尔到马克思，直讲到今天，总说"正、反、合"。其实反是要不得的。埃及一个正，一反就没有了；希腊一个正，一反又没有了。罗马一个正，北方蛮族来了，又是一个反，罗马的一切又掉下地了，又由别人再来合起来，所以我说他们历史的变动性很大。

中国人看重"正"不看重反，常说反敌不过正，而且正与反绝对不会合。两汉是一个正，曹操、司马懿是一个反，反不胜正，此下的传统还是两汉的。不是汉高、光武和曹操、司马懿合起来，而成为唐代之复兴的。中国人讲历史重正统，论人物也只重正面的、光明面的。不能说孙中山、袁世凯一正一反，合成了此下的中华民国。中国人的历史哲学，自有一套，对不对？可把历史来作证。所以研究中国历史就是研究中国文化。如制造一件东西，先要在实验室里试验过。一个医药上的发明，要临床实验，看过多少病人的反应，才知道这药对不对。一套理论，也要拿历史经过来看它对不对。

....

中国人看历史重在人生，中国文化传统的一套精神应知另有说法，可以无穷无尽，日久月久地向后推演。

五

历史文化传统最重要的在人物，人物不是自然产生的。如天地生物草般，也不是命定的，有了这一定有那。革命不可避免，社会必要突变，正了必要有反，中国人不作如是想。如一个园林要弄得干干净净，只见花，野草生来就铲了。人才须陶铸作育，这不是法律，不是宗教信仰，而是人与人间的一种风气感动，太阳出了，和风来了,你觉得很舒服。但不是由它来控制你,改造你。大风起于青苹之末,梧桐叶落而知天下之秋,履霜坚冰至,中国人讲历史,要讲最先一点"起"在哪里。现在我们要陶铸新人物,开创新时代,便要有新风气。新风气起在少数几个人身上,试问这少数几个人究从什么地方来发动、来产生,而形成此风气?这一最先发动处究在哪里?中国人从前历史上教训我们,主要就要教训这一点。这一点却并不是哲学。若照西方人哲学讲法,或说我下面一番话是唯心论,是玄学。但我所讲是一种实事实证,拿历史人事,拿眼前人事,拿自己亲身经验都可作证。

我现在要讲开创新时代新文化,需要有新风气新人物,但此类风气却在我们少数人身上。今天我们都可以在自己掌握中旋乾转坤,开出一套,慢慢形成为风气,慢慢陶铸出人才,而最先最精微的一点,则在我们之"内心",在内心中透露出一点光明。这一点光明亦就是历史。文化上的光明,它开始在我们某一人,或某几人的内心中一下透露。如孔子说:"吾十有五而志于学,三十而立,四十而不惑。"所谓十有五,不一定是十五岁。总之是在他青年时,他心里忽然感觉有志于学了。三十而立,也不一定硬是三十岁,总之经过十几年工夫,所学成立了。我们说的气候正是这样,春天,慢慢地从立春这个气节开始,一段一段过去,经过梅花、杨柳,到杏花、桃花,下面便是夏天了。再过三个月,秋天来了,梧桐叶落,慢慢变下,直到深秋。那么正如孔子十有五而三十而四十,一路向前般,但他学的是什么呢?孔子自己说:"好古敏以求之。"他所学是一套人本位的学问,是一种历史传统文化学,他极看重人物。一部《论语》,孔子所批评的人物，从尧舜起，到孔子当时止，这些人物他都在天平上一一称过。他说："甚矣，吾衰也，久矣，吾不复梦见周公。"他在年轻时，心里主要只有一个周公。故说："如有用我者，吾其为东周乎！"可见他自有一套，也不全是依照周公。他只融会了周公的，在他年轻时，心里忽然有一点光明触动，他才跑上这条路。又如投下一颗种子，慢慢发芽、生长，完成了将来孔子的全人格。而这颗种子，二千五百多年传递下来，都还在我们的身上，都还在我们人的心里。

孔子以外，我们也可把历史上许多大人物、大圣贤、大英雄、大豪杰、成功大事业、发生大影响的，挑一两个做榜样，来读他的传记或年谱，从他年轻时一年年下来，如能透视到他的内心，可以约略看得出来，他从什么时候开了这一点光明？慢慢培养，慢慢长成，发扬光大？然后成他这个人。他的外面表现，就是一种风气。教育是拿人来教人。一定是他自己有这一阵风，有这一段气，你接触到他，听他的言论，看他的行事，就感染到他的影响。我们纵不能直接接触到他，读他的传记，读他自己写下的文章，体味他自己说的话，许多方面拼起来，自有一个影像。

总之，一切事定从人发生。诸位读科学发展史，没有科学家怎能有科学？科学的原理原则，如我刚才所讲也是散布在太空，在地上，要到某个阶段，在某人之一刹那间接触到，苹果为什么掉下地，他心中一触机一开悟，慢慢一步步地发现出一套真理来。没有科学家，便不会有科学。也可说没有飞机以前，已经有飞机之理存在；没有太空船，已经有太空船之理存在。一切科学物理总是早已存在的。至于我们怎样发现出这个物理，当然必先在我们心里浮现出，从飞机到太空船，经过多少年代，他也有一个气候。必有一批从事于此的专家，而这些专家总有他从某刹那的心中开始，而发展成熟。这是事实，非理论。

张横渠说："为天地立心，为生民立命，为往圣继绝学，为万世开太平。"开始也要从一念间，内心这一动上。一个做学问的大体系，自格物、致知、诚意、正心而至修身、齐家、治国、平天下。今日格一物，明日格一物，格物后就致知。以至于诚意正心工夫要靠他内心自己发动。某个人在某种机会中，忽然有一线光明在他心里浮现，慢慢就等于如一颗种子，要有一段时间，要有一个气候。一颗种子掉下地，便要长成为一棵树木。中国人对于这套学问，可说讲得非常具体，非常透彻。但我们总不相信，总从外面求，认为治国、平天下，应研究政治学、社会学、人类学，研究军事、外交等。而《大学》却从正心、诚意、修身讲起。把我们人看作一个小天地，这个天地要从他内心认识起。不是说一个权力在我们手里，我们就可以改造这世界，支配这世界。

诸位拿古今中外历史来看，从秦始皇到希特勒……若他可免失败，则全部人类历史亦须改写。我们莫要少见、短见，尽从目前情况看……我们从内心一念之际，慢慢自己诚意、正心、修身，造成一个气候，作育一批人才，而到齐家、治国、平天下，这是孙中山先生所讲的王道，以心服人。人同此心，心同此理。以力服人是霸道，权在我手里，要怎样就怎样，那么下面只有革命。我们讲的是治道，政治在道之中，法律、军事、外交一切莫非道，"道"便是一个文化理想。《中庸》里讲："自诚明，谓之性；自明诚，谓之教。""人一能之，己百之；人十能之，己千之。""得一善，则拳拳服膺。"这是讲工夫。我们每一人，或者一天，或者一月，或者一年，他们心里总有一片光明。然而没有这套工夫，气候没有成熟，这东西便过去了。若气候成熟，则如吾十有五而志于学，三十而立，四十而不惑，到后自见影响。

孙中山先生又说，"信仰产生力量"，若我们不信这心的一念之微可以掌握历史命运，可以开创新局面，便不见有心的力量。但信后还得用工夫，要训练。天地生人是普通人，要我们自己训练。训练有积极、有消极。我们可以用消极的训练，来达到积极的成果。因积极的比较难，孟子说："狂者进取，狷者有所不为。"进取自不容易，自己心里那样想，外面不照你那样。自己的信心先失了，要待外面风气转，我们也随而转，我们还不过是一个普通人。我们要信得自己的心，有一种力量，至少可以支配我自己，真到可以支配自己，也就可以转移社会。

孔子所讲最大学问是"仁"，后人所谓天地万物一体，修身、齐家、治国、平天下，也都是一仁字。怎样能仁呢？孔子说："我欲仁，斯仁至矣。"这话似乎很简单。有一天这个仁心开了，但等一会又丢了。尽管人心里有仁，然而不发生大力量。如何从我们这内心一念之际而造成出力量，这就要自己有信心。信心不能失败，失败了这个信心也会掉的。我们常说"勇往直前"，"失败为成功之母"。我觉得培养信心还是不要叫他多失败，多碰壁。颜渊向孔子问仁，孔子说："克己复礼为仁。"颜渊又请问其目，孔子说："非礼勿视，非礼勿听，非礼勿言，非礼勿动。"四个"勿"字都是消极的，在佛家谓之"戒"。我们该先自立一个戒条,绝对不做。隔壁有人讲话我不听,不动心,这就是非礼勿听。别人家的信我绝对不看,这是非礼勿视。慢慢一条条来做,看是一件小事,然可培养你心中力量。积年累月,这个人的内心力量,可以影响到别人,影响到社会。并不待外面给你一个机会,给你一番权力,主要还在"己心",要使你的心能支配你自己。开始不要从积极方面做,因积极方面多牵连到外面,关口重重,有时闯不开,不如先从消极方面支配你自己。如那边讲话我不听,不动心。从这样最简单的几条里,可以训练自己,有所不为。如不说一句假话,像是普通事却不易。司马温公有一学生问他怎样做人,他说只有一个"诚"字。又问怎样叫作诚,他说只不要讲假话。这学生记住这句话,下了十年工夫,才感到这句话不容易,可是他亦就是历史上一人物了。这工夫是自己内心工夫,不是说要我能支配我的心,乃是我的心要能支配我,若连自己都不能支配,怎样支配人?

孔子称赞子路,说他穿一件破棉袍可以同一个穿狐皮袍子同站一起,而泰然自若。谢上蔡说,你在家里吃青菜汤饭,客人来了,你怕他看见,倘使是一碗鸡汤,客人来,你心里泰然,这样人的心可说一无用处,一碗鸡汤也够支配了你,还能担任事业、作育人才、创造历史吗?孙中山先生说革命先革心。我们要革历史的命,却不能革自己的心,可知这是空讲。佛家说戒了能定,定后能生慧。此如《大学》上讲"知止而后有定,定而后能静,静而后能安,安而后能虑,虑而后能得"。常人一天到晚在虑。但都是无头考虑,尽考虑也不一定能得,得了也守不住。你先要把自己心定下来。如教小孩子读书,尽让他乱跑乱动怎样读,先要叫他安定下来,才能用此心。如何叫他安定，先应有一个戒心，这地方我不去，这件事我不做，这就是"知止"。非礼勿视，非礼勿听，非礼勿言，非礼勿动。这个非礼就是一限。把自己限在此非礼之外，甚至取之有道而仍恐伤廉，与之有道而仍恐伤义，这就不易了。中国人教人常从他心里教起，要教他自己能自信，而后能发挥力量。孟子所谓"浩然之气"，是"集义"所生，每件事要义。其实也简单，只不义的不做，义不义其实我们心里也明白，只是这人心太脆弱，自己明白的事不一定能做。如果有一天有此觉悟，你自己明白，别人却不知，从来的大人物都应是这样开始。

曾文正到中年，忽一天把自己换了一个字号"涤生"，这是要拿自己全部洗涤，换一新生命。我们看他的《家书家训》，一切讲话，都主要在训练心。他在军营里，有人时时往来报告，打了胜仗，大本营须要立刻跟前进，打了败仗得立刻往后退。然而这一仗非可立刻见分晓，前面正在打，但在后方却不晓得下一分钟是什么一回事。这时候曾文正找一朋友来下棋，好把此心暂放一旁。前面来报告，说胜利了，把棋子收了，赶快前进；说败了，赶快后退。这是一个极好极简单的方法，叫自己心定下来。李鸿章跟曾文正学到一件事，他每天早上必写一页字。并不是要做一个书法家，李鸿章也说不上是什么大人物，可是他至少负了当时军国大任，碰到种种艰难，早上起来他的心能什么都不管，先写一页字。这是几十年工夫，遇到写字时候，心就定在那里了，每一天能有这一段时间心定得，积久此心也就有力量。我们的心一刻都不定，老在那里想，这多不好。但要定也麻烦，如学和尚打坐，不是一天能成功的，我们没法定下心，看场电影也好，打八圈麻将也好，但这些全靠不住。一旦有事情来，麻将也打不成，电影也看不成,此心已乱,如何处事。曾文正常教人"有恒",今天做一件事,明天还要做,后天还要做,这便是积极的了。但主要在不间断,则仍是消极的。总之从小处训练,便能在大处见效。任何一个人伟大成功,都在他自己有训练。若说社会黑暗,风气腐败,种种都可不相干。每个人都可自下决心,在简单的容易的事上下工夫,自己力量就会来了。若能有朋友、团体,自然风气变,人才起,下面历史也换个样。此刻我们天天盼着回大陆,但自己的人没有变,一切问题都还在那里。还不是一样,人变了,不怕历史不变,一切要自发于心,要有一套自我训练的工夫。

我们远从五千年历史文化传统讲到一心一念之微,我认为这个讲法是把中国的圣经贤传和历史配合起来讲,这里面实有一个值得我们注意的道理。

(一九六五年七月"国防研究院"演讲,

刊载于一九六六年九月"国防研究院"《中西文化论文集》,

一九六七年十月《东西文化月刊》四期转载)

中国文化之成长与发展

一　前言

我先讲"文化"二字之涵义。普通说，文化即是人生，但应该说明是大群的人生，不是个别分开的人生。个人人生不算文化，应指一个大群集体的人生才是文化。但大群集体人生与文化两语之间，还有意义不同。因此我们该说文化是大群集体人生的种种方式或式样。譬如吃饭穿衣，房屋建筑，都是一种生活方式，而各个大群集体此种生活方式各不同，这才叫文化。可是这个讲法仍觉不妥。因生活方式仅是一个现象，形而下的表现在外。我们要讲到生活之内部，即是形而上的一个体。中国人讲体用、体相，人生表现在外的只是一个"用"和"相"，深求其里面，还有一个"体"。那么我们讲文化，该说是一个大群集体人生之总体相，把形上、形下都包在内。如衣食住行，风俗习惯，信仰理想，艺术文学，一切生活都包括了，始是一个大群集体人生的总体相。如是来讲"文化"二字的意义，比较恰切。

然而我此刻还感觉如此讲法仍有不妥当处。因为我们人类的观念,譬如说文化,似乎人人易知,但要引用一句话来解说,往往很困难。即如我们讲人生,岂不简单,但要用另外一句话来解说此"人生"二字便不容易。现在我要再想一个讲法。如说人生方式,那是一个平面的,说人生之总体相,似是近乎立体的,然而人生在空间之外还该加进时间。文化不是限在当下的,它上有来处,下有去处,只说"总体相"三字仍嫌不够明白。因此我说文化该是大群集体人生的一个共业。是由大群人集体共同来造的一个业。这个业,不只从人造,是从人再造,基本上的精神是这样。我想这样讲法,对于文化二字更合适。这个"业"字,用佛家意思讲更清楚。业是一番事,这番事,不限在平面当前的,而是推上去,推下去,有因有果,有一种传统性的历史在内,这是人类一个共同的作业。这种作业,不仅表现在外面,而有其一种内在的精神性。这个业,不仅由它造出,乃是前有所承,由它再造。而这个业又是永不终止,复有此后的不断再造。因此"业"字之涵义,就深富有时间性,深富有精神性。我此刻讲得更明显一些,应该说"文化是人类大群集体人生中之一种精神共业"。我此刻只讲到这里,是否如此讲法还有毛病,还不够恰切,留待此下再探讨。

既说文化是人们一种精神共业,有其传统性,因此也可说文化有生命性。此种生命和我们人的生命有不同。顺着这条路来讲,文化生命就可分作两个过程:一是其"成长",一是其"发展"。如说一个人,从婴孩到青年成人,他的身体智慧,一切都在一个成长时期。中年以后,就是他生命的发展时期。又如一棵树,有根、有干,这是它生命的成长。有枝、有叶、开花、结果,这是它生命的发展。现在我只依照讲题来讲中国文化之成长与发展，我再用佛家名字来讲，各个群体人生，都有它们的相同处，这是文化的"共相"。然而各个群体人生亦有它们的互异不同处，这是文化的"别相"。所谓各个群体人生之不同，也可说是一种民族性的不同。由于民族性之不同而产生了文化之别相。今天讲的，是中国文化之成长与发展。将不重在讲我们文化的个别精神，与其特有内容，而是只讲我们文化演进的经过，等于是讲一段历史。

上面讲到由于民族性不同而文化有其异相，也可说因有了民族才始有各别的文化。那么我们当问这个民族性由何而来，因何而与其他民族有不同？为何中国人与印度人，或欧洲人，在其性格上有相异有不同？简单说，因各大群各集体的自然环境不同。所谓自然环境应可分三方面说：一是天，一是地，一是物。人也是万物中一物。天最重要者指气候。地最重要者是土壤与交通。物则由气候土壤配合而产生。因为气候、物产、交通情况之不同，慢慢影响到住在那里的人之性格上的不同。这地的人和那地的人性格上有不同，生活上有不同，而各自形成为民族，因此也有其民族性。

中国民族，起源是在一个温带的大平原上。当然黄河流域也有山脉区分，可是大体上讲，这地和那地易可相通，等于一大平原。世界上有低湿地、有草原地、有沙漠地、有小块平地，而我们则是一大平原。又在温带，适宜于农业耕稼。这些条件，可谓得天独厚。古代文化发源有埃及，有巴比伦，有印度与中国，称古代四大文化。埃及、巴比伦地面太小，印度恒河流域较大，又是气候不好，要找一个农业地区，在温带，而又是一个大地面，则只有中国。中国人既是得天独厚，因此中国的民族性和其产生出来的文化，自然会与众不同。

二　中国文化之成长

继此讲中华文化之"成长"与"发展"。此两个阶段，从中国历史上讲，究该于何处划分，以前尚未有人仔细讨论过，我此刻只粗陈己见。

远从上古神农、黄帝、尧、舜，下及夏、商、周三代，禹、汤、文、武而至周公，当已有两千年的时间。周公以后四百多年而到孔子，这已到了春秋时期。我说这一时期中华文化生长，而且已经成熟了。西周初年，由周公的经营，中国是一个大一统的国家了。后人常说秦始皇统一中国，亦不错。但秦始皇时乃是一个郡县制的统一，而西周则是一个封建制的统一。

"统一"的观念，西方似乎没有，他们只重征服，不重统一。这两者间有不同。如封建，在我们是一种"政治制度"，英文里的Feudalism，那是一种"社会形态"，两者间又有分别。罗马帝国以罗马人为中心，他们征服了意大利半岛，又征服了地中海沿岸，进而征服到法兰西、英吉利，这才形成了一个帝国。不能说那时的罗马人、法国人、英国人、埃及人、希腊人是统一了。犹如不能说今天香港的中国人和英国人统一了。那只是被征服，被统治。西周时代的统一政府，就是周王室，以周天子为领袖，分封诸侯，天下统一。一个民族国家之创立，这是中国文化里面所表现的一点。在今天世界上，一个民族可以不只成立一个国家，一个国家可以包容不只一个民族。而中国文化到了周公，那时民族文化国家的规模，即是其文化之外面建筑已经完成。后来只是变些花样，如由封建变为郡县，天子变为皇帝，诸侯变为地方行政首长等。然而在此民族大一统的政治组织里面，还得充实其内容，来讲一套教育，讲一套理想，这就有待于孔子。

我请问诸位，经过周公、孔子到现在，有没有历史上人物能超出于周公，孔子之上的？但从另一面讲，却不是周公与孔子来创造了中华文化，实乃是由中华文化来产生了周公与孔子。周公、孔子是我们中华文化中所陶铸出来的人物，是由以前两千多年的文化积累文化陶冶而产生。周公与孔子，只能算是我们中华文化的代表人，或说是两个最高的代表人，却不能说中华文化创造于周公与孔子。这个观念，诸位要很清楚地辨明。

今天反对中华文化的人，随便说要"打倒孔家店"，他们不晓得中华文化不是由孔子所创造。孔子以前早有中华文化，而陶冶出孔子。孔家店即是中华文化的产品。此刻要来提倡新文化，认为有了孔子造成了今天的中国，今天有了我，便造成出明天的中国。我早在前面讲过，文化是大群共业，不是一个一个人的，你打倒我，我打倒你，所能随意创造。

若我们把孔子、释迦牟尼、耶稣、穆罕默德四人来说，直到今天，还说他们是世界上的四大圣人。因为他们的教可以普及到很大一片的人，超出于政治、学术之上的。这四个人中，孔子是最先第一人，释迦牟尼略迟些，耶稣要到汉代才出世，穆罕默德比耶稣又迟一步。孔子到现在已经超过二千五百年，耶稣到现在还不到两千年。但若那时，孔子生在印度恒河流域，试问能成为孔子吗？又如生在耶路撒冷和阿拉伯沙漠一带，试问能成为孔子吗？我想穆罕默德、耶稣、释迦，倘使他们生在中国春秋时代，或者生在中国汉代，也不可能成为穆罕默德、耶稣和释迦。耶稣的一套，若在中国汉代，决不会如此讲。释迦牟尼的一套，若在中国春秋时代，也决不会如此讲。

诸位当知世界上每一最伟大的人，都是由群众中产生，都是由文化陶冶而来，决不是他们能脱离文化传统凭空来创造出一套文化的。所以我认为要讲中国文化的生长，应从古代史讲起，讲到周公、孔子为止。至于周公、孔子以后到今天，又是两千多年，这已要讲到中国文化的发展史上去了。我们单拿这一点来讲，中国文化在客观条件上，是够伟大的。到了释迦牟尼降生、耶稣降生，那时中国文化早已完成，而像埃及、巴比伦等地的文化到那时也早已消失了。

中国文化理想一向兼顾到两方面，一是"政治"，一是"教化"，这就很特别。释迦牟尼、耶稣都不讲政治，穆罕默德右手一把刀，左手一本《可兰经》，乃主以武力传教，也不是在讲政治。他们最多是一偏之见，所以成其为宗教，而造成了后来西方历史上的政教斗争。我们看一部西洋史，他们的政、教斗争极激烈。大家都知，不用详说。到今天，他们是信教自由了，不用再斗争，双方都放开一步，说你可以自由，然而双方各自分开，谁也管不到谁。我们中国呢？只讲看得见的，便很简单。政治、教化双方协力，同舟共济。如上面所讲尧、舜、禹、汤、文、武、周公，他们都是一个政治人物，而都带有教化性的意义在里面。到周公身上，此层特别显明，他是一个大政治家而极重视教育的。从尧、舜、禹、汤、文、武到周公，中国在政治上的成长，可说已是极伟大，已经变成了一个"统一"的天下了，文化一统，政治一统。从周公到孔子，然后产出了中国第一个教化上的圣人，成为人类历史上最早而又最伟大的一个教育家，但同时亦极重视政治。所以周公、孔子就其各自偏重处讲，则分别代表了政治、教育两方面，而成为两个大圣人。我们从历史上讲来，中国文化乃是从政治慢慢生长到教育的。单就这一点，孔子便和释迦、耶稣、穆罕默德不同。这乃是各方民族不同历史不同，所以文化不同，而产生出的人物也不同。

说到这里，若使我们今天要来完全接受佛教或耶稣教或回教，那就相当困难，这因文化是一种精神共业，从前印度人、犹太人、阿拉伯人都没有在精神上和中国人合作，各自走各的路，大家碰不上。一天要舍己从人就极难。今天的世界，还没有一番世界人类的精神共业。今天我们不长进，不用说。即使是我们此刻所崇拜的英国人、美国人，他们也没有为世界人类着想过。今天的世界，还没有一番人类的精神共业，因此也没有一个世界文化，这事要待将来慢慢来。

在中国历史传统里，则显是有了周公，而后有孔子，乃是由政治而发展到教育。我们可否如此说，中国文化是先有了一番实际行为，而后配合上思想的呢？这显然有些不妥。因周公并非没有思想，孔子并非没有行事。大体上讲，我们下面历史的发展，却往往是思想在先，行动在后。孔子的地位，渐渐超过了周公，所以孔门学者早说孔子贤于尧舜，那亦是中国传统文化里面值得注意研讨的一项观念。

以上说到孔子，孔子以后三百年间，就是从春秋末年到秦代统一这段时期，专就学术思想方面讲，专就教育方面讲，有了孔子，就有墨子、孟子、荀子、庄子、老子，诸子百家都来了。这真是一段思想极为发展的时期。但诸子百家中，尤其是儒、墨、道三大派中，有一点是他们互相会通合一的，孔子、墨子、孟子、荀子、庄子、老子，他们的思想对象都是全人类的，把全体人类作为他们思想的对象，那又是极够伟大的。可以说世界上没有第二个民族产生的文化中间的大理想是以整个世界、整个人类为对象的。诸位看孔子、墨子、老子的书，是不是这样呢？因此中国历史上的实际情形，并非是后来秦始皇出来统一了六国，实是当时三百年来的学术思想先已统一了中国民族的大理想，构成了一个大一统的心理期待。秦始皇碰到这个机会，先由军事统一，但共只二十多年，就有汉高祖以平民为天子之新局面出现，这可说是学术思想发展在前，而政治发展在后。

我们现在误认为战国时代最像样，当时诸子百家自由讲学有似古希腊，待秦代统一，中国的黄金时代便完了。所以这几十年来讲中国历史，都把秦以前划为一个段落，总说先秦是如何，而秦以后便弃而不论，认为专制政治建立，以下便没有可讲了。但秦汉政治也有来源，难道是秦始皇、汉武帝一人想出，一人定下？我告诉诸位，天下并没有这样一个人。我先讲过：孔子生到恒河流域去，便不成其为今天的孔子。耶稣生到中国来，也将不成其为今天的耶稣。秦始皇、汉武帝生到希腊，能成为秦始皇、汉武帝吗？亚力山大生到中国来，也定不是历史上那个亚力山大。拿破仑生到中国，也定不就是这个拿破仑，清康熙生到欧洲，也不便是一个清康熙。我们此刻谈文化，把个人看得太重。文化是人的共业，文化在我们各个人身上，几千年的传统，陶冶出我们每一个人。但却不能把每一人高抬到文化传统之上面去。

三　中国文化的第一度发展

到了汉代，国家规模比周更大。周代主要只在黄河流域，秦、汉版图同现代差不多，一个统一的大民族，创建了一个统一的大国家。中国古人文化理想，到汉代可说是十分之八完成了。譬如一所房子已经盖好，里面添一张桌子，加上一幅画，那是小事情。即便是在这房那边再盖一房，也都是小事情。所以我认为汉代四百年是中国文化的发展期。不仅是孔子儒家，老子道家他们的思想都摆出来，摆到社会人生的实际方面来，更其是汉代这样一个大一统，教育、政治合一，已奠下了一大体。

此刻我得提出关于文化上的一大问题。任何一种文化，必有其内在的一个理想，亦可说是文化精神。我们从尧、舜、禹、汤、文、武、周公、孔子一路下来，早有一番理想。其实任何一个国家都有它一套，英国有英国的一套，美国有美国的一套。现在我们国家自己有问题，却要去学美国、英国，那真谈何容易……此刻不讲这些，此刻所要特别提起的，乃是文化各有一个理想，文化不断发展，便会渐成一个定型。《大学》上说："古之欲明明德于天下者，先治其国；欲治其国者，先齐其家；欲齐其家者，先修其身……身修而后家齐，家齐而后国治，国治而后天下平。"这是中国的文化理想，理想发展到有一个定型，那就是到了一个止境。如我们人的生命有生、老、病、死，文化也是一个生命，是不是也有一定的生、老、病、死呢？这是我们今天讲文化的一个大问题。

西方人对此问题都抱悲观主义，希腊完了有罗马，罗马完了有现代西欧。即就西欧讲，葡萄牙、西班牙完了，意大利、荷兰完了。今天的大英帝国还不是完了，最近英国人要把东方驻军全部撤退，这就表示他的帝国美梦是觉醒了。但今问英国人除却其一番帝国美梦之外还有一番更高远的理想吗？英国如此，法国亦然。西方人对文化生命抱持一番消极、悲观的论调，是有理由的。可是要知文化有共相，有别相，中国文化是不是也该死亡了？照西方人讲，中国文化早死亡了，他们不认为有四千年传统不断发展的一种文化之存在。在此中间，又有各种讲法。有的说中国文化到唐朝早死亡了，有的说到汉代早死亡了，有的说战国以下中国文化早死亡了。但他们都只是凭空讲，他们并不懂得中国史。而今天的中国人，则大部认为西方人讲的话必然对。文化发展有一个定型，我也承认。待发展到某一时期，它要断灭，要没落，那个问题却值得讨论。文化是不是能重生，是不是能复兴？他们很悲观，对此问题，我们此刻不深入讨论，且继续讲我们的历史，可为讨论此问题做参考。

四 中国文化的第二度发展

到了东汉末年，中国文化确像已到达一定型。下面经过三国、两晋五胡、南北朝，将近六百年的长时期。这中间，在中国历史上发生了两个大变化。一是异民族跑进中国来，所谓五胡乱华，乃至北朝都是。但我们且问，我们从神农、黄帝以来就是这样一个中华民族吗？这不是的。在中国这样的大地面上，本有很多民族存在。我们这个中华民族，乃是由中华文化所导致而完成。中华文化最伟大的一点，就是它能陶铸出一个大民族，而由此民族来创建出一个大国家。到了汉代，那国家便几乎已成为天下。所以说，中国文化到此时，已发展到一定型了。但到东汉末年，就有许多新的异民族跑进中国，血统不同，自然环境不同，文化传统不同，许多异民族跑进中国，这是当时中国一大变动。第二个变动，是有一个新的信仰，由一个异文化异民族所产生的一种宗教跑进中国来，这就是佛教。

这两个变动，诸位要知，并不比今天和西方之接触和冲突来得小。这不仅是大批异血统的异民族跑进中国，而且一个人生最高信仰，中国人摆弃传统来信仰了印度人的信仰，这是一个极大问题。然而慢慢地经过六百年，隋唐继起，政治再统一，这些异民族又都融化变成了中国人，都在中国社会里经中国文化之陶铸而融化了。而佛教新信仰，也慢慢地变了，也渐渐融化成为中国文化中的一部分。这是说佛教信仰和佛教理论的自身变了。中国文化传统跑进佛教里面而成为一套中国的新佛教。我们说文化是人生一总体相，此刻是此一总体相中新添了一些新花样，而与其原有体相则无损害而有补益。此层该特别提出来多讲几句话，当然也不能详细讲，只简单讲几点重要的。

第一，是佛教进中国，而当时中国人仍能保持原有文化中的政治体制和政治组织。北朝虽由异族统治，而政治大体系则仍是中国的。

第二，是家庭、家族传统，当时也保留住。佛法第一要叫人出家，但中国人信佛，还保留着大家庭。当时南北均有大门第，由门第跑进政府，政府也把门第做骨干。大门第里面还保留着中国文化传统精神，当然已打了折扣，可是这政治体系与门第传统保留着，至少当时中国人脑筋里，虽是信佛教，而对佛教也打了折扣。接受了那一部分，还保留着这一部分。

第三，佛教教义经中国一般高僧们融化转变，今天我们称之为"中国佛教"，表示其和原来印度传来的佛教有不同。尤其最伟大的一点，是并没有像西洋历史上的宗教革命，从旧教变出一个新教来，到处冲突，纷乱斗争，而中国则没有。一般社会不知道，只认为佛教还是佛教，和尚还是和尚，而实际已大变。

这个变，特别是在中国僧人所自创的三宗里面表现着。佛下分派称"宗"，今天我们合来称宗教。但从佛教言，教与宗是分别的。在印度，教下本已分宗，到了中国隋唐之际，又由中国僧人自创新宗，一是天台宗，一是华严宗，一是禅宗。我们称之为中国的佛教，即佛教的"中国化"。本来佛教来中国，主要是中国人自己发愿去寻找来的。中国自有了佛教，从道安、慧远一路下来，发生大力量的高僧也都是中国人。而且这些高僧往往避居山林，由你向他去求，不是由他向你来传。中国古礼所谓"有来学无往教"，中国高僧们依然有此风格。印度高僧来的也有，但不多，而且也纯是私人性质的，其背后并没有银行经济和军队武力作护法，而且也没有教会组织作后盾。同时西域僧人来的比较多。西域自汉代以来虽与中国相通，但多是小国，国际关系上，长时期是中国的藩属，但在他们来一僧人，中国人却尊奉之为大师。即此一点，可见中国人的心胸开阔，纯是一种宗教信仰，更没有丝毫世俗富强观念夹杂着。在如此的情况之下，佛教来中国后，有中国僧人自创新宗，那是不足为奇的。在先，中国僧人努力是翻译印度经典，加以阐释。所谓新创三宗，也各自依据佛教经典中之某一部经典来发挥。天台宗所依的是一部《法华经》，华严宗所依的是一部《华严经》，禅宗开始是依据一部《楞伽经》，后来依的是一部《金刚经》。现在此四部经典依然存在，我们只要把来和此三宗高僧们所阐发的教义做一对比，自知其间已有不同，确是有了变化。虽说依然是佛教，但其中已有一番新信仰，也可说在佛教信仰中已然翻出了新花样。他们已是讲出了中国人传统的，和中国文化相协调相融和。

原来佛教主要精神是"出世"的，讲轮回，讲涅槃。中国人新创的三宗，则是转向"入世"，把入世出世融而为一。如天台宗讲"一心三观"，即空、即有、即中，三个看法，融在一心，那么入世出世自不必严加分别。又如华严宗讲"四法界"，一是理法界，一是事法界，一是理事无碍法界，一是事事无碍法界。天台从内心讲，华严从外界讲，同时一种大融合，同是把入世精神与出世精神相调和。

再讲到禅宗。"不立文字，直指本心"，经典也只是文字。中国僧人几百年来，花尽心血，把印度经典逐一翻出，此刻却说可以一个字也不要。本心是各人自在自有，单凭此心一悟，可以不由阶梯，径超直入，即身成佛，立地成佛。而且又说烦恼即是菩提，佛即众生，众生即佛。他们自称是教外别传，教中只有佛菩萨，他们却有祖师，而且有些祖师们还保留着俗姓，如马祖就是姓马，大珠和尚本是姓朱，别人为他加一称号为"大珠"。这可以说禅宗是佛教中一大革命，因有禅宗，更显见其是中国的佛教了。

现在我们再讲天台、华严两宗在佛教里的贡献，除把佛教出世精神转回到入世，和中国自有的人文本位的传统文化相协调外，更有一点重要的，是他们两宗能把佛教统体组织化。本来释迦牟尼讲了些什么，印度人不看重历史，并不太理会。佛教教义愈演愈复杂，照例都说是释迦牟尼所讲。但所讲内容不同，究竟是那个对？中国人好学心重，把印度佛经有一部翻一部，但也有选择。小乘经典翻得少，大乘经典几乎全翻了。后来天台、华严两宗又把各种讲法加以会通组织，这个工作，在当时唤作"判教"。他们把一切经典中教义全归到释迦牟尼身上，却把来分作几个时期，为各别的对象而说法。说释迦牟尼开始讲的是某些经，后来讲是某些经，最后讲某些经。天台宗说是《法华经》，华严宗说是《华严经》，虽说法不同，但他们把印度一切经典许多相反的、旁出的、错乱的全会通起来而加以组织化，由先到后，由浅入深，相反相成，无不条贯。这一种智慧力量，可称伟大已极。现在我们只说中国人思想没有组织力，即就天台华严两宗几位高僧对佛学所下的判教工夫，即可为此辨诬。

西方人讲的组织，似乎注重在自己一家之内，如康德就是康德，黑格尔就是黑格尔，马克思当然就是马克思。他们的思想当然有组织，但组织得愈严密，愈圆满，排外气氛却愈浓愈深，外面别人的话加不进去，只有再来一派。

中国人著书立说，像是无组织，但中国人注重一"通"字，会通、旁通、圆通，儒家从孔子到孟子、荀子，到此后都把来会通组织起来。道家亦然。佛家的天台、华严两宗，在庞大复杂的佛教教义方面，可说他们所做的会通组织工夫贡献太大了。佛教在印度终于要传不下去，为什么呢？说法愈多，莫衷一是，理论纷歧，不成系统，到后来自会慢慢地消沉下去。能组织，有系统，又要相互会通，不专在小圈子中求。中国人爱讲"道一风同"，是要一个大组织。儒、道、佛三教各有组织，却要来三教合一，三教会通，那是中国人想法。至于禅宗，却说许多经典许多理论都不要了，简单扼要，只须一个字一句话，甚至可以不要一个字一句话，而一切都通了。这是显然相反的两面。天台、华严把全部佛经，凡是中国人翻过来的，都组织成一个系统，都会通了。禅宗不要组织，只单提一个字一句话，作为一个简单中心，一切可以由中心通去。因此天台、华严之所长，在能会通、能组织。禅宗之所长，则在能简单扼要。后来禅宗盛行，又走到禅、净合一的路上去。净土宗注重念佛号，只要念一声"南无阿弥陀佛"，把此心集中在这上，能毕生只念此六字，到临死也只念此南无阿弥陀佛六字。连禅宗所参种种话头也不要了，岂不更是简单扼要。你要问：何以念此六字，便能升西天，证佛果？他们自有种种讲法，叫你念这佛号六字，则只是一个简单扼要人人易行的方法而已。

我此所说，并不是要来提倡佛教，更不是要在佛教中来提倡禅宗与净土。我只在指出，中国僧人把印度佛教传进中国，而又使其中国化，成为中国传统文化中一新枝，此一番历史经过极重要，值得我们注意。其次是从此指出当时中国僧人智慧力量组织会通与简单扼要之两方面，使其表现出如此绝大成绩来。因此在隋唐时代，可说又是中国文化的第二度发展。在上面，唐太宗、魏徵、房玄龄、杜如晦，兴唐诸贤重新组织了一个新政府，又完成了中国的统一。异民族进入到中国的，全同化为中国人。在下面，一辈佛教高僧们又把印度佛教融化，变成为中国化的佛教，变成为中国文化一新枝。此两事皆值我们重视，并可具体证明中国民族和中国文化之伟大。我们讲到这里，又该提出文化研究上第二个重要的问题。第一个重要问题，是讲文化是有生命的，是不是定像人的生命般有其生、老、病、死之必然过程。现在我们指出中国文化从两汉下到隋唐，又获新生，不像西方从希腊到罗马，从罗马到现代西欧，又由现代西欧转到美国和苏维埃，而西欧英法诸邦慢慢地垮下台去。但在此，我只指出此事实，不再进一步做详细的讨论。

此刻所要讲的，文化既是一生命，此生命又是很微妙，寄托此生命的应该有一构造，有一体系。换言之，我们说文化应是一机体，如人身般，有眼睛，有耳朵，有鼻舌，有手脚，有心脏，有胃肠，有肝肾、脾肺，各方面配合起来，成为一个生命的机体，在此机体上来表现我们的生命。上面我们讲文化是人生总体相，分言之，构成此文化的也有许多体配合，如宗教、教育、政治、文学、艺术等，而政治方面又要加上军事、法律等，这一文化体系是由各方面配合而成。《中庸》上说："致广大而尽精微"，文化体系应该能"致广大"，应该无所不包。而在此致广大之内里，还要"尽精微"，在看不见的地方，该有一个最高中心之存在。人的一身，眼、鼻、耳、舌、胸腹五脏是致广大的。眼睛能看，耳朵能听，而且愈看愈远，愈听愈远。肚子吃东西，什么都可吃。这是人身的广大，而中间这一个生命则是极精微的。文化体系也如此。《中庸》又说："极高明而道中庸"，文化理论讲来"极高明"，但太过高明了别人不懂，不能成共业，故又要"道中庸"。人人能知，人人能行，文化共业才可久可大。西方人讲文化，多从其别相方面来看。西欧人、印度人、中国人、非洲人，他们到处都看，见闻广。他们知道人类文化种种的"别相"，即在此种种相上而称之曰"文化"。但中国人看法，定要在别相之上求得一

"共相"；求得其更高精微之所在，而又要使大家人人能知能行，这才是世界人类文化的远景。

换言之，文化该在一大体系中求配合，但西方不然。如你看马克思书便不易，看黑格尔更难。看到康德，能懂的人更少。他只自成一套哲学，若要把此一套哲学推到别处，便出毛病。黑格尔比较只讲哲学，已出了毛病，他把他的哲学讲到日耳曼民族之最高无上，便出毛病了……中国人则在兼顾各方面而求其通，所讲极广大，而有其精微之所在；所讲极高明，而有其中庸之所在。要懂得一整个的大体系，而能来组织化，能来简单化。主要在求通，通了便不争。若使整个文化中之各体系总是相反相争，这对那不对，如何完成一整体？若要专仗一部分来推概其他部分，吞灭其他部分，更不行。

说到此处，唐代文化复兴，在此里面仍不免有毛病。

第一，唐代融化异民族使他们全变成中国人，其中有政治家、文学家、艺术家、军事家，这样成绩固不易，然而里面还剩下许多渣滓，融化未尽。唐代极多番兵番将，如安禄山、史思明，那些都是渣滓，掌握军权，怎会不出事情……

第二，佛教虽说是中国化了，在原来佛教中已有了配合中国文化的新信仰，然而同样是融化未尽，佛教信仰并未和我们的修身、齐家、治国、平天下一套人文理想的文化大传统相配合。他们握有思想上的最后支配权，不论皇帝宰相大臣，一切知识分子乃及社会平民，会常到和尚寺去听和尚们讲佛法，讲一套最高的真理。但真要治国平天下，还要靠中国自己这一套，佛教南无阿弥陀佛，不能打黄巢，不能打藩镇。当时佛教在中国，是思想的领导。周公孔子只落在较低一级的地位上，从皇帝起到平民小百姓为止，都信佛教。佛教进行到几乎全国化了，大家能听得懂，随便在街头巷尾都有人讲禅宗的道理，又简单，又扼要，大家都喜欢听。可是，在中国文化体系中可以容纳一佛教，而佛教到底不能来做中国文化的中心，所以唐代终于垮台而为五代。五代时有一个大和尚，他却在和尚寺里劝和尚们读《韩昌黎集》，韩昌黎是唐代一个最反对佛教的人，到底佛教僧徒们觉悟了，若不讲治国平天下，政府和社会都不上轨道，和尚们也不得安。这样一转，才转出下面的宋朝。

我们把历史来讲，中国唐代末期，比东汉末期更坏更可怕，只有两种人最占势力，一是和尚，一是兵。然而西方罗马垮了，再没有罗马。中国汉代唐代下面依然还有中国，这又是大值我们注意的。所以我说汉代是中国文化第一次的发展，唐代是中国文化第二次的发展，下面来的是宋、元、明、清四代。

五　中国文化的第三度发展

中国文化到唐代，可说是多彩多姿，有一个最高的发展，然而也有一个最大的危机。不过没有像罗马帝国那样亡了，还跑出宋朝来，把这个历史危机重再挽转。有几点可以提及：

第一是宋朝人刻意要把文人地位高高地放在军人之上。这也可说是宋代一个缺点，可是也有不得已。唐代末年军人跋扈，骄兵悍卒，实在使国家民族受祸太深了。

第二是宋代的理学。唐代高僧们把佛学中国化。宋代的理学家再把佛学来儒家化。所以宋代理学，现在称之为"新儒学"。他们在儒学中，融化进佛学与道家思想。在唐代，道教亦盛行。道教是模仿着佛教而来的。宋代的理学，把佛教、道教都容纳进来，使它儒学化。

在理学中，也可分成两大派：一是程朱，他们主要的在能"组织会通"，另一派是陆王，他们所长是在"简单扼要"。我们可以说，程朱学派略等于佛教中之天台、华严，陆王学派略等于佛教中之禅宗。这两条路，可说是中国人之所长，但此两条路还要相互为用，不能只有了朱夫子，没有陆象山；也不能只有了陆象山，没有朱夫子。我们若再推上去说，孔子集大成，便是组织会通，而孟子则把来简单扼要化了。自然讲儒家思想有了孔子，不能没有孟子。中国社会到了宋代，可说是纯净化了。不像唐代，有新的外国宗教，有许多异血统、异民族，宋朝都把来纯化，学术领导是儒家，整个社会是中国传统，在此一点上，宋代更与汉代相似。

然而宋代人有一大毛病，这个毛病也不是宋代人应该单独负责的，大部责任该由唐代人负。宋太祖爬起来，辽国已经很强了，辽在前，宋在后，中国还能保留，已经了不得。燕云十六州是唐末藩镇送给辽国的，宋代一开始，什么都没有，经过了一百年，才慢慢像样起来。从宋仁宗、英宗到神宗，中国才能像样上步。辽国垮了来金国，把中国北部拿去。紧接下来的是蒙古，把整个中国都拿去了。可是蒙古只拿了中国的政权，在中国社会下层，中国的传统文化还保存着，比宋代初年好得多。最重要的是书院，书院固然远始唐代，但到宋代始盛。蒙古人统一了中国，特别在江、浙一带，经济并未十分破坏，讲学风气还是有。在元代，中国的理学、文学、史学、艺术、科学各方面，种种都远超过唐末，这是宋代人的功绩。因此到了明代统一，政权一拿回来，就成了中国文化的第三度大发展。明代向外发展，并不输过汉、唐，或许更盛。以后，满洲人跑进中国，这是明末政治腐化所招来，但清代入主，对于中国社会并没有大破坏，明代传下来的政治法制、学术思想还保留着。因此，我们把明清两代合着看也可以，所以今天的中国社会，实可以说是由宋代一路下来的，与汉唐各不同。现在由我们的社会往上推，推到宋朝，是近代的中国。由宋代往上推，变化很大，这是中古和古代的中国。

这样讲了我们中国四千年的文化传统，成长在周公、孔子，发展在汉、唐、宋、明。宋代全国没有统一过，可是到宋代，才是中国社会的一个再纯化。宋代以后和以前有一个极大不同点，宋以前人讲周公、孔子，宋以后转讲孔子、孟子，把教育放在政治的上面，这是宋代的大功绩。

六　西学东渐

接下来要讲现代的所谓西学东渐，欧洲人的力量跑进中国来。若我们把东西历史、年表做一对照，近代西方这许多国家，到了明代才有。西方文化来到中国，严格说不到两百年，而使中国文化又碰到一个极大的新危机。从前我们碰到的，只是些异民族的武力骚扰。印度佛教，是我们中国自己去请来的。现在的西方，有他们一套整个的文化体系，远有渊源，无可讳言。这一百多年来的双方接触，显然他们是在我们之上。要拒绝，不能；要接受，也不易。今天的大问题就在这里。

现在我们且说，为什么我们不易接受西方文化？西方文化也是一个大体系。由四根大柱子建立起，一是希腊，一是希伯来，一是罗马，一是现代科学。西洋人讲西洋史，自然从埃及、巴比伦、希腊、罗马一路下来，但我们不妨有另一种看法。今天的西洋人，只是罗马帝国崩溃以后一大批蛮族。蛮族入侵，使罗马帝国崩溃，此下便是他们的中古时期与黑暗时代。他们建立文化的第一根柱子是耶稣教，这是希伯来精神。要到他们文艺复兴这时候起，今天的西方人才接受到希腊罗马的古代文化。他们才知道这个世界在灵魂之外，还该注重肉体。此所谓"由灵返肉"。即由教堂建造论，中古时期北方"哥德式"的教堂，都是漆黑的，把人关闭在里面。文艺复兴以后的教堂，解放得非常漂亮，在教堂里可用眼睛望到外面去，外面光线也得进来。西方文化是先有了耶稣教，再有希腊、罗马加进去。今天的西方文化，实是从中古时期开始，下面接上希腊、罗马，又由他们自己发展出一番现代科学，于是突飞猛进。照这样讲，由耶稣教到希腊、罗马，到现代科学，那是接得上的。若从希腊、罗马接到耶稣，便不易。再由耶稣教接上现代科学，也不易。依西方历史讲，自然是要从埃及、巴比伦、希腊、罗马下来。现代的西方人，也爱把希腊罗马为他们生色。今天的我们，唯恐不能把古代切断，若还要尧、舜、禹、汤、文、武、周公、孔子，似乎中国人便失去了面子！西方人则认为他们的文化源远流长，必要追溯到埃及、巴比伦、希腊、罗马，一路下来，但实际他们则是从中古时期倒接上去的。

我已讲文化有一个大体系，西方文化则由四根大柱子建立起，但此四根大柱子并不能十分融合。希腊人讲自由,罗马人讲组织,讲法律、军队、帝国主义。在今天的西方,"组织"与"自由"这两面永远相冲突,一则成为个人主义,一则成为社会主义。今天的美国人崇尚个性自由,苏维埃并不能像英国的汤恩比那样,把它排出在西方之外,而把它推排到东方来。今天的美、苏对立,依然是自由与组织,个人主义与社会主义之对立。"宗教"与"科学"这两方面,也不易融合。地球绕太阳转,还是太阳绕地球转?是上帝造人,还是生物进化?科学一天天发明,宗教一天天退后。现在人类快到月球去,天文学知识日益扩大,天堂究在哪里?上帝躲在什么地方?他们的文化演进由耶稣教而文艺复兴,而现代科学。似乎愈往后一步步进,上面的本原却一步步萎缩。就西欧文化史讲,耶稣教是大本大源之所在,若萎缩了,对它生命有很大的危险。倘使西方人没有了耶稣教,只讲自由、组织与现代科学,这是危险的。今天的西方,已经是所谓上帝迷失了。汤恩比亦说要西方复兴,第一要复兴耶稣教。可是我认为西方要复兴耶稣教也很困难,耶稣在当时,犹太人正给罗马统治着,所以耶稣只讲了一半,说"上帝的事由我管,凯撒的事凯撒管",地面上的事都是罗马皇帝的事,耶稣管不到。所以在耶稣教里面,不见有政治、经济、教育、文化等等问题。它是一个宗教,在此方面,和佛教有相近。耶稣钉死在十字架,就因他不能管凯撒。西欧人到了中古时期,慢慢读到希腊人的书,想把希腊哲学和耶稣教拼起来,建立他们的神学。但拼来拼去拼不好。耶稣教义如何和希腊的哲学家柏拉图、亚理士多德拼得起?神学逐渐衰落,才有近代哲学兴起。从康德、黑格尔,而到马克思,显然在西方思想上引起了大灾祸。西方文化固然包罗万象，极广大，无所不有，它的力量很充实。可是从另一面讲，这四根大柱子，讲到最后，还有些处不能相通相和。在这四根大柱子建筑起来的大屋子中间，还有裂痕，不仅像我讲唐代文化到后来有些渣滓，融化未尽而已。在这情形下，西方文化不能在这四根大柱子上来结一个顶，有一个更高的结合。若说宗教，很难有一个超出耶稣的救世主出世。若论哲学，我上面已讲过，西方哲学家都是自成一家言，在他一家里面组织得太严密，和别一家不易相会通。

在这情形之下，西欧文化，六七百年来，从黑暗时代加上文艺复兴，加上现代科学，一步步地前进，在西方社会上虽有毛病，而毛病不显著。我们今天要把这四个大柱一起搬来，而没有几百年时期来逐步搬进，逐步消化，这毛病就大了。他们虽有长期的演进，还是支离破碎出了毛病，我们无端地如何能把他们的四根大柱子一起搬来？我们该有一更高结合，在他们西欧人观念之上来一番调和，而融合为一。如讲自由、讲组织，都好。自由是人生大道，组织也是人生大道。合乎道，可以有自由，也可以有组织。不合乎道，不该自由，也不许有组织。这不是把两根柱子结合起来了吗？耶稣教来传道，传的是天道，上帝的道，我们讲一个"天人合一"之道，不是把三根大柱也可结合为一了吗？若把宗教与科学来讲，中国人也讲天，天可以说是上帝，也可说是自然。自然的后面，该有一个最高真理，科学研究总留着有不可知的地方，不会彻底可知。在这不可知的地方，有一最高真理。中国人讲"天"，即是包含有那一个最高不可知之真理在内。那么像孔、孟、子思所讲格物、致知、尽物性、知天命，科学宗教这两根大柱由中国人观念讲，岂不也可以合而为一吗？科学讲的是物理，无生物、有生物，一切有理。整个大自然该有一最高的理，不然不会有此一个大自然。这个理是什么？宗教家说是上帝，上帝就是一个理，这是抽象的。倘使这样讲的话，我想中国人所讲的道理比较圆通，可以把西方人的道理加上一个更高的融合。若照西方人自己讲法，上帝和自然这两个名字，很难讲成一块。我们讲一个"天"字，既是上帝，又是自然。西方人讲自由、组织，也很难讲成一块，我们讲一个"道"字，那么只要合乎道，道并行而不相悖。组织之中也要有自由，也该发展个性，可是还该顾到大群，有组织。家、国、天下，便都是组织。社会主义不能抹杀个人，个人主义不能抹杀社会。因此我们今天要接受西方，主要还该自己能站起。

我们今天的毛病，则要先打倒自己，再来接受西方，便倍感困难。西方人今天也正有危机，正同中国唐代一样，唐代在极盛之后生了大危机。西方也一样，他们发展到五十年以前，危机来了。在第一次世界大战前后，德国人斯宾格勒写了《西方之没落》一书，我们中国人极度崇拜西方，却不肯把西方的书大量翻。崇拜西洋的人很多，却不肯把西方的详细讲给不懂西方的中国人听，只叫人去留学。倘使从前南北朝时代那些高僧们也说，你要做和尚，你到印度去，中国那会有佛教？如斯宾格勒所讲《西方之没落》一书，我们也该参考。他说文化发展，集中到都市，都市经济繁荣，到了某境地，就要产生文化崩溃。我不懂西文，又不见该书译本，只能简单如此讲，似乎他的讲法，比较马克思合情合理些。他是一个西方文化的悲观论者，西方人也不易接受。马克思比较积极，他的讲法，由奴隶社会到封建社会到工商资本主义社会而到共产社会，比较有一前途，甚至当时英国哲学家像罗素,大戏剧家像萧伯纳,都欣赏到这一讲法。萧伯纳说:"一个人在三十岁以内不相信马克思,这个人不行了。三十岁以后还再相信马克思,这个人也不行了。"这几句话的意思,想是他亦认为西方文化有了毛病,但马克思主义推行起来也有毛病。人在三十前应有理想,便应欣赏马克思,三十以后应懂得实际经验,不应再欣赏马克思。然而西方出路,他自己讲不出。罗素的讲法,他认为将来的世界,要从岛国变成大陆国,岛国经济是殖民经济,是帝国主义的经济,自己没有原料,要向别人去拿,把别人的农业作基础。他看得对,帝国主义不能再得势下去,那么必待自己有农业,再在农业上加上工商业,这样的国家,世界上只可能有三个。一是美国,一是苏维埃,其三是中国。可惜我们这五十年来把机会丢了,否则像今天美、苏对立,我们自可举足轻重,左右逢源。但中国急切要西化,打倒孔家店,又不请耶稣来,那么来了马克思。这样西化是简单,可是四根大柱子只要两根,而中国那么的破旧大屋,又急切推不倒,拆不尽,那就百病丛生了。

现在我们要讲文化复兴,但又怕复古,复古是我们今天中国人最怕的。尧、舜、禹、汤、文、武、周公这个古,在现代中国人心里,不感兴趣。但像英国汤恩比要复他们中古黑暗时期的古,要复兴耶教信仰,但汤恩比是外国人,我们也一样称重崇拜。从前有一位德国学者,还在汤恩比以前,他说:"中古时期并不黑暗,依耶稣看法,黑暗应在我们的现代。"这也是西方学者说的话。我们若肯把西方人话多翻一些来中国,也让中国人多有些参考。依我个人愚见,我再不信下面领导世界的还是英国和法国。西方文化已分裂到别处去了,成为美、苏对立。拿我们的主观来讲，我们的西化，是只要美国化，不要苏维埃化，但共产主义只是资本主义一个反动，美国人在理论上没有可以针对共产主义而加以彻底的打击。美国人只说等着吧！只要苏维埃科学真进步，经济一天天向上，也会转向学美国。只讲现实，不讲理论，这不是文化前途一大危机吗？

今天我们全盘西化的论调不提了，只讲接受现代科学，这里有一个老问题，为什么一百年来西方现代科学不在中国生根？这一问题，依我上面讲法，我认为很简单。因文化有一个大体系，要把一件东西拿来，应对这个大体系之各方面加以调整。我们每人会问，为什么日本人便能接受西方科学？这并不是日本人比中国人强，否则中国人为何能发展一个文化体系，而日本人并不能。其次我们也不能说中国文化根本不能接受西方科学，因日本也是中国文化，唐以后到近代，日本都受中国影响，谁也不能否认。日本人学中国，也不是一口气学去，自唐以后逐步学，到今天，也并没有一个完整细密的体系。在一个几千年来的文化大体系中装进一新东西，当然困难。因此日本接受科学反较中国简单而轻易。还有一点更重要，一个新东西跑进社会来，总得这社会安定。日本人由藩府变成明治维新较简单，中国由清末到民国，这一个大调整，两千年来政治传统上一个大变化。清代的政治，怎能同德川时代的藩府政治相比？民初的政治，急求安定已困难。论到教育，中国几千年来的传统，那样的基础与规模，日本没有。政治、教育如此，其他可以例推。所以中国近代科学不获急切发展，那只是历史上的偶然，并不能说从中国文化的根本上要来拒绝科学。说中国文化与科学根本对立，决没有这事。从满清变成民国，从科举变成现代教育,这是一个极大的大变,来不及安排一个科学在我们社会生根的机会。除却军阀割据战祸频仍之外,还有经济问题。就关税一项说,经济命脉控制在外国人手里,我们的经济,永远是孙中山先生所说的次殖民地的经济,经济一天天枯竭,那会便有科学发展?我们该要调整我们的经济、政治、教育,就是这一段中的变化。而又走错了路,认为先要打倒中国文化,小题大做,思想情绪都激起了大混乱大动摇。倘使我们保留得一个身体在这里,吃药补救总有办法,现在是要斩断旧生命另寻新生命,那就难了……当知科学不能到中国,只是中国文化暂时有病,不是中国文化妨碍科学进来。若说文化有病,那么西洋文化里也有病。根本上今天世界任何一种文化都不能到一个绝没有病的地步。等于我们今天的人,还没有到达全没有病的健康一般。我们不能否认清末到民初,中国是在一个病的状态下挣扎。文化有病,我们该承认。不仅在那时,历史上一路有病,已在前面讲过。在这样一个情形之下,科学来中国,碰到很多挫折,也是理有固然。从前佛教怎样跑进中国来?中国文化是人本位的,以人文主义为中心,显然是一个入世精神的,而佛教是一个提倡出世的。佛教与中国思想,尤其是儒家,处在一个显相反对的地位,然而佛教能跑进中国来。至于科学,中国古人讲正德、利用、厚生,讲尽物性,讲致知、格物,中国人有很多理论该欢迎科学,不该拒绝科学,而且中国人也自己早有科学。近代英国人李约瑟写一本《中国科学史》,证实中国科学发展远在西方科学之前。如朱子,他对地质学上的发现,便是全世界最早的一个。像这样的例,不知有多少。尤其中国人的思想态度是接近科学的。中国人的思想,总喜跑一步讲一步,言行相顾。如孙中山先生讲"知难行易",王阳明先生讲"知行合一",中国古人讲"知易行难",不管怎么讲,中国人总是将"知""行"两事放在一起,这便是科学精神,不凭空讲玄虚话。科学家在实验室里,有发明,再实验,再发明,并不是要先立一个大系统,远远地讲出去,这和哲学不同。马克思自认为他的理论最科学,其实还是一套哲学。他在伦敦看见近代资本家对工人那一套,我想他只要讲你要发点良心吧!赚了这许多钱,该对工人福利注意一下,这就好了。这是中国思想不走远的讲法。他要把西方哲学体系推上去,由经济学讲出剩余价值,再推上去讲唯物史观,讲阶级斗争,讲历史命定论,愈讲离题愈远。若只讲第一步,现在英国对于工人福利不是已经有改善吗?定要从根本上讲起,整个历史是唯物的、必然的。又把社会分成几个阶段,奴隶的、封建的、资本主义的、共产主义的。言之成理,持之有故,然而实在是不科学。科学要你到一步再讲一步。中国人讲道德,孔、孟儒家思想,正是走一步讲一步,再走一步再讲一步。因此中国的大政治家,也没有一套完整的政治理论。中国也有经济学家,也是一步一步就现实问题上来求解决。西方先讲自由经济,理论讲了一大堆,然而不行了。又来讲统制经济,也是一大堆理论,也不行了。中国人不要先来一大堆理论,几句话就行了。这就叫"言顾行,行顾言",这却是科学精神。言要顾着行,行要顾着言,思想行为两方配合像左右脚相似。科学家就是这个精神,一步一步往前。那么中国人的整套文化精神不是有合乎科学精神吗?只是西方近代科学是自然科学,中国人的是人文科学。在教育上、政治上、经济上,在一切上总是顾着现实,讲一步行一步,不放远,没有一套大理论。然而更要知，在此以上，却有一套更高理论来会通，那即是中国人讲的"道"。道在迩，而求之远，中国人不赞成。

还有一点，佛教跑进中国，正值乱世。佛教是一套思想，抽象的思想，在我们乱世，儒家思想不受信仰，佛教才跑进来。科学则是具体的，不仅是一套思想，迷迷糊糊一阵风就到你脑筋里，科学却要种种具体条件，要有仪器，有实验室，又要逐步进行。科学要跑进一个合条件的环境，那环境先要得安定，不比思想则虚无飘渺可以直跑进你脑筋来，所以要求科学跑进中国，希望中国社会先能安定。在安定的环境下，还要有一个精神领导。西方人的科学发展，他也有耶稣教，有希腊、罗马精神，社会在安定状态下，才有科学……

以上是解释科学何以在此一百年中不能传进中国之情形。

七　如何迎接将来

情形改变了，科学跑进中国可以很顺利。在中国没有一个人在那里反对科学，坐三轮车还是坐飞机？点油灯还是点电灯？此皆不待问而知。而我在此尚有一个更要紧的问题要提出。我认为并非是科学不容易跑进中国来，我要讲的是科学跑进了中国，也并不是就能救中国。我们不要认为科学一来，什么问题都解决，这个想法危险性也大。我们一切问题都起在脑筋里几个观念上，说旧文化不打倒，科学不能来，这句话害了我们几十年。今天我要先提出一句话，请诸位仔细考虑一下，即是说："不是科学跑进了中国，便一切问题自解决。"若此处不先认清楚，下面又要出麻烦。怎么说科学跑进中国，中国还不得救呢？这很简单，美国科学发达，就要送人上月球，然而美国的内部问题就都能解决了吗？黑白问题以外，今天又有存在主义，稀癖青年。那问题实重要，不仅如从前所谓少年犯罪而已，在其背后还有一套哲学，一个背景。稀癖青年不是过激，就是颓废。这是一件事的两面。今天西方青年在社会种种压迫下看到自己没有出路，就有存在主义出来领导。从中国人看存在主义，只是浅薄的老庄思想，今天风行欧美，这正是西方文化一病征。从前英国人把鸦片来害中国，今天西方青年吃一种类似鸦片的药物，把来遗忘一切，摆脱一切，叫外面一切不存在，内心可以一时得解放。即便成年人智识界学术界群喜印度瑜伽、中国禅宗，也是他们社会病态精神病态另一方面的暴露。科学发达，机器愈来愈精，人的内心却愈来愈感无出路，最后出路要放到核子武器上去。最近美国人曾放出风声，说要改变战略，一旦发生战争，美国的核子武器将尽先攻击敌人的大都市。这简直太不人道，没有上帝，够害怕了。万一苏维埃先动手，当然是一样，所以美国先做此恫吓。上面所说，只说明了美国科学发展，也解决不了美国本身一切的问题。美苏科学发展，也解决不了世界人类一切的问题……

诸位当知，科学只由人来派用场，使用科学的还是人。资本主义、共产主义一样可以使用科学，警察、盗匪一样可以使用科学。现代科学在西方出现，接下来的便是资本主义、帝国主义。我们今天吃了大亏，才知非有科学不能对付。英国人、法国人如一群老虎，本来在那里要吃人，科学为虎添翼，那些欧洲老虎满天飞，便遍地受灾祸。我们为全人类文化前途讲，必先辨明科学只可供使用，使用不得当，引起更大纠纷。第一第二次世界大战之后，可能再来第三次，全世界人类文化都要大破坏。

因此我们要求科学跑进中国，还要好好研讨如何利用，不再要资本主义、帝国主义，当然也不要共产主义。我们要好好利用科学的话，我们要有一准备。首先重要的，要有一套新经济学，能配合上中国人文化传统的经济学。孙中山先生提倡民生主义，我们要在这一主义下来一套经济学，不能仍去抄外国，西方经济学针对西方社会而起，我们也该配合自己国情。新经济学以外更重要的应有一套新的教育理论，不能只说科学教育一句话，动辄骂人不科学。人生不能由科学包办，不能只在一个物质条件下生存。即如少年犯罪，颓废思想，过激思想，都要有一套更高的教育精神来做领导。科学只占教育里的一部分，不能专有理工大学，没有人文艺术其他方面的。西方教育已然不能善尽责任，在课堂中传授知识以外，还要在教堂中讲上帝，讲人生。中国没有教堂，课堂该要兼包有教堂精神。中国一个教师，应该是一半和尚，或是一半神甫和牧师。中国人既不能全盘西化，就该把自己文化传统来创立一套新的教育精神和教育理想，来好好使用科学。我们若有一套新的经济理论，新的教育精神，新的教育哲学，然后科学来中国，才能为我之用。而不是待科学来用我，科学也不会来用我，怕的是自有坏人坏主义来用这科学，自有错主义、错道路，科学也会跟着跑。简单举一个例，我一到台湾来，见到家家有一个电视机，这也是科学，然而电视里的内容却糟糕，老人小孩子大家看电视，里面唱的、跳的、讲的、做的，不是商业广告，就是外国电影，教淫教杀，一个小孩，上了一天学，晚上看电视，都被打破了。科学是世界性的，电视机也可供世界通用，主要是懂得如何把科学派用场，如何利用电视机，不能只站在科学立场讲科学，更不能专为发财强兵来讲科学，科学不是至高无上，我们总要自己好好安排一条路，使我们有前途。我们能不能在一个更高的理想和精神之下来提倡科学，使用科学呢？

八　结语

总说一句，我们该在"复兴中华文化"这个大前提之下来提倡科学，使用科学。我们要科学，却也要防其弊。我们该有像从前的高僧们，来把西方科学融化成中国文化的一部分。这只是我个人的浅见。我总认为只有中国文化对世界人类有利无弊，至少是利多害少。中国文化曾到韩国，到越南，到日本，中国文化所到之处，对他们都没有害处。西方文化到我们这里来，没好久，弄得我们天翻地覆，我们固然佩服它，然而西方文化一到，它要把政治权、教育权拿去，全部一切都拿去，也值得害怕。我们要提倡文化复兴，值得我们佩服的，我们要；使得我们害怕的，我们可不必要。

我认为在我们文化复兴之大前提之下来利用科学，科学自能为世界之利，不至为世界之害。到那一天，又将是我们文化经汉、唐、宋、明几度发展之后的又一发展。到那时，应可使科学在整个世界上有一个新面目、新作用。让我再补说一句，我并没有讲中国文化发展只要依着周公、孔子这条路就完了。只我实在无此聪明，要来讲一个新的中国文化超过了周公孔子之上。或许中国人中间将来会出一个更了不得的，新周公、新孔子，那要看将来的中国人。至少新周公、新孔子还是从古周公、古孔子的那条路上来，中国新文化则还是从中国旧文化那条路上来。

我认为中国文化有它一个完整的体系，诸位或许认为中国文化有一大缺点，即是没有现代科学。但千万不当认为中国文化根本上反对现代科学，或者说中国人的脑筋根本上不适合现代科学。幸而今天我们中国人也有得到了科学上的诺贝尔奖金的，可见中国人的头脑并不和现代科学相冲突。此刻中国的科学家成名的不少，我讲过，文化就从民族性表现而来，中国人的民族性，并不反对科学，为什么中国文化却要反对科学。因此我希望我们能有一番更高的眼光来接受科学，发扬科学，使中国文化获得再度的新发展！

（一九六八年一月二十五日"国防研究院"九期思想文化课程讲演，
一九六八年四月《东西文化月刊》十期）

谈中国文化复兴运动

诸位先生：这次我来讲演很抱歉，张先生已告诉了我两次，我没有能好好准备一题目。今天就只想谈谈所谓复兴中国文化运动，对这件事，略谈一些我个人的想法。但怕讲来没条理，没系统，只能随便谈。

我们要做一件事，当然先该知道这件事。所谓复兴中国文化，先该知道中国文化究竟是怎样。这问题很困难，真要讲，我们准备不够。这几十年来我们国内知识分子、学术界，没有认真看重这问题，所争论的似乎都欠深入，不能做我们此下研究的凭借。我们对此问题，没有很多知识积累，此刻要用简单几句话来讲，此事实困难。

讲文化，是不是该拿思想作一个重要中心呢？讲到思想，这里还有争论。如照现在人说法，认为从哲学思想便可看出文化本质，这层是否我们暂不讨论。我们现在且从中国思想来看中国文化，大家就会联想到儒家，联想到孔孟，可是孔子到现在已两千五百多年，儒家思想在各时代有演变，我们能不能拿几句紧要话来总括？这就很难讲。从前，讲孔子思想也就意见纷歧，有人看重这一面，有人看重那一面。我觉得讲文化,该讲文化之全体,不能单举一偏。即讲思想,孔孟儒家以外,至少还有道家老庄,在中国人思想中,乃至一个不识字的人,可能他头脑里有儒家孔孟思想,同时也还有道家老庄思想。除了儒道两家,我们不可否认,中国文化受外来佛教影响相当深,亦相当普遍。佛教思想进入中国,到了隋唐时代,中国人自开宗派,有天台、华严、禅三宗。他们从原来佛教思想里渐渐变出一套中国化的佛教,这些中国化的佛教很能配合中国社会和中国传统文化,这些思想也可说是中国的。今天印度已经没有佛教,有一些只是小乘宗派的,大乘宗派的佛教都流传在中国。中国人把来吸收消化,变成为中国的佛教。这些当然也是我们文化体系中的一部分,也是中国思想中的一部分。我们社会所谓的儒释道三教,或说三教合一,这个说法已经很普遍,尤其是明清两代,我们不能不注意。除了儒、道、释三教,先秦诸子里还有其他部分,也还重要。如墨家,固然到了汉代已经不盛行,然而直到唐代像韩昌黎还提到它。到了清末,中国人接触了西方耶稣教,却觉中国墨家所讲和耶稣教很相近,于是有人出来提倡墨子,墨家学说一时盛行。我在北京大学教书,那时一般学生多只读《墨子》却不看《论语》,我问为什么?他们认为《论语》陈旧了,《墨子》却新鲜。我说这话也不全是,今天我们大家竞读《墨子》,《墨子》并不新鲜了,但没有人读《论语》,《论语》将会又新鲜。但至少我们不能否认墨家思想也是中国思想里值得注意的。还有如法家,近代人看见西方人爱讲法,一时便也来提倡讲法家。但法家思想也不是到了清末、民初才来讲。在中国历史里,一路下来,有一条法家思想的流在那里。再如阴阳家,在中国社会上处处流传影响尤大。

如讲医学，当然中国医学很值得研究，但中国医学中偏多讲阴阳。若使我们对阴阳家思想不清楚，如何来研究中国的医学理论？或许我们的医学理论中的阴阳学说是后来附会进去的，但既然附会进了，我们就该有研究。整个社会，一般人生，或许更多信阴阳家的话，并不在儒释道三家之下，我们就便说他是民间的一种迷信，要之也是一传统，流行甚广，成为构成我们文化的一部分。

其他各家我们此刻暂不论。从前司马谈讲六家要旨，我想举出新六家——即儒、道、佛、墨、法、阴阳。我们讲思想，只讲儒家孔孟，把此外五家忽略了，如此讲中国文化总是稍有所偏。我们若讲哲学，不妨各就所好，各有偏向。但要了解中国整个文化体系，这是一个客观的，不该偏轻偏重，把有些东西全忽略了。若我们讲文化先要注重讲哲学思想，要我们来讲此六家，这已经要我们很大的努力。或许几个人研究儒家，几个人研究道家，几个人研究佛学，先来一个分工合作，将来汇通起来，提要钩玄，来综合看中国思想究是什么一回事。

可见从思想来看文化，在我们肩膀上负担已很重。而且，思想定会有表现，思想必然变成为行为。若我们认为以上六大思想，在中国社会里很有力，有影响，他们一定曾表现出种种行为，那就是我们的历史了。在清末民初，大部分人认为中国的先秦相当于西方的希腊。那时百家争鸣，思想很自由，秦汉统一以后，思想定于一尊，便没有进步了。这些话我暂不批评，但说思想定于一尊，当然是指的儒家孔孟。那么孔孟思想在汉代以后，应会表现出种种活动。而当时学者，却只讲先秦思想，不讲秦汉以下的历史，这是有了头，没有尾巴，并且这是一条长尾巴,我们不该不注意。我们要反对孔孟儒家,也不当专据一部《论语》,一部《孟子》,还该看此下读《论语》《孟子》,信仰孔孟的许多人之所表现。譬如孔孟儒家爱讲治国平天下,我们至少要看看汉、唐、宋、明诸朝,他们一些治国平天下的想法和做法。元清两代,尤其是清代,实际上掌握行政事务的,大部分也多是中国人,还是所谓儒生。我们该要注意到这辈儒生曾如何来治理这个国家,这样才能判定孔孟儒家思想究竟在中国有价值与无价值,其利、其弊究在哪里。我在北京大学历史系曾开一课,讲中国政治制度史,当时学系同人表示反对,认为:"这课不必开,今天的中国,还要来管秦始皇到清宣统的这一套政治吗?"我说:"若讲此下的新政治或可不管这一套,要讲历史则这一套非讲不可。汉武帝,唐太宗,怎样治国,总该有一套,我们不能不讲。"即如孙中山先生为什么要监察院,考试院,要创建五权宪法?还不是根据了中国历史传统。难道中国历史从秦始皇到清宣统,就只是一个专制独裁的黑暗政治吗?在专制独裁的黑暗政治之下,怎会有考试权、监察权?这些自该研究。

抗战时,有一次我到乐山复性书院去讲演,我对书院主持人马先生说:"我听说复性书院不讲政治,我却想讲一些有关政治的。但我不是要讲现代政治,我要讲中国历史上的政治。倘使孔孟思想只流行在战国,秦以后便没有受孔孟思想的影响,那么孔孟思想也就没有价值。只几百年就断了,真如近人所讲是一堆塚中枯骨了。倘使秦汉以后还受着孔孟思想的影响,我来讲一些秦汉以后的政治,好从此方面来看孔孟思想的实际价值所在。"马先生说:"你这样讲,要比梁任公先生讲得通了。"梁先生当年就是只讲先秦是中国思想的黄金时代，秦汉以下便没思想了。没有思想，从哪里来了这一套历史？直到今天，还有人认为我讲历史不够现代化，怎能说中国传统政治不是一套专制政治呢？这样批评我的，绝不止一个人。但我们讲历史要客观，若自秦始皇到清宣统中国历史上只是一套帝王专制的黑暗政治，我们也可不必再讲中国传统文化，因中国传统文化究是太无价值了。

今天主要的，要讲从思想演变出历史，全部历史从思想演变出来，那些思想便有一个实际价值。究从老庄思想里演变出些什么来，从佛家思想里演变出些什么来，从儒家思想里又演变出些什么来，这有凭有据在历史上，可指可说。当然思想表现在人生的各方面，但政治是其重要的一方面，这层不可否认。

再拿文学来讲，人生就是文学，文学就是人生。从新文化运动起，群认为西方文学始是人生的，中国旧文学，则是脱离人生的，这番话，我却不赞成。我认为中国文学最与人生密切相关，能最有力来表现真实人生。让我举一个例：那时印度诗人泰戈尔来中国，在上海开了一个欢迎会，当时徐志摩写了一篇文章，题是"泰山日出"，他说泰山日出了，泰戈尔来到中国了。但你全部看过这篇文章，没有"泰戈尔"三个字，更没有他来中国的时代和背景。若不是如古代《诗经》般代他加上一小序，便不知他究在说什么。我想若使请一位懂得清代桐城义法的古文家，来写一篇"泰戈尔来华讲学记"之类的题目，泰戈尔是怎样一个人，他怎样地来，当时有些什么人，怎样地欢迎他，代表撰写此欢迎文的是谁，泰戈尔之来，其意义何在，价值何在，只要短短五百字一小篇，也可写得很扼要，很精采，当然也可写些诗篇来表达。为什么定要说中国文学不切人生？西方大文学家，往往有人一辈子跟他旁边，帮他写传记，因在他的文学里，并无他自己的人生存在。中国则不然，把杜甫诗编年，逐年逐月逐日，早晚他人在那里，做些什么，想些什么，一路下来，最详备的传记，莫过于他自己的诗。我们若要写一篇苏东坡的传记，那更复杂了。他的诗词散文，书札笔记等，统统是第一手的材料。苏东坡其人，便毕现在苏东坡自己的作品中。又如陶渊明、陆放翁，住在乡村，一住五年，十年，二十年，这样的传记，除却读他诗集外，再也没法写，而且也再不能像他自己的诗那么写得好。陆放翁在镜湖，六十，七十，八十，一年年，一日日，春夏秋冬，四季变化，他的日常生活，尽在诗中，等于是一部日记。我们读他的诗，他晚年几十年乡村生活，如在目前，他的人生，便是他的文学，为何定要说中国文学不切人生呢？

当然文学有各种体裁，有很多变化，变到最简单，为我们所看不起的，便如作对联。简单几个字，把他的一生学业性行，家事国事，都写上了。如我们这样一所大礼堂，若有一副对联，能把此礼堂兴建的时间，地点，精神使命种种活动，都包含进了。礼堂还须题一名，称为什么堂，再加上一篇题记，或咏几首诗，重要的实际人生都放在里面，因此我们可以说中国人的全部人生，主要还不是在二十四史里，而是在各家的诗文集里。如我们要研究范文正公王荆公，根据《宋史》嫌不够，还要读范王两家的诗文集。纵使一首小词，也不该忽略。因是整个作者之心情性格，生活的率真细腻处，却透露在这里。如李后主，乃一亡国之君，在历史上短短几句便完了。但他亡国后的一段生活,却尽在他的词里传下,到今天,我们对李后主当时的内心生活,还如和他对话般了解他。

我常讲西方人是完成了他的文学作品,而成其为一个文学家的,中国则是由于他是一文学家而写出他的文学作品来。西洋文学中一篇小说,一部戏剧,把作者姓名掩了,价值一样,仍是一文学。研究莎士比亚,不要详细知道莎士比亚这个人,直到现在,莎翁生平还是无法研究,但无损于莎士比亚作品里的文学价值。也有人说:唯其在他作品中,不见有其人,所以其文学价值才更高。中国如杜工部,如苏东坡,却是作家和作品合一的。从杜诗里,表现出杜甫的私人生活及其整个历史背景。开元天宝,天翻地覆,转徙流亡,悲欢离合,都在诗里表现出。他不是在写时代历史,只是从他这一颗心里,表现出他的日常生活,乃至天下国家一切事——从他一心到身到家,夫妇子女,亲戚朋友,乃至国家天下,合一融通地表现。这里十足表现了一种中国的儒家精神,我们若不懂中国文学,也将不能认识中国文化。抛弃了中国文学的旧传统,也就等于抛弃了中国传统文化中重要一项目。当然此刻要的是新政治,新文化,文学也该推陈出新,但我们要研究中国文化,至少这些传统终是不可忽。

再说到艺术。从前在北平常同朋友讨论到东西文化问题,有人说:"文化没有不同,只是西方走先了一步,中国走后了一步,西方是现代化了,中国只相当于他们的中古时期,我们再进一步,也就跟上西方现代化了,这里并不要争东方与西方。"我曾问:"怎样叫中古时期的文化?怎样叫现代文化呢?"这位先生举个例倒很好,他说:"从前朱子注《论语》,《论语》本文用大字,他的注用双行小字。现在我写哲学史，提到《论语》本文低两行，我自己的意见理论便抬头顶格排。引古人文用小字，自己写出的用大字，这是现代精神。"我说："原来如此。"我们这几十年来的学术界和思想界确是如此，我们实该自己负责任。我这次来，特别高兴，看到故宫博物院，陈列出这许多东西。但我要问，如绘画，是不是中国画只是中古时期的，西洋画始是现代的呢？又如中国的瓷器，有宋瓷、元瓷到清瓷，从这些上可以写一本很详细的瓷的历史演变，即从这里也可把整个文化反映出来。那么是否说塑胶才是现代化，中国瓷只是中古时期呢？讲文化不能排除了艺术，从艺术品上，也可推究到东西文化精神之不同，不能拿中国的一切都派在中古时期，西方即是现代化，这中间应该另有些不同。

建筑也一样，这厅建筑显然是东方式。我今天来看中山大楼，一进去就觉得十足的中国情调。我是一个中国人，进中国式的建筑，只觉开心，住进外国房子里好像总有点不对劲。西方洋楼，四面开窗，叫人注意外面去，楼与楼之间则须有相当距离，那是十足的帝国主义向外殖民的精神表现。他们中古时期的堡垒，也有他们当时的文化背景。中国一佛寺，和外国一教堂同样兴筑在中古时期，毕竟还是有不同。他们的建筑都带有征服式，中国的常是和合式，天人合一，使人居之安。

我们讲思想，讲历史，讲文学，讲艺术，从多方面来讲文化，又应懂得统之有宗，会之有元。这两语是三国时代王弼说的。讲文化从多方面会合起，这里面有一个宗，一个元。宗是一中心，元是一个头，我们说文化精神，也如说文化根源，文化的会合点。我们要知道，在中国人中产生了孔子与老子，在中国佛教中产生了天台、华严、禅三宗，在中国历史上产生了中国政府，以及中国的文学与艺术，并不是孔子来创造了中国文化，乃是由中国文化来创造出孔子。因有了中国人才有孔子，不是有了孔子才始有中国人。亦不是先有了一套文学来影响中国人，乃是由中国人来表现出这一套文学。我们且不从深处讲，再讲浅处，要研究一民族，该懂得有民族性。如中国学问艺术传到日本，日本人很保守，一器物，一礼俗，他们都看得重。近代中国人看见自己中国的，远不如日本人看从中国去的那样隆重，那样兴趣浓厚。但日本人说："我们的文化，虽从中国来，但是日本化了。"这话也对。中国文化到韩国，到越南，到各地，都会变。西方的到中国自然也会变。主要是在变中有个己。即就中国自己的来讲，如文学，如艺术，如历史上一切，由古到今，各各有变，不断有变。我们该有思想史，社会史，政治史，文学史，艺术史，经济史等等，该从这些知识会合起来认识我们自己的文化就比较方便些，可是这些工夫我们都没有好好做。现在来讲中国文化，都得看第一手原料，运用一个人的心思来融化，来阐释，岂不难。研究西方的，省力方便多了。要知道希腊，有各家的书在那里，不用直接去读希腊文，也可研究。中国古代文字直沿用到现在，不需另研究孔子时代或书经时代的文字。然而这些材料，却都没有经过现代中国人的细心研究。

说到现代真是变化太快了，而现代的中国人变化更快，对自己三千年传统厌了，懒了，谁也不肯用心去研究，整理。随口谩骂便是前进，开风气。置之不理，也不失为现代化。聪明精力，谁肯向这里去钻。说什么是中国文化？鸦片烟、女子裹小脚、麻雀牌、太监、姨太太、算命、相命等，诸如此类。当然我们不能不承认这些是从中国文化里面表现出来的一些面相。但女人裹小脚，虽足为中国文化诟病，今天不裹了，难道中国便是有了新文化了吗？现在不抽大烟，不又是新文化吗？而且几百年前中国人既不抽大烟，也没有打麻雀牌，那时的中国文化在哪里？小言之是这些，大言之，则说打倒孔家店。但孔家店易打，中国文化却难打。在中国文化里，尚还有老家店，庄家店，释家店，很多店铺在。偌大一条街市上，打倒一爿半爿，打不了整街市。我说打孔家店省力，也有道理，《论语》虽是中国社会一部人人的读物，现代化的前进学者，拿着西方的政治、社会、哲学、科学一大堆新花样来讲，只知读《论语》的，讲不过他们。又如从《论语》中拿出一两条，如"唯女子与小人为难养也"之类，把孔子说成另一个样子，当时的人不肯叫孔子，要改口叫孔仲尼，孔老二，孔家店的老板孔子便如此般打倒了。但这只是新的知识分子欺骗无知识分子的勾当，孔家店里老板易打，孔家店里小伙计却不易打。如要打颜渊，颜渊谁懂得也易打。但像今天大陆忽然上演海瑞罢官，海瑞只是孔家店里一个小伙计，还轮不到二级三级，但这出戏演来，大家都认为对……因海瑞不是一贪官，他又敢于讲话，不贪钱，不怕死，这两件就够。他已深入人心，叫你打不倒。我们且莫讲东方文化和西方文化，题目太大，便由得你一人讲，但遇到一个孔家店里的小伙计，你要怎样打倒他，却会感到不易打。

因此若我们要讲中国文化，该从多方面，长时期，集体合作，从新研究，不是讲哲学便能讲尽了中国文化，也不是讲历史、讲文学、讲艺术便能尽了中国文化。并且在艺术、在文学、在历史、在思想哲学各方面，还得各各分别研究。近代西洋，任何一门学问，都经过了一百、二百年，很多人心力才有今天。即如读一部西洋通史，从民初以来五六十年中西方中学、大学里所读的通史已有了几多变化，编了又编，改了又改，成为今天这个样子。在我们只凭一两个人，在一个短时期中写出，到底不行。我们也要经历一段长时期，多有人努力，又经自然淘汰，每一方面都有比较靠得住的人起来讲话，如是集体合作，再经会合才能对自己文化有个认识。我想复兴中国文化这个重担，应该挑在知识分子的肩膀上，但要有耐心，用苦力，不然我们会永远比不上西方人。两边碰头，问莎士比亚，他那边总会有人源源本本详详细细来讲。问杜工部，我们这边真要找一人能讲却很困难。讲艺术，你问他这幅画，他会。他问我这幅画，我也要找一恰当人，能讲。现在我们胜过他们的，是我们能看他们的书，讲他们的话，中国人中要找能读英文，能讲英语的，多的是。你找一个美国人，问他中国字，就不行。可是现在他们也来慢慢地学中国话，读中国书，将来中国方面的学问也要问他们，现在中国优秀青年到美国去读中国文史艺术学位的人已多了。在美国得了学位，才能回到中国受人重视。所以我们的大学文科毕业生，也只有留学外国，才能有出路。若只在自己大学里面毕业，大家看不起。我昨天去故宫博物院参观，正在看象牙雕刻，这比看瓷器，看书画，要简单容易得多，后面有两个人在讲话，一人说："中国人能做出这么精细的东西吗？一定是外国进贡来的。"我想我们此刻要来提倡复兴中国文化，远的不讲，讲近的，先该能移风俗，转人心。文化是不容易讲的，即讲文学，一首诗，一篇散文，有时也会讲不明白好处何在，又谁肯来承认你讲的价值。但一个象牙雕刻摆在那里,他不得不佩服,可是他又认为中国雕不出来。那么怎会在中国的皇宫里呢?他说:"这是外国进贡来的。"他能这样讲话,可见他也是一个知识分子,并非一无所知。这些例,深深浅浅,远远近近,可以举出很多。有一年在庐山避暑,一位朋友,第一次新见面,他问我:"在美国那个大学读书的?"他是美国留学生,所以说:"我怎么不知道你呢?"我说:"我没有到过美国去。"他说:"不必客气,我和你很熟。"我说:"我们初次见面呀。"他说:"你不晓得,我在家里教儿子读《论语》,就选定了你的大著《论语要略》。"这位朋友自和一辈美国留学生不同,他要叫儿子读《论语》,而且是他自己选定了我的那本《论语要略》,所以他说:"我同你很熟,你不要客气。"下面一句话,却是一句时代心声。他看重我,所以想我也必曾去过美国。这是三十年以前的话了。一切事有前因,有后果,我们今天结了些什么果,那是有原因的。我们今天正是一个困难的时候,把中国文化丢在一边也应该。

上面拉杂说了许多话,现在接讲第二部分"如何来复兴中国文化"。我们纵是不认识中国文化,但我们的责任要来复兴它。当前的问题,不能说要待我们真了解后,再来复兴。要如此,时间还不知要等多久。但我们又要问不知道中国文化,怎样来复兴?我想这事该两方齐头并进。复兴中国文化,该可有两条路。一是少数人的责任,须得高级知识分子,一辈学人来研究,这是上一时讲的。现在要讲另一条路,这在我们一般社会,全中国人来一个广泛的运动。我认为中国文化里,有最精粹的一点,是关于"人生修养"的。人生修养,并不是现代人讲的人生哲学。西方人讲人生哲学,中国人讲人生修养。修养中寓有哲学，但，与西方人讲的哲学不同。其重要处在于中国哲学有一套修养方法，须由理论与实践亲修配合。讲中国人的人生修养，主要在儒家，远从孔孟，下到宋明理学家，各有一套。其他如道家，佛家，亦皆由理论与修养配合，而成此一套学术。这是中国哲学最重要最特殊所在。论其精神，却与近代西方科学相近，科学必有实验，中国哲学也必有实验，此即所谓修养。此刻我想讲几点我们大家所最易明白的。

第一点，我们要真做一个中国人，才能来复兴中国文化，复兴中国文化这一责任，便在中国人身上。没有了中国人，就没有中国文化。此如没有了希腊人，希腊文化转移到其他民族身上，究已不是希腊精神了。在抗战时期，我在成都华西大学一个茶话会上，欢迎某先生，谈话中涉及到中国人问题，他说："现在我们不是要做一个中国人的时候了，我们该要做一个世界人。"我说：生斯世，为斯世人，自然我们都该做一世界人，但我们应以中国人身份来做世界人，不是以美国英国人身份来做世界人。若今天先抹煞了他是美国人、英国人、法国人、苏维埃人、日本人、印度人、中国人等差别，来做一世界人，此事不可能……所以第一点说我们首先希望是大家要做一个中国人。把今天一般现象来看，我们中国人在其内心深处，好像并不希望真做一中国人。似乎模模糊糊地在不知不觉之间便不像一中国人。中国人有姓有名，现在的中国人却都改了名。C.P.黄、乔治张，这样的称呼早已很普遍。我在香港去看香港大学的中文系毕业试卷，全部中文系学生都不写中文名字。如写C.K.王，他还保留一王字，我知道他是个中国人。也有纯粹用英文的，王字也不见了。我想这是哪里来了一大批青年来学我们的中国文学的呢？我到马来亚大学去，那里的中国青年，姓名都变了更不用说。马来人泰国人很想把大街上中国店铺悬挂的中国字招牌都禁止，中国人很不高兴，但中国人自己的中文名字却先自取消了，这不是一块十足的中国人招牌吗？在日本，那里的中国字招牌却还多。以前在大陆，纵使内地交通不便，外国人少到的地方，也有些店铺在中国字招牌上加上一些英文翻译，好像没有英文字的招牌便使这店铺地位降低，不值钱。我曾想，那些改用英文名的人，将来成了人物，写进历史，那不是明明是一本中国史，也变成了英国史美国史了吗？我想我们此刻要来复兴中国文化，不如先来一个运动，要中国人用中国姓名，不要改写英文字。这个运动很简单，我们暂不要讲孔子、孟子，这些太高了。我们且先做一个孔家店跑堂的，开门的，扫地的，总可以。我们先来做一个中国人，简单一点，先来复兴用中国姓名，好不好呢？

其次是讲中国话。譬如在香港，中小学生都讲英语，有时叫一辆汽车，开车的也讲英语，这都不管。随便说句话，中间不重要处用中国话说，遇重要处便定改用英文，好像用中文便表达不出这个意义，这一层影响可大了。我们自己的招牌改称C.K.王，这可在外国通行，到外国去，入境问俗，把自己名字改一改，还可以。但他硬认为他心里这个意思，用中国文字便无法表达，讲中国话和他不对劲，不合他心意，如此一来，不仅中国是一次等国家，中国民族便是一次等民族。碰到学术上、理论上，高深一点的，非用英文不可。而且用了英文，他心里会感到舒服、痛快，那影响却真不浅。我想我们能不能讲话要讲中国话呢？有些，如yes、no之类，讲英文也不打紧，但讲到一句重要话，就非讲中文不可。如说三民主义便就说三民主义，五权宪法就说五权宪法，不该翻译了英文讲。像此之类，说仁道义，仁和义也是中国文化的一块招牌，我们该用中国字讲中国话。现代西方学者，讲到中国学问，他们就只翻个音，有时还注上一个中国字。如孔子讲仁，老子讲道，他们都翻音。中国人更客气，认为他所讲全是英美人意思，不是中国人意思，所以简直就满口讲英语！所以我说，要复兴中国文化，先来多讲中国话，好不好呢？

进一步，我们希望做中国人要做一个像样子的中国人。今天我们当然全都是中国人，可是已经不像样。要做一个像样的中国人，又要做一个能继往开来的中国人。若我们做一个学者，当然要了解过去，要适应现在，要开辟将来。就如佛家禅宗不立文字，扫空一切，但也要讲过去，或从达摩或从慧能讲起。也要讲将来，要说将来的人生就是佛教的人生，将来的佛教就是禅宗的佛教。任何一个知识分子，讲一句话，不能没有过去，没有将来。可是今天我们讲一句"复兴中国文化"，立刻有人来责备说："你不要想复古呀。"只要一讲到孔子、老子，你便是要复古。从前人尽讲尧、舜、禹、汤、文、武、周公，他还可不失为是一通人，还可是当时社会里一个人，还可承先启后，做一有事业的人。我们今天，好像一讲到中国的过去，就会关闭了将来中国的路。讲过去也只该骂，不该捧，只该批评，不该称赞。这已是成了风气。我最近也曾写过一篇文章，说到复兴文化，不是要复古，就得到好多朋友说好，说："你讲得对，这句话真有道理。"但我并不欢喜听这话，复兴文化不是要复古，但更不是要蔑古。现在一般人，一听你说复兴中国文化，就恐怕你要复古。但任何一种文化，总有个来源，总带有一些古的存在。你不能堵塞了它上面，专来讲下面。我们似乎先有一种害怕，也可说先有一种猜疑，古总是复不得，中国已往一切总是要不得。你讲中国文化，他便要问你："对民主政治抱什么态度呢？对现代科学又是什么看法呢？"这些话叫人无法回答，在他心里，显然中国文化是反民主、反科学的。他在时代风气之下，不知不觉存心如此，无法对他有解释……民主是世界大潮流，科学是现代大贡献，要讲复兴中国文化便不能不讲科学和民主。这是五四运动以来所谓德先生、赛先生，这几十年来人人的脑子里，只有这两位先生，占了很高地位，中国文化则所占地位很低。若我们能有民主和科学，其实中国文化复兴不复兴是没有关系的，这已成了一种社会心理，已经几十年到如今，要转移风气，谈何容易。

……要复兴中国文化，就该改造今天的社会，但也得慢慢地改。要发扬中国的文学和艺术，此事已不易，历史则待后来人去写，哲学思想须待新兴的哲学家思想家来提倡。你要讲一番孔子之道来给大家听，其事亦易亦不易。但若演一部电影，能配合上中国文化的电影，便大家要看。人同此心，心同此理，此事似乎最易不过。为什么大家爱听绍兴戏，胖过了听外国歌剧呢？这些我们应该先提倡，而且也和科学与民主无关，无伤大雅，这样便慢慢接近了中国化，从这个门可以跑进那个门。孔家店里的陈旧货物，也可由此推销，像大陆上演海瑞罢官，海瑞骂皇帝，便是一例。我想那些道貌岸然讲民主、讲科学的先生们，也不会站起来反对吧！

但我上面说及中国文化有一点最重要的，就是所谓人生修养。关于这一点我还得再讲几句话。中国文化主要精神是以个人为中心的，这亦不是西方人所说的个人主义。在世界，在每一社会里，会有一中心，从中国文化精神来讲，此中心便是我。此话并不夸大。因这世界和社会的中心也可以是你，也可以是他，每个人都是世界一中心，甚至可是宇宙一中心。中国传统文化所讲重要的在这一点。今且问：此宇宙，此世界，此社会，究竟发动在哪里？宗教家说发动在上帝，科学家说发动在物质。但要再仔细讲，也就讲不下去了。我们再看，整个人生的一切，究该从哪里发动？若说由军队发动？这总不是我们的理想。若说由法律发动？法律只有拘束力，没有发动力。若说由政治发动，政治要讲民主，便该由每一人来发动了。或者说现在的世界操纵在工商业资本主义者的手里，人生一切追求，其背后却都由资本家操纵，这话却有真凭实据。只要我们仔细看一看，想一想，便可知道。正为今天这个世界，一切人生发动力在资本主义者，则无怪反过来要有共产主义的崛兴。但共产主义只是资本主义的反面，把反面来反正面，其实正反两面还是一体。正如你的手，手掌手背，还是那只手。若我们不要这一手，要另换一手，不讲物质，不讲经济，其事却不易。所以西方人到底不能彻底反过那共产主义的，我们不要对此太乐观。只要西方资本主义一天存在，共产主义也会存在。共产主义本也产生在西方，依然在西方文化体系里面。西方学者却说共产主义是东方思想，拿俄国给送到东方来。但马克思总不能说他是东方人，他写《资本论》并不在东方，他《资本论》中所根据的材料也不是东方的。英国一位文化历史学者，硬要把苏维埃送给东方，但马克思和伦敦关系太深太显著，他究竟送不走……

我们讲一个社会，其背后的推动力究在哪里？宗教、政治、军事、经济,都是外面的。外面有一力量来推动我,我总有些不大甘心。因此要讲自由,又要讲平等,又要讲博爱,但经济钱财,不懂博爱,不会平等,又不许自由,目前的世界究是由经济钱财在推动。中国传统文化则认为推动一切的力量在于我,在于我的心,各人是一我,各人可以推动他四围而成为一中心。那么究是谁推动着谁呢?这里面的理论让我慢慢讲下。我们且先讲原则,在我有推动社会的一个力量,社会推动,能由我们开始。这一原则,各人需有一自信,然后在社会做人,才觉得有意义,有价值。没有这个信仰的人,孔子称之为乡愿,"生斯世也,为斯世也,善斯可矣。"孔子说,这类人是"德之贼",他们是贼害道德的。不能发展个性,失却成其为一我。但人各有个性,大家发展个性,岂不成冲突?孟子说,圣人先得我心之同然。心有同然,我这个心就是你这个心,孔子时代的心,实在还是我们今天的心。我们今天的心,仍和孔子时代之心相同,所以孔子可以了解到我们,其实我们也该能了解到孔子。我这个心可以了解别人的心,中国人称之为仁心。因为大家同此一心,所以同称为一人,仁者人也。我和你心相同,同此一仁心,故称此为人道。人道只是一仁,可是你要得到这一个仁心,却要修养。孔子说:"巧言令色鲜矣仁。"你碰到另一人,话讲得巧一点,面孔装得讨人欢喜,这个心便是不仁之心。你看重了别人的心,拿自己的心看轻了,遮掩着自己的心,来讨好别人的心。巧言令色,一面奉承别人,一面却又想欺骗别人,在人群中相处,不够亩道,不够朋友,不够做夫妇,做子女,不够做人群中一人。我为何要抹杀了我,来讨好你?实际则又是在欺骗你,想要利用你。先抹杀了自己想来抹杀别人,结果人和我都被抹杀了,所以称之为不仁。所幸者这个不仁之心,实际并不是我的心,心有所同然。张眼一看,梅兰芳上台了,大家鼓掌,觉得他漂亮。放开耳朵听,梅兰芳在唱,大家心里喜欢,他唱得好。这是一种艺术心情,大家自心发出,没有外边力量在推动。吃东西也一般,人家都说吃悦宾楼菜好。即显推微,人人有一个共同相类似的心,你抓住了这个心,即等于抓住了我和他,抓住了一切人。因我这个心也即是你这个心,你抓住了我的心,不是我便会由你推动吗?中国人对于人心研究是高深的,此刻我们不能向深处讲,且问人类这个心由哪里来?那自然说是天生的。西方人说上帝创生了人类,中国人说天降生了人类,又赋予人类以此心。因此我们也可说,我心即天心。天就在你我身上,就在你我心里。天人合一,没有天就没有人,没有人也就不见有天。庄子说:"惟虫能天。"天生一条虫,虫无心,也可说虫心简单,所以他还保守着天生他的这一个真,还是本来的一条虫。天生我们人,却反而失去了他的天。为何呢?人有很复杂的脑子,有思想,有欲望,有一切改进,但改进不已,忘了本然,失了这个天,想离开了天来独立做人,还想打倒了天来自由做人。故庄子说:"惟虫能天。"这是批评我们人由聪明而愚蠢了。一只蚂蚁能不失天生本然,但我们人却早已失去了他的天生本然了。中国人的理论,要人在天生本然上求进步。忘了这个天生本然来求进步,愈进步,离天愈远。一棵树,只从根上能开花,不在花上再开花。《中庸》上说:尽己之性,而后可以尽人之性;尽人之性,而后可以尽物之性。科学能尽物之性,但先得要尽己尽人之性。一颗原子弹扔下,一切都完了,尽了物性却反了人性。人可以发明科学,科学不能发明出什么来。正如一棵树可以开花，花却开不出什么。现代西方人拼命造原子弹，核子武器，太空船登陆月球，只求科学无限进步，但忘了尽人性，好像一树，花开烂漫，尽在花上想法，根却坏了。今天的世界危机，实在很大。

从前在我年青时，人们穿一件袍子，不论穷富，年纪大一些的，穿十来年很普通。中国古代，像晏子，三十年只穿一皮袍。今天不行了，工厂里争着出货，第二批来排斥第一批，过两年一换衣是寻常事。有人在想种种方法使你非换不可，这不是我必要换，外面有一力量在推动，却反说是我们幸福了。说穿一句是要赚你钱，赚钱成为人生目的。中国人也曾发明了印刷术，那是世界文化一道奇光。西洋的文艺复兴，就是靠的印刷术发明，但今天的印刷术尽发展下去，又不得了，会变成洪水猛兽。在纽约每天看一份时报，这样一堆纸，怎样看？而且翻后急得丢。新书不断地抛出，旧书匿迹了，有些书，不到大学图书馆翻不到。旧书再版，真是困难之极。但你到小菜场，五光十色，杂志、周刊，摆得满摊满架，看得天花乱坠，却说这是民众读物，但有些读物却是毒物呀。说电影吧，一部推出一部，但总不会叫你百看不厌，甚至再看第二遍。若一部电影，可以屡看不厌，那电影公司将会被关门。我小孩时看《水浒》，真是看得百看不厌。但现在人说《水浒》是中古时期作品，是中国旧社会的作品，现在是科学时代工商社会了，看小说也得看了一本又一本，把你心看昏看乱。现世界人类的智慧和品德，一切人生的意义和价值就为出版物太多而受了损害。人的脑子负担不了，又无法选择，总有一个在推动，在填塞到你脑里来。电影明星也如此，三年、两年换一个，你喜欢的隔两年不见了，又换上新的，再隔两年又没有了，又换上新的，我的情趣该懂转换，但又来不及，你真爱好谁呢？我们的这个心势将无所寄托。女人穿衣服，一年一花样，坐汽车，一年一款式，一切的一切，都这样。商品拼命前挤后拥推出，人生外貌都跟着改，其实人生内容也在跟着改。说是推陈出新，其实陈的还未陈，新的也不真是新，新的旧的一例得急速收起，再来推出，人的感情也一天天薄了，只有不在乎。飞机减价，环球旅行，跑得人头昏脑涨，这里住三天，那里住五天，一下子周游世界回来，脑子里有什么变化呢？还不是如此五光十色便算了。从前出门远行，有多少困难，古代不要讲，一条轮船到这里，靠了岸，所见所闻，进到脑子的，印象还深些，现在的交通太快速了，给人的印象也太淡薄了。

一切物质文明，主要还不是赚钱？我荷包里的钱你拿去倒不在乎，但把人的心变了，理智感情都淡薄了，既浮浅又不定，人生变成一派慌乱。所以我曾说从前有鬼现在没有了。诸位说，从前人迷信才有鬼，现在科学发明所以没鬼。我不是这样说，我生时纪念这个家，这个村子，死后还想来一下。现在叫我纪念些什么呢？这个世界尽在推陈出新！人则要追上时代，不能落后。今天变，明天又变，思想变，行为也变，到最后，感到一生在世无可留恋。从前朋友少，现在朋友多了。从前寄封信很困难，要托人，三个月五个月带到你那边，你拿到这封信，可说一字千金。现在电报电话一个字值什么，生日做寿，四面八方电报来了几百几千，但人的感情只有这些，反而冲淡了。一切都是外面在表现，不是内里有蕴蓄。耶稣诞的各地贺卡，挂得满墙满壁，这张由英国来，那张由美国来，你是交游满天下，若论感情则天赋只有这一点，现在是分得愈淡愈薄了。

我这些话，也不是要把现代世界物质文明之急速进步拉下来。我的意思，我们要讲教育，讲人生，与此现代世界物质文明之急速进步中间，应该指出些问题，来求解决。讲到此处，也便是中国传统文化与现代人生方面之问题。我认为现在推动社会的，主要是一个经济，经济问题不解决，人生一切都不能解决。但中国传统文化观点却不同，认为推动人生社会的，应该是人的这个心。让我们试问那些大企业家，今年这些出品，明年又是这些出品，究是要福利人群呢？还是要发展你的企业呢？那问题，只要一反省，各人反问自己就清楚。现在再问各人有各人的心，那么我心怎样能推动你心呢？中国人则说尽其在我，所以讲忠恕，讲爱敬。忠是拿我十分力对待你，恕是我所不喜欢的不加到你身上。讲到爱敬，天下哪有一人不喜受人爱？哪有一人不喜受人敬？但我想孔子讲忠恕讲得更好，因我对你忠，对你恕，只尽了在我一方面的心。孟子讲爱敬讲得较浅了一点，我说较薄了一点，他说爱人者人亦爱之，敬人者人亦敬之。这当然也是个真理，你不爱他，他怎样要爱你？你不敬他，他怎样要敬你？然而没有像孔子讲得更高些，我尽我的力量忠于你，下边一句没有了。孟子要开导人，把下边一句也讲出来，说："爱人者，人恒爱之。敬人者，人恒敬之。"也许有人问，别人不敬你不爱你又怎办？这仍得回到尽其在我，我尽管爱他，敬他便是。若有人问为什么要这样？孔子说得谆厚，孟子加以明白发挥，直从人的心坎处加以发挥。所以说："爱人者，人恒爱之。敬人者，人恒敬之。"又说，尽心知性，尽性知天。性是天生的，你怎样能知道你自己的性？因此要尽你的心。自心不尽，天生给你的性，自己也不知道。尽了我的心，可以知我之性，尽了我的性，便可以知天，这叫作天人合一。天不独只生我一人，你就知人家同我一样，中国人讲的最高道理在这里，在从每人自己心上讲起，成己而后可以成物。知天近是宗教，中国人有一种极高深的宗教精神。尽物性是科学，中国人所提前发展的是一套人文科学，最基本的修养工夫在尽其在我，尽己之性。从这一点发展出来，就可成为中国人讲的世界大同，天下太平。在世界未大同，天下未太平之前，每人仍可自尽己心，修养到最高境界，便即是圣人。

中国儒家对圣人有两个看法。一是朱子，他说圣人难做，后代圣人更难做。朱子的话是聪明的，孔子在春秋时代做圣人省力些，若生在朱子时代要做一圣人就比较要困难些。若使孔子生在今天二十世纪的中国社会，要做一圣人怕会更难了。这是朱子的讲法。另一个是王阳明的说法，孟子说人皆可以为尧舜，朱子并不反对此说，只说是难。阳明则说得似乎比孟子所说更易了。王学后传有罗近溪，他正在讲台讲人皆可以为尧舜，外面一端茶童子走进来，把一杯茶放讲台上，出去了。听讲人问："他也可做圣人吗？"他说："他已是圣人了。你们看他走进来，目不斜视，一心一意，没有滑跌，杯里茶没有泼出，走到这里，放下茶，他又如是走了，端茶是他的职，他已尽了他的职，也尽了他的心。若使孔子来代他端茶，也不会比他端得更好些。"这个道理阳明早说过，阳明到了龙场驿，生病了，半夜里想，我这样的生活，若使孔子来做我怎办？他想得大彻大悟，一跳起来，全明白了，"良知"两字就是这时候提出的。我们看禅宗故事，也颇有这样的趣味，禅宗也说人人可以立地成佛。但，我们生到此世，虽也不能没有人端茶，但不能都端茶。我们固要阳明讲的圣人，也要朱子讲的圣人。朱子讲格物穷理，正心诚意，修身齐家，治国平天下，那一大套，这正是我们高级知识分子的责任。但不能要求每一人都成一高级知识分子，纵使我们自己要做一个朱子理想中的圣人，也该鼓励欣赏人家做一个阳明理想中的圣人。而且我纵有绝大学问，也不一定能在社会上负担一项重大责任，如治国，平天下这些大责任。这些责任不在我身上，到不得已时，我可做一个端茶童子，还是不失为一个圣人呀。大总统，治国平天下，也仍不过是一个圣人。中国人理想便由这些圣人来推动这个社会，而且人又是必该做圣人的。因此说，不为圣贤，便为禽兽，愈说圣人易做，而不做，那就更见其为禽兽了。我曾在日本和一位很有名的日本汉学家谈中国文化，那位先生说："我们日本人接受中国文化，是很深刻无微不至的。"我问："从何而见，从什处讲起？"他说："我们骂儿子常说：'你不像一个人。'这句话是中国来的，全世界没有。"我听了恍然，我们不是常说："你这样还算是人吗？"中国人心里的人，不是做上帝儿子的这个人，也不是法律上承认的这个人，更不是某人遗嘱上接受他一笔钱财的这个人，天地生了我，我还得有理想有修养来做一个人。讲难难到极，讲易易到极，这即是中国人的中庸之道。我们这许多人，既非圣人，也非万恶不赦的坏人，中间有一段很大距离包容着。这一极端是上帝，那一极端是魔鬼。上帝只一个，魔鬼怕也只一个，人在中间。有的九分近魔鬼，一分近上帝，有的九分近上帝，一分近魔鬼，但若这个人从魔鬼身旁转移一步近上帝这边来，这是善这是在向上。倘使这个人从上帝身旁转一步近魔鬼，这是在堕落，甚至是丧心病狂,是恶了。所以中国古人说,一念之间可以为圣为狂。后代中国人则说端茶童子也是圣人,又说衣冠禽兽。这些话不是极端话,却是中庸话。孙中山先生说知难行易,知难是近在朱子这一边,行易是近在阳明这一边。现代的中国人,最不成也没有被魔鬼拉去。只要能自心一转跨离一步,这就是复兴中国文化的大道。这一步大家能移,这一心大家能转。我们该拿这一点来勉励自己,来勉励我们的子女、学生、亲友,乃至社会上大多数无知无识的群众,这条路应是复兴中国文化一条大路。努力知难方面并不身份更高,责任更重。着意行易方面并不身份更低,责任更轻。要更深更细来阐发中国文化,这需要学问,让一些人到图书馆去多写几篇博士论文,乃及传世巨著吧。我们也来讲复兴中国文化应该采取第二条路,换言之,我们应做中山先生所说的后知后觉乃至不知不觉来从行易方面立刻起步。我这两小时所讲,提出了不少问题,请诸位批评指教。

中国文化与中国人

一

今天我的讲题定为"中国文化与中国人"。我只能从某一方面对此题讲些话。

本来是由中国人创造了中国文化，但也可说中国文化又创造了中国人。总之，中国文化就在中国人身上。因此我们要研究中国文化，应该从中国历史上来看中国的人。亦就是说：看中国历史上中国人的人生，他们怎样地生活？怎样地做人？

人生应可分两方面看：

一外在的，即人生之表现在"外"者。

一内在的，即人生之蕴藏在"内"者。

表现在外的人生又可分两大项目：

一是所创造的"物"。

一是所经营的"事"。

《易经》上谓之"开物成务"。无此物，创此物，是为"开物"。干此事，成此事，是为"成务"。《易经》把"开物""成务"两项都归属于圣人之功绩，可见中国古人对此两项之看重。但此两项则都是人生之表现在外的。

现在人讲文化，主要都从这两方面讲。如旧石器时代、新石器时代、铜器时代、铁器时代等分法，是从"开物"观念上来讲的；又如渔猎社会、畜牧社会、耕稼社会、工商社会等分法，是从"成务"观念上来讲的。但这些多是人类怎样生存在社会乃至在天地间的一些手段，实不能认为即是人生之理想与目的。

人生该有理想，有目的。既已生存在此天地，究应怎样生，怎样做一人？这始属于理想目的方面，此之谓"文化人生"。自然人生只求生存，文化人生则在生存之上有向往，有标准，这就讲到了人生的"内"在面。这一面，中国人向称之为"道"。中国人用这"道"字，就如现在人讲"文化"。不过现在人讲文化，多从外面"开物成务"方面讲，而中国人的传统观念，则定要在文化本身内部讨论其意义与价值，亦可谓文化中之有意义价值者始称"道"，而此项意义与价值，则往往不仅表现在外面，而更要是蕴藏在人生之内部。

如我们讲古代文化，定会提到埃及金字塔。埃及人创造金字塔，亦可谓是"开物"。金字塔之伟大，诚然无可否认。由于此项建筑，我们可以联想到古代埃及人的智慧聪明和当时物质运用的能力。若非这些都有一甚高水准，试问怎会创出那些金字塔？但我们也该进一步问，那些金字塔对于埃及的社会人生究竟价值何在？意义又何在？

古的不提，且论现代。如我们提及太空人，提及把人类送上月球，不是当前一项惊天动地的壮举吗？这也十足可以说明近代人之智慧聪明及其运用物质的能力，到达了那样高的水准。但我们不免又要问，这样一项伟大工作，究竟对于现世界，现人生，实际贡献在哪里？其价值何在？意义又何在？

像古代埃及的金字塔，乃及近代西方的太空人，都属于开物成务方面，都只表现在人生的外部。中国古人讲"正德、利用、厚生"，开物成务是有关利用、厚生的。但在此两项之上，还有"正德"一目标，而且"利用""厚生"也不是为着争奇斗胜。不论你我在太空轨迹中能绕多少圈，谁能先送一人上月球，但人生理想，究不为要送人上月球。送人上了月球，依然解决不了当前世界有关人生的种种问题。换言之，此仍非人生理想以及人生的意义价值所在。照中国人讲法，智力财力的表现并不即是"道"。中国人讲的"道"，重在修身、齐家、治国、平天下。修、齐、治、平始是人生理想，人生大道；决不在乎送人上月球，当然也更不是要造几座更大的金字塔。从这一层，可以来阐说中国的传统文化观。

二

我此刻，暂把人类文化分作两类型来讲：

一是向外的，我称之为"外倾性"的文化。

一是向内的，我称之为"内倾性"的文化。

中国文化较之西方似是偏重在内倾方面。如讲文学，西方人常说，在某一文学作品中创造了某一个性，或说创造了某一人物。但此等人物与个性，只存在于他的小说或戏剧中，并不是在此世界真有这一人与此一个性之存在，而且也并不是作者之自己。如莎士比亚剧本里创造了多少特殊个性，乃及特殊人物，然而此等皆属子虚乌有。至于莎士比亚自身，究是哪样一个人，到现在仍不为人所知。我们可以说，只因有了莎士比亚的戏剧，他才成为一莎士比亚。也是说，他乃以他的文学作品而完成为一文学家。因此说，莎士比亚文学作品之意义价值都即表现在其文学里，亦可说即是表现在外。这犹如有了金字塔，才表现出埃及的古文化来。也犹如有了太空人，才表现出近代人的新文化来。

但我们中国则不然。中国文学里，有如《水浒》中宋江、武松、李逵等人物，《红楼梦》中林黛玉、贾宝玉、王凤姐等人物，这些人物全都由作家创造出来，并非世间真有此人。但这些作品实不为中国人所重视，至少不认为是文学中最上乘的作品。在中国所谓文学最上乘作品，不在作品中创造了人物和个性，乃是由作者本人的人物和个性而创造出他的文学作品来。如《离骚》，由屈原所创造。表现在《离骚》中的人物和个性，便是屈原他自己。陶渊明创造了陶诗，陶诗中所表现的，也是陶渊明自己。杜工部创造了杜诗，杜诗中所表现的，也是杜甫他自己。由此说来，并不是因屈原创造了一部文学，遂成其为屈原。正为他是屈原，所以才创造出他一部文学来。陶渊明、杜甫也如此。在中国是先有了此作者，而后有此作品的。作品的价值即紧系在作者之本人。中国诗人很多，而屈原、陶渊明、杜甫，最受后人崇拜。这不仅是崇拜其作品，尤所崇拜的则在作家自身的人格和个性。若如莎士比亚生在中国，则犹如施耐庵、曹雪芹，除其文学所表现在外的以外，作者自身更无成就，应亦不为中国人重视，不能和屈原、陶渊明、杜甫相比。这正因中国文学精神是"内倾"的。要成一文学家,其精神先向内,不向外。中国人常说"文以载道",这句话的意义,也应从此去阐发。中国文学之最高理想,须此作者本身就是一个"道"。文以载道,即是"文以传人",即是作品与作者之"合一",这始是中国第一等理想的文学与文学家。

再讲到艺术,中国艺术也同样富于内倾性。如绘画,西方人主要在求这幅画能和他所欲画的对象近似而逼真,其精神仍是向外,外倾的。中国人绘画则不然。画山不一定要像这座山,画树不一定要像这棵树。乃是要在他画中这座山,这棵树,能像他画家自己的意境和胸襟。或者作画送人,却要这幅画能像他所欲送的人之意义和胸襟。所以在作画之前,尽管对一山今天这样看,明天那样看,但总感这山不能完全像我自己的意境。待慢慢看熟了,把我自己对此山所发生的各种意象拼合起来,才是我心里所希望所欲画出的这座山。在山里又添上一棵树,这树也并不是在山中真由写生得来,仍是他意境中一棵树,而把来加在这山中,使此画更近我意境。所以中国画所要求的,重在近似于画家之本人,更甚于其近似于所画的对象。学西洋画,精神必然一路向外;但要做一中国画家,却要把精神先向内。

把文学与艺术结合,就是中国的戏剧。西方人演剧,必有"时间""空间"的特殊规定,因而有一番特殊的布景,剧中人亦必有他一套特殊的个性。总言之,表现在这一幕剧中的,则只有在这一时间、这一空间、这一特殊的条件下,又因有这样一个或几个特殊的人,而始有这样一件特殊的事。此事在此世,则可一而不可二。只碰到这一次,不能碰到第二次。他们编剧人的意象结构惨淡经营的都着重在外面。中国戏剧里，没有时间、空间限制，也没有特殊布景。所要表现的，不是在外面某些特殊条件下之某一人或某几人的特性上。中国戏剧所要表现的，毋宁可说是重在人的"共性"方面，又即是中国人之所谓"道"。单独一人之特殊性格行径，可一而不可二者，不就成为道。人有共性，大家能如此，所谓"易地则皆然"者始是"道"。道是超时空而自由独立的。如演《苏三起解》，近人把来放进电影里演，装上布景，剧中意味就变了。中国戏台是空荡荡的，台下观众所集中注意的只是台上苏三那一个人。若配上布景，则情味全别。如见苏三一人在路上跑，愈逼真，便愈走失了中国戏剧所涵有的真情味。试问一人真在路上跑，哪有中国舞台上那种亦歌亦舞的情景？当知中国戏剧用意只要描写出苏三这个人，而苏三也可不必有她特殊的个性，只要表演出一项共同个性为每一观众所欣赏者即得。

深一层言之，中国戏剧也不重在描写人，而只重在描写其人内在之一番心情，这番心情表现在戏剧里的，也可说其即是道。因此中国戏剧里所表现的，多是些忠、孝、节、义可歌可泣的情节。这些人物，虽说是小说人物，或戏剧人物，实际上则全是"教育人物"，都从人类心情之共同要求与人生理想之共同标准里表现出来。这正如中国的诗和散文，也都同样注重在人生要求之"共同点"。中国人画一座山，只是画家心里藏的山。戏剧里演出一人，也只是作剧家理想中的人。西方的文学艺术，注重向外，都要逼真，好叫你看了像在什么地方真有这么一个人、一座山。而中国文学艺术中那个人那座山，则由我们的理想要求而有。这其间，一向外、一向内，双方不同之处显然可见。所以说中国文化是内倾的，西方文化是外倾的。

三

外倾文化，只是中国《易经》上所谓"开物成务"的文化。在我们东方人看来，这种文化，偏重在物质功利，不脱自然性。中国文化之内倾，主要在从理想上创造人、完成人，要使人生符于理想，有意义、有价值、有道。这样的人则必然要具有一"人格"。中国人谓之"德性"。中国传统文化最着重这些有理想与德性的人。

从字面讲，"文化"两字曾见在中国《易经》里，有曰"人文化成"。现在我们以"人文"与"自然"对称，今且问"人文"二字怎讲？从中国文字之原义说之，"文"是一些花样，像红的绿的拼起来就成了花样，这叫"文"。又如男的女的结为夫妇，这也是一番花样，就叫作"人文"。又如老人、小孩，前代、后代，结合在一起，成为父母子女，这也叫作"人文"。在这些人文里面，就会"化"出许多其他花样来，像化学上两元素溶合便化出另外一些东西般。在中国人则认为从人文里面化出来的应是"道"。故有夫妇之道，父子之道，修身、齐家、治国、平天下之道。道都由"人文化成"，此即中国人传统观念中所看重的文化。

中国《小戴礼》中又见有"文明"二字，说"情深文明"。上面说过，文只是一些色彩或一些花样。花样色彩配合得鲜明，使人看着易生刺激，这就是其"文明"。如夫妇情深，在他们生活中所配合出的花样叫别人看了觉得很鲜明。父子情深，在他们生活中所配合出的花样也叫人看了觉得很鲜明。若使父子、夫妇相互间无真挚情感，无深切关系，那就花样模糊，色彩黯淡，情不深就文不明。

这是中国古书里讲到的"文化""文明"这两项字眼的原义。此刻用来翻译近代西方人所讲的"文化""文明",也一样可以看出中国人所讲偏重其内在,而西方人则偏重于外在,双方显然有不同。

人与人间的花样,本极复杂,有种种不同。如大舜,他父母都这样地坏,他一弟又是这样坏,可说是一个最不理想的家庭。然在这最不理想的环境与条件之下,却化出舜的一番大孝之道来。夫妇也一样,中国古诗有"上山采蘼芜,下山逢故夫"一首,那故夫自是不够理想,但那位上山采蘼芜的女子,却化成为永远值得人同情欣赏与怀念的人。可见社会尽复杂,人与人配合的花样尽多,尽无准,但由此化合而成的"人文",在理想中,却可永远有一"道"。因此中国传统文化理想,必以每一个人之内心"情感"作核心。有此核心,始有"人文化成"与"情深文明"之可能。然而这亦并非如西方人所谓的个人主义。在个人与个人间相平等,各有各的自由与权利,此乃西方人想法。中国社会里的个人,乃与其家庭、社会、国家、天下重重结合相配而始成为此一人。人必在群中始有"道",必与人相配成伦始见"理"。离开对方与大群,亦就不见有此人。因此"个人"必配合进"对方"与"大群",而一切道与理,则表显在个人各自的身份上。因此中国传统文化理想中之每一人,可不问其外在环境,与其一切所遭遇之社会条件,而可以无往而不自得。换言之,只要他跑进人群,则必有一个道,而这道则就在他自身。己立而后立人,己达而后达人,尽己之性而后可以尽人之性,尽物之性。自己先求"合道",始可望人人各合于道。这一理想,照理应该是人人都能达,但实际则能达此境界理想者终不多,此即中国所谓之"圣人"。但照理论,又还是人皆可以为尧舜，人人皆可为圣人的。

中国传统文化理想，既以个人为核心，又以圣人为核心之核心。孟子说"圣人名世"，这是说这一时代出了一个圣人，这圣人就代表了这时代。等如我们讲埃及文化，就拿金字塔作代表。讲中国古代文化，并不见有金字塔，却有许多传说中的圣人像尧舜。中国之有尧舜，也如埃及之有金字塔，各可为其时文化之象征与代表。

在《孟子》书中，又曾举出三个圣人来，说：伊尹圣之任者也，伯夷圣之清者也，柳下惠圣之和者也。人处社会，总不外此三态度。一是积极向前，负责，领导奋斗，这就如伊尹。一是甚么事都不管，躲在一旁，与人不相闻问，只求一身干净，这就如伯夷。还有一种态度，在人群中，既不像伯夷般避在一旁，也不像伊尹般积极尽向前，只是一味随和，但在随和中也不失却他自己，这就如柳下惠。以上所举"任""清""和"三项，乃是每一人处世处群所离不开的三态度。在此三种态度中，能达到一理想境界的，则都得称圣人。只有孔子，他一人可以兼做伯夷、伊尹、柳下惠三种人格，孟子称孔子为"圣之时者"。因孔子能合此三德，随时随宜而活用，故孔子独被尊为"大圣"，为"百世师"。

现在再说伊尹。他所处时代并不理想，那时正是夏、商交替的时代，传说伊尹曾五就桀，五就汤，他一心要尧舜其君，使天下人民共享治平之乐，而他也终于成功了。伯夷当周武王得了天下，天下正庆重得太平之际，但他却不赞成周武王之所为，饿死首阳山，一尘不染，独成其清。柳下惠则在鲁国当一小官，还曾三度受黜，但他满不在乎。他虽随和处群，但也完成了他独特的人格。

在《论语》里，孔子也曾举了三个人。孔子说，殷有三仁焉，微子去之，箕子为之奴，比干谏而死。孟子云："仁者，人也。"此所谓"三仁"，也即是处群得其道之人，也可说其是"三完人"，即三个人格完整的人。当商、周之际，商纣亡国了，但在朝却有三个完人，也可说他们都是理想的人，也可说他们都是圣人。此三人性格不同，遭遇也不同。我以为比干较近伊尹，大约他是一个负责向前的，不管怎样也要谏，乃至谏而死。微子则有些像伯夷，看来没办法，自己脱身跑了。后来周武王得天下，封他在宋国，他也就在宋国安住了。箕子则有些像柳下惠，他还是留在那里，忍受屈辱，近于像当一奴隶。

此刻我们以《论语》《孟子》合阐，可说人之处世，大体有此三条路。此三条路则都是大道，而走此三条路的也各可为圣人，为仁者。我刚才提到的三位大文学家，屈原就有些近伊尹，忠君爱国，肯担责任，结果沉湘而死，却与比干相似。陶渊明就如伯夷，又如微子去之。"归去来兮，田园将芜胡不归"，他就洁身而去了。杜甫就如箕子，也如柳下惠。给他一小官，他也做，逢什么人可靠，他都靠。流离奔亡，什么环境都处。他不像陶渊明那般清高，也不像屈原那般忠愤积极，然而他同样也是一完人。数唐代人物，决不会不数到杜甫。

但如上所举，这些人，尤其是"清"的"和"的，往往可以说他们多不是一个历史舞台上人物，他们在历史舞台上似乎并不曾表现出什么来。只有"任"的人，必求有表现，但亦有成功、有失败。失败的有些也不成为历史人物了。但无论如何，这些人，都是中国理想文化传统中的大人物，他们承先启后，从文化大传统来讲，各有他们不可磨灭的意义和价值。

四

我往年在美国耶鲁大学讲历史，主张历史必以"人"作中心。有一位史学教授特来和我讨论，他说我的说法固不错，历史诚然应拿人作中心，但人也得有事业表现，才够资格上历史。倘使没有事业表现，则仍不是历史上的人。他这番话，其实仍是主张历史中心在事不在人。我和他意见不同，却也表示出双方文化观念之不同。在西方人看来，一个哲学家，必因其在哲学上有表现；一位宗教家，必因其在宗教上有表现；一位艺术家，则必在艺术上有表现；一位科学家，则必在科学上有表现。在事业表现上有他一份，才在历史记载上也有他一份。若生前无事业表现，这人如何能参加进历史？然而在中国人观念中，往往有并无事业表现而其人实是十分重要的。即如孔子门下，冉有、子路的军事、财政；宰我、子贡的言语、外交；子游、子夏的文学著作，都在外面有表现，但孔门弟子中更高的是颜渊、闵子骞、冉伯牛、仲弓，称为"德行"，列孔门四科之首，而实际却反像无表现。

今且问无表现的人物其意义在哪里？价值又在哪里呢？此一问题深值探讨。儒家思想正侧重在这一边。试读中国历史，无表现的人物所占篇幅也极多。即如司马迁《史记》七十列传第一篇便是伯夷叔齐，此两人并无事业表现。太史公独挑此两人为传之第一篇，正因他认为这类人在历史上有大意义、大价值与大贡献。又如读陈寿《三国志》，曹操、诸葛亮、孙权、周瑜、司马懿人物甚多，后人却说三国人物必以管宁为首。管宁独无事业表现，他从中国远避去辽东，曹操特地请他回来，他回来了，也没干什么事，何以独被认为三国时代的第一人物呢？中国历史上所载人物，像伯夷、管宁般无所表现的历代都有，而且都极为后人所重视，正因认为他们在历史上各有他们莫大的意义与价值之贡献。我不是说人不应有表现，人是应该有所表现，但人的意义和价值却不尽在其外面的表现上。倘使他没有表现，也会仍不失其意义与价值之所在。那些无表现的人，若必说他们有表现，则也只表现于他们内在的心情与德性上。中国古人说三不朽，立德为上，立功、立言次之，功与言必表现在外，立德则尽可无表现，尽可只表现于其内在之心情与德性上。

历史事变，如水流之波浪，此起彼伏，但仅浮现在水流之上层。而文化大传统则自有一定趋向，这是大流之本身。文化大流之本身就是我们"人"，人是大流本身，而沉在下层。人事如波浪，浮在上面。风一吹，波浪作了；风一停，波浪息了。而大流本身则依然。正因中国文化传统看重此本身，所以到今天，中国历史传统仍还没有断。商亡有周；周亡有秦汉；秦汉亡了有唐宋；有元明清以至现在。历史命脉显然只靠"人"。政治可以腐败，财富可以困竭，军队武力可以崩溃不可挽救，最后靠什么来维持国家与民族？就因为有人。从中国历史上看，不论治、乱、兴、亡，不断地有一批批人永远在维持着这"道"，这便是中国历史精神。

西方人只看重人在外面的表现，没有注重到它内在的意义与价值。如看埃及、看巴比伦、看希腊、看罗马,乃至看近代欧洲,他们所表现在外的尽辉煌,尽壮阔,但似乎都未免看重了外面而忽略了人本身的内在意义与价值,因此不免太偏重讲物质、讲事业。但物质备人运用,事业由人干济,而人则自有人的内容和意义。

即就语言文字论,西方人在此方面亦重外面分别,而没有把握其在内之共同点。因此他们有少数人(man)、多数人(men),有男人(men)、有女人(women),却没有一共同的"人"字。又把人分成国别,如中国人(Chinese)、日本人(Japanese)、英国人(English)、美国人(American),如此脱口而出,却忽略了他们同样是个"人"。用中国语言文字说来,如男人、女人、大人、小人、黄人、白人、黑人、红人、中国人、日本人、英国人、美国人、亚洲人,总之一视同仁,都是"人"。这是中国文化中最伟大的第一点,可惜是被人忽略了。

话虽如此,中国人却又在人里面分类、分等级。由西方人讲来,人在法律之下是平等的,但在中国传统文化观念之下,虽同样是人,却尽有其不平等。因此有好人、有坏人;有善人、有恶人;有大人、有小人;有贤人、有圣人。中国人骂人不是人,说"你这样算不得是人"。今且试问,人又怎样不算人?从生物学上讲,五官四肢齐全便是人;从西方法律上讲,人同等有权利和地位,谁也取消不了谁。从西方宗教上讲,人又都是上帝的儿子。但中国人对这个"人"字却另有一套特别定义。人家尽加分别,中国人不加以分别;人家尽不加以分别,中国人独加以分别。此处实寓有甚深意义,值得我们注意和研究。

五

现在我将讲到中国文化中一最伟大所在，仍从历史讲起。如上面讲到商朝末年，以及三国时代，或者像我们今天，这都算是十分衰乱之世，但无论如何，人则总可以成一人。不问任何环境、任何条件，人则都可各自完成为一人，即完成其为一个有意义、有价值、合理想、合标准的人。换言之，人各可为一"君子"，不论在任何环境条件下，都可以为一君子。有人砍了我头，我死了，但我可仍不失为一君子。或有人囚我为奴，但我也得仍为一君子。我或见机而作，脱身远扬，逃避到外国去，也仍得成为一君子。

今天的中国人，一心都想去美国，若我们能抱有中国文化传统，像箕子去韩国，管宁去辽东，朱舜水去日本，多有几个中国人去美国岂不好？所惜的只是目前的中国人一到美国，便不想再做中国人。或者他没有去美国，也早已存心不想做中国人。好像做一中国人，无价值意义可言。这种想法，也无非从外面环境条件做衡量。我并不提倡狭义的国家民族观念，说生在中国土，死为中国鬼，我定该做一中国人。上面讲过，中国人讲"人"字，本来另有意义。在中国传统文化之下，任何人在任何环境、任何条件下，都可堂堂地做个人，亦无中国、美国之分别。而且做人，可以每天有进步。若一个人能生活得每天有进步，岂不是一个最快乐的人生吗？而且纵说每天有进步，进步无止境，又是当下即是，即此刻便可是一完人。只在当下，可以完成我最高的理想，最完美的人格，而不必等待到以后，自然也不必等待死后升到上帝的天国，才算是究竟。就在这世间、这家庭、这社会里，我当下便可成一完人，而又可苟日新，日日新，又日新，日新其德，做新民，在其内心自觉上，有日进无已之快乐。一步一步地向前，同时即是一步一步地完成。这样的人生，岂不是最标准、最理想、最有意、最有价值吗？孔子说，贤哉回也，吾见其进，未见其止。颜渊正是一天天在那里往前进，没有见他停下来。颜子同门冉有，他是那时一位大财政家，多艺多能，很了不起。然他内在人格方面却没有能像颜渊般一步步地向前。若仅就表现在外的看，似乎颜渊不如冉有。但从蕴藏在内处的看，则冉有远逊于颜子。这一意见，在中国一向早成定论，更无可疑的。

因此今天我们要来提倡中国文化，莫如各自努力先学做人，做一理想的中国人。若真要如此，必然得研究中国历史，看历史上的中国古人是如何样生活。这一番研究，仍该把我们各人自己的当前"做人"作中心。旋乾转坤，也只在我内心当下这一念。君子无入而不自得，可以苟日新，日日新，又日新，有进无止。而且匹夫匹妇之愚，也同样可以如此修行而获得其完成。中国这一套人生哲学，可以不需任何宗教信仰而当下有其无上的鼓励和满足。只可惜我在这里只能揭示此大纲，不及深阐其义蕴。但这是中国文化传统精义所在，其实是人人易知，不烦详说的。

今试问，如此一套的哲学，若我们真要履行实践，在我们今天这社会上，和我们所要努力的事业上，有什么妨碍呢？我想这显然没有丝毫的妨碍。不论我们要做的是大事或小事，乃至处任何社会，在任何环境与条件之下，上面一套哲学，总之不会给予我们以妨碍，而只给予我们以成功。我们纵使信仰了任何宗教，亦不会与此有冲突。它是一个最真实最积极的人生哲理，而又简单明白，人人可以了解，可以践行。

我们今天总喜欢讲西洋观念，像说"进步"，试问如我上述中国儒家那一套"日新其德"的理论，不也是进步吗？又如说"创造"，那么在我们传统文化里，也曾创造出如我上举伊尹、伯夷、柳下惠、屈原、陶潜、杜甫等数不清的人物了。在今天我也可以日新其德，自求进步，终于创造出一个理想的"我"来。说"自由"，这是最自由的，试问做任何事，有比我自己要做一个"理想我"这一事那样的自由吗？说"平等"，这又是最平等的，人人在此一套理论下，谁也可以自由各自做一个人，而做到最理想的境地。说"博爱"，这道理又可说是最博爱的。人人有份，不好吗？此所谓"苟日新，日日新，又日新，作新民"，从各自的"修身"作起点，而终极境界则达于"天下平"，使人人各得其所，还不算是博爱之至吗？

可惜是我们这一套哲学，向来西洋人不讲，所以我们也不自信、不肯讲。西方人的贡献，究竟在向外方面多了些。开物成务是向外的，他们的宗教、法律、文艺、哲学等等成就，主要精神都向外。正因其向外，一旦在外面遭逢阻碍挫折，便会感到无法。而中国传统文化则重向内，中国社会可以不要宗教、法律而维持其和平与安定。中国人生哲学可以不论治、乱、兴、衰而仍然各有以自全。在历史上，不断有走上衰运的时期，像是天下黑暗，光明不见了，但还是一样有人，一样有完人。凭这一点，中国文化能维持到今天，中国民族及其国家亦能维持到今天。我们在今天要来认识中国文化，提倡中国文化，则莫如各人都从这方面下工夫。困难吗？实在是丝毫也不困难。

我这十几年来，到台湾，始知有一吴凤；到美国，始知有一丁龙。吴凤如伊尹，丁龙则如柳下惠。吴凤、丁龙都是中国人，是在中国传统文化中陶铸出来的人。他们在历史上似乎没有地位、没有表现，但使我们今天又出一个太史公来写新《史记》，定会有一段篇幅留与吴凤与丁龙。诸位当知，中国社会、中国文化，乃至中国民族与中国历史，就在像吴凤、丁龙那样做人的精神上建立而维持。我们只深信得这一层，可以救自己、可以救别人、可以救国家与民族。中国的文化传统可以长辉永耀在天地间。这是我今天讲这题目主要的大义。

（一九六三年七月十一日"国防研究院"演讲，

刊载于"国防研究院"《中西文化论集》）

中国历史人物

一

讲文化定要讲历史，历史是文化积累最具体的事实。

历史讲人事，人事该以人为主，事为副。非有人生，何来人事？中国人一向看清楚这一点。西方人看法便和我们不同，似乎把事为主，人为副，倒过来了。因此，西方历史多是纪事本末体。中国虽有此体，但非主要。中国史以列传体为主，二十四史称为"正史"，最难读。一翻开，只见一个一个人，不易看见一件一件事。如读《史记》，汉代开国，只见汉高祖、项王、张良、韩信、萧何许多人，把事分在各人身上。《尚书》是古代的纪事本末体。此下要到宋代袁枢才有《通鉴纪事本末》，只便初学，进一步再读编年史如《通鉴》，更进一步始读正史列传。今天我们一切学术教育都学西洋，因此学校讲历史都重事，不重人。如讲楚、汉战争，汉高祖怎样打项羽？固然要讲到人，但只以事为主。有一年，我在美国亲同他们一位史学家辩论过这一问题。他说："历史固应以人为主，但此人若无事表现，如何跑上历史？"我说："此事难说，因其牵涉到中西双方整个文化体系上面去。我且举一个明显的例。在中国有很多人没有事表现而也写进历史，而且这类人决不在少数。"我们今天不论大学乃至研究院，讲史学虽是分门别类，注意都在事上。如讲政治制度，没有一个绝对是与好的制度。制度总是要变，并无千古不变，亦无十全十美的制度。如讲社会经济，一切有关经济的理论思想及其事实，也都随时而变。在坏制度下，有好人总好些。在好制度下，有坏人总不好些。思想要有事实表现，事背后要有人主持。如果没有了人，制度、思想、理论都是空的，靠不住的。而所谓人之好坏，此一标准，则比较有定不易变。此刻把历史分类讲，政治史、社会史、经济史、外交史、军事史等，一切完备；却不注重历史里面的人，至少是隔一层，成为是次要、不是主要的。制度由人来，某些人起来了，才有此制度。思想亦由人即思想家来。所以我今天特别要讲历史上的人。最大希望，要我们都能变成历史人物。要来维持历史，复兴历史，创造历史，都得要有人。

讲到历史人物，当然要讲历史。世运与人物总是相随而来的。时代不同，人物也跟着不同。中国人一向看历史总要变，故说"世运"。历史时时在变，世运总是不能停在一个状态下。我们把历史上一切时代大体分别，不外有两种；不仅中外如此，古今如此，以后也如此；某种时代，我们称之为治世，太平安定，慢慢地变成了盛世。某种时代由盛而衰，由衰而乱，变成为衰世与乱世。历史千变万化，不外这一个治乱盛衰。当我小孩子时，学校老师告诉我，中国历史一治一乱，西方历史治了不再乱。我当时虽很年幼，听了那位先生的话，觉得这是一个大问题，如何使中国历史也能治了不再乱。但我后来读了历史，渐认为在西方，治了也会乱，盛了也还衰。我到今天短短七十多年生命，亲眼看到西方社会之由盛而衰，由治而乱。欧洲自第一、第二次世界大战以来，一切大变。特别刺激我的，如英国。当时读世界地理，所用地图是英国制的，只要这地方由它统治，都画上红色。譬如香港一个岛，也画上一条红线。一张世界地图，到处都有红颜色。英国被称为是一个太阳不会掉下去的国家，全世界有英国国旗，太阳永远照在他们的国旗上。可是今天呢？

我年龄慢慢大了，又听人讲，可惜我们生在这时代，是一个衰世乱世。即如对日抗战到今天，到处奔跑流亡，可说是只在国家偏安局面内生活。若我们生在太平盛世不好吗？但我们读史，好像治盛世历史人物该是又多又好，否则怎样会治会盛？衰世乱世，该是人物又少并坏，否则怎样会衰会乱？而实际并不然。但也只能看中国史。西洋史专重事而忽略了人，打仗胜败不同，国家强弱不同，只见了事，不见事背后之人。今天我们社会一般知识分子，慢慢接受西方影响，只论治乱强弱，却把一般中心的主持人物也忽略了。若使我们把二十五史来做一统计，我能先告诉你们一结论。中国史上第一等大人物，多在乱世衰世。所谓大人物，他不仅在当世，还要在身后，对历史有影响，有作用，这才是大人物。影响作用愈大，此一人物也就愈大。而所谓人物，起于衰世乱世的反而更多更大，起于盛世治世的反而更少更差一点。这不奇怪吗？实亦不奇怪。若使衰世乱世没有人物，或人物不够伟大，此下怎会又变成治世盛世？中国历史之所以能一盛一衰，一治一乱，正因为在衰世乱世有人物，下边才开创新历史，由乱返治，由衰转盛。若我们不注意人物，重事不重人，那么天下衰了乱了，更没有人了，此下便会没办法。希腊罗马之没落便在此。此刻的英国法国何时再复兴，也是问题。今天轮到美国与苏俄，成为世界上两强。然而从历史过程论，治下仍然定会有乱，盛后定然会仍有衰。即如美国，但论人物，如华盛顿林肯这些人，似乎到今天便不易得。

在中国最可说是乱世的，即如春秋，孔子即生在此时。尧、舜、禹、汤、文、武、周公，都是在治世，孔子却是在衰世乱世。但孔子学生说："夫子贤于尧舜。"此论人，不论事。乃论身后，不论生前。孔子对历史的影响与作用，远胜过尧、舜、禹、汤、文、武、周公，此刻是证明了。

春秋以后有战国，更衰更乱。但我们讲中国历史人物，战国要占第一位。我不能把战国人物从头讲，但如孟、荀、庄、老这许多人，只讲思想一方面，其影响后代中国实是大极了。汉代中国一统，当然是治世盛世，可称为中国历史上的黄金时代；但汉代人物显然不如春秋战国。汉代之盛，还是受了春秋战国时代的人物影响。

再把汉朝整个来讲，东汉不如西汉，然而人物却比西汉多，而且有大人物。姑举学术上人物来讲，东汉最伟大的经学家郑玄，西汉便无其比。汉武帝表彰六经，罢黜百家，西汉一代，经学盛起，也不能说他们没有贡献。然在两汉经学家中，人物最伟大，对将来最有影响、最有作用的却是郑玄。郑玄死在东汉末年，黄巾之乱，董卓到洛阳，东汉快亡了。郑玄一生正在东汉的衰世乱世中，然而却成为一最伟大的经学家。若使我们承认儒家经学对中国文化中国历史有大影响、大作用，那么论其影响作用之最大的就该是郑玄了。

　　说到唐朝，也是一个治世盛世。但论唐代人物，就不如后面的宋朝。宋朝纵不说是乱世，却始终是一衰世。我说唐不如宋，不是讲他们的开国时代。唐高祖唐太宗下面这一批人，这一个集团，我们暂置不讲。在唐玄宗开元之治以前的人物，实不如天宝之乱以后的人物来得多，来得大，表现得更像样。论宋代，比较太平当然是北宋，然而最伟大的人物却出在南宋。单从学术上讲，如朱子，他在学术史上的地位还当在郑玄之上。明朝又是盛世，可是人物更衰落。清代也算是一个盛世，最盛在乾嘉，而乾嘉时代人物却较逊。论其经学，仅如此刻在图书馆里一个写博士论文的，哪比得清初一些大人物。那是明代快亡，大乱已至，人物却竞兴迭起。

　　我们试再讲衰世。春秋战国以后有三国分崩，可说是一个乱世，可是三国就出了很多人物。又如元代，蒙古人跑进中国来，而元代也出了很多各方面的人物。元代只有短短八十年，明太祖起来，他下面如刘基、宋濂一大批人跟他打天下，却都是在元代培养起来的。唐代也一般，跟唐太宗起来打天下的，都是隋代人物，远由南北朝时代培养而来。唐代兴国，一切规模制度，都由北周至隋订下。再往上推，由汉高祖到汉武帝，西汉初年人物，一切都从战国时代人的脑筋里酝酿成熟，到汉初才表现出来。因此我们可得一结论，但这只是照中国历史讲，西方历史似乎并不然；这一结论，便是中国文化最特别的地方，即其在衰世乱世，人物更多更伟大，胜过了治世盛世的。

二

　　大体上说，历史有上层，有下层。我们当知，历史不是一平面。像一条水，有其浮面，有其底层。浮面易见，底层不易见。如说政治上轨道，同时必是社会也上了轨道。社会不上轨道，单要政治上轨道却不易。上面政治人物都从下面社会起来。我们可以说，底层比浮面更重要。我们讲历史人物，也可分作一部分是上层的，另一部分是下层的。跑到政治上层去的人物，是有表现的人物，如刘邦项羽都是。还有一批沉沦在下层，他们是无表现的人物，但他们在当时以及此下历史上，一样有影响，有作用。可能他们的影响作用更胜过了那些有表现的。如读《左传》，那是春秋时代二百四十年一部极详尽的历史。但孔子在《左传》里不占地位。《左传》里讲到孔子，可说是微不足道，哪能和其他人物相比？孔子在《论语》中所称赞的春秋人物，前面有管仲，后面有子产，都是在当时有表现的。我们读《左传》，上半部就注意到管仲，下半部就注意到子产。大国有人物，如管仲之在齐。小国也有人物，如子产之在郑。若论人物价值，子产并不定差于管仲。大国人物有表现，小国人物一样有表现。孔子却像是一无表现的人物。纵说有表现，也是微不足道。但《左传》里还找得到孔子，却找不到颜渊。颜渊虽不见于《左传》，对将来中国历史仍有他的大影响，大作用。孔子颜渊的影响作用，还胜过了管仲子产。因此我们可以换句话说，管仲子产是一个时代人物。历史上不断有时代之变，秦变汉，隋变唐。但时代变了，历史仍不变。至少一部中国历史是如此。所以我们讲历史，不要太着重其上层浮面的，我们还该更着重其底层下面的。我们读《左传》，不要只知道有管仲子产，更要当心，那时还有孔子，甚至有颜渊。只是孔子颜渊没有在那时的浮面上层参加过大事情，所以不入历史记载。若把整部中国历史来看，孔子地位，远在尧舜之上。而颜渊虽一无表现，对后来中国有影响，有作用，也并不比管仲子产弱了。所以所谓有表现与无表现，也只就狭义来讲。如果没有表现，怎样在历史上直传到今天？他表现的便是他这个"人"，而非表现在他做的"事"。此所谓事，也是狭义的，只是历史上浮面上层的事。

再讲三国，乌七八糟，可说是乱世，而且乱极了。但在中国历史上，除了战国，中国人最喜欢读的应是三国史。今天任何一个中国人，都知道些三国史。也许是因为有罗贯中作了《三国演义》，但罗贯中为何来作《三国演义》？《三国演义》为何能如此流传？正因为三国时代人物多，而且真算得人物。即如曹操，那是历史上的反面人物，他也有影响，有作用；只是些反影响，反作用。像近代袁世凯，也是反面人物，把他与孙中山先生一比便知。在当时，大家有表现，但孙中山先生是一个历史人物，袁世凯只是一个时代人物，而且是一个反面人物。此刻再来讲三国时代的正面人物。诸葛亮就了不得，有了一个诸葛亮，全部三国历史就光明了，一切都变成有色彩，有意义。但中国后来人品评三国人物，却推管宁为第一人。管宁在那时一无表现，天下乱，他跑了，流亡到辽东。曹操也是了不起，听说有个管宁，无论如何要他回来。管宁不得已回来了，但绝不在曹操政权下有表现。说是病了，不能出来做事。曹操派人到他家里去察看，回来把管宁的日常生活做一报告，这一报告却记载在历史上。曹操说：

"既这样，我们也不必勉强他。"管宁年轻时，与一朋友华歆共学，门外有车马声，华歆说："什么人经过呀！"出门去看。回来，管宁与之割席而坐，说："尔非我友也。"后来华歆做了魏国大官。由此可知，一个了不起的人物，不一定要有表现。有表现的，或许还不如无表现的。我们下面且慢慢讲。

三

所谓表现，有表现而成功的，也有表现而失败的。普通我们说，中国人喜欢表扬失败英雄。其实失败了还有什么值得表扬？我们当认识失败的无可表扬，也不该表扬。国家民族要成功，历史也要成功。可是历史上确有失败的人，这等人或许也有人称他为人物或英雄。如西方历史上，古代有亚力山大，近代有拿破仑，都不曾成功。更如近代德国希特勒，更可怕。不只是他个人失败，而且其遗害于国家民族，乃及四围人群者，亦不小。这等人何该学。所以失败英雄不该表彰。但是，在法国首都巴黎，一切市容建设，以拿破仑做中心，环绕凯旋门八条大道四面分布，形成了巴黎市区。另一部分，以拿破仑坟墓做中心。巴黎市容所表现的，就是一个拿破仑。好像法国人认为拿破仑还是他们的第一号人物。今天的戴高乐，就想学拿破仑，失败显然放在面前。今天大家希望德国人不要再学希特勒，连西德人也怕希特勒精神之复活。美国首都华盛顿一切市容建筑模仿巴黎，由国会法院一条大道直往华盛顿铜像，这是整个市区的中心；白宫只是旁边一个小建筑。华盛顿是一个成功人物，但华盛顿市容究是以国会为主，这是西方人重事业表现更重过于人物完成之一证。但美国究比法国前途有希望。只以两国首都建设为例，即可说明。英国伦敦又是另一样，西敏寺代表着神权时代，白金汉宫代表着王权时代，国会代表着民权时代，三个建筑并存。这是英国精神，而其重事不重人则可知。虽亦有很多名人埋葬在西敏寺里，究已是第二等。最受大家注意的，自然是西敏寺，是皇宫与国会，是一些物质建设。

再论在中国史上的所谓失败人物，其实是并未失败。即如南宋岳飞，他若成功，南宋就可复兴，然而岳飞失败了。但岳飞只在当时是失败，他在后世有成功。又如文天祥，倘使没有一个文天祥，那将是一部中国历史的大失败。蒙古人跑进中国来，出来一个文天祥，他虽无助于南宋之不亡，然而文天祥可以维持中国民族精神直到今天，因此他还是未失败。换句话说，就他的个人论，他是失败了。从整个历史论，他是成功了。所以我们说历史人物中，还该有"时代人物"和"历史人物"之分别。

今再说成功失败关键何在？我可说，失败是由于他的外在条件，而不在他本身内在的条件上。岳飞事业之失败，不是失败在岳飞本身之内在条件，不是他自己这个人失败了。宋高宗、秦桧，一切外在条件，使岳飞失败。而岳飞个人之内在条件，则使岳飞成功了。成功的乃是岳飞这个人。文天祥的外在条件根本不能讲，比起岳飞来更差了，他当然要失败。蒙古军队来，当时的南宋，是无法抵抗的了，然而文天祥还是要抵抗；文天祥自己这个人是成功了。他的内在条件并没有欠缺，留下他这一个人在历史上，对将来中国贡献大，有大影响，大作用。单只一件事，事是留不下来的。因历史一定要变。孔子若做了鲁国宰相，当了权，他的成绩可能比管仲更大，或许孔子可与周公相比。然而纵是周公政绩伟大，也只表现在事上。一切都得变，西周仍变了东周。倘使做了一件事，可以永远存留，永存不变，那么也没有了历史。从前人的事业都做好在那里，我们将无可再表现，更没有什么事可做。但人就是要做事，没有事可做，又要这些人何用？人到没有用，历史自然也断了。所以我们并不希望每一件事可以永远留传，我们只希望不断有新人，来做新事，有新的成功。历史存在依人不依事，而人则是永可以存在的。西方人能在历史上永远存在的，比起中国来是太少了。耶稣钉死十字架，他是一个失败的人，然而耶稣实是永远存在，所谓的十字架精神也永远存在。到今天，信耶稣教也好，不信耶稣教也好，都不能不承认耶稣之伟大和他的成功。最成功的还是他自己这个人。他说他死了要复活，他这一个人永远流传到今天，还是存在，不是他复活了吗？我们也可说，岳飞的风波亭精神，岳飞是复活了。到今天，岳飞还在这世上。至少我们中国人了解岳飞，岳飞还在我们中国人心里。

中国人的人生理想，有一个最高要求，就是"只许成功，不许失败"。但成功有许多是要外在条件的。而我们有一个办法，使一切外在条件不足以屈服我，只要我有内在条件便得。若说不要内在条件，这也无所谓成功与失败了。上帝生人也有条件，若说不要一切条件而能成功，也就不成其为人。做人不能无条件。我们希望的，只讲内在条件，不讲外在条件，而也能有成功。上帝只生我们一个可能，每个人都可能做孔子与耶稣。孔子说："十室之邑，必有忠信如丘者焉，不如丘之好学也。"好学是他的内在条件。忠信之性，是上帝给他的，是他的外在条件。但只有这一个基本条件是外在的，而同时又是内在的。难道如曹操以至如袁世凯，就天生他是一个不忠不信的人吗？中国人不承认这句话。生下来都一样，这是一可能。再加上一切内在条件，其他外在的可以不妨事。今天我们都嫌外在条件不够。我们生在衰世乱世，外在条件当然不够。然即是生在盛世治世，外在条件还是会不够。我们今天说要改造环境，就得充足我们的内在条件。你先得成一个人物，才能来改造环境，来充足一些外在条件。若你没有成一个人物，内在条件不够，一切外在也没有法改，纵使有了外在条件也不行。

似乎西方人是太着重外在条件的，然而我们看西方历史，还是和中国历史一般。耶稣时候的犹太人，在罗马帝国统治下；我们读耶稣的《新约》，他没有讲到罗马统治，似乎外在条件不在他脑筋里，不在他考虑之列。然而外在条件毕竟在书中也讲到，譬如税吏，是罗马派来的，耶稣便无奈何他们。所以耶稣说："凯撒的事让凯撒去管。"这是当时犹太人的一项外在条件。到今天，世界只有信耶稣的人，更没有了耶稣，而凯撒则仍可到处遇见。你若说，定要打倒了凯撒，才能完成一耶稣，也没有这回事。我们还可以另换一句话来讲，还是美国人争取得了自由与独立，才有一个华盛顿的呢？还是由华盛顿来为美国争取到自由和独立的呢？照中国人想法，则更有进者。应该是拿去了华盛顿的事业，还有华盛顿这样一个人，他还可能是一个了不起的人。

但这也不是中国人看轻了事业。即如我们孙中山先生，倘使他没有能创造成中华民国，即就他个人来说，如他的思想和言论，还是一个孙中山先生，或许他会更伟大。因把一切事业功名放在他身上，好像他这个人就圈在他事业功名的里面，为他的事业功名所束缚，他所表现的好像就在这范围内。周公不如孔子，不在别处，只在周公其人为周公的事业所限，限在这事业里面。要是懂的人，自知周公怎样会有他这一番事业，在他事业背后还有他这个人。如此来真了解周公的是孔子，孔子也希望能像周公般在这世上做一番事业，然而外在条件不够。在政治上，在历史上层，孔子等于无所表现。然而后来人看孔子，反少了一束缚，一范围。而孔子之为人，转因此而十足表现出来，比周公更清楚。今天我们来讲周公，自然要讲周公这一番事业。但讲过他的事业就完了，在其事业背后之这个人，反而忽过了。来讲孔子，孔子无事业可讲，就只得讲他这个人。然而"人"的影响胜过了"事"的影响，所以孔子在后来历史上的作用，反而在周公之上。因此我来讲历史人物，特地希望我们要看重人，拿人来作榜样，做我们一个新的教训、新的刺激，可以感发我们，使我们大家各自来做个人。有了人物，哪怕会没有历史？

一部二十四史，把许多人试为分类，有治世盛世人物，有衰世乱世人物，有有表现的人物，有无表现的人物，有成功人物，有失败人物。但读者不要认为我只讲某一边，不讲另一边。今试再来讲中国的历史人物。

四

上面分法，都从外面看，此下当从人物之内面看。我认为中国历史上人物，大体说只有两种，一是"圣贤"，一是"豪杰"。直到今天，中国人一路讲圣贤，但究竟如何才算得一圣人与贤人，其间自有不少争论。此刻且不讲。再讲第二种，中国人所谓之豪杰。我们看历史人物，无论其在政治上层或社会下层，有表现与无表现，成功与失败，或在太平盛世，或在衰乱世，得成为历史人物的，大体说来只有两种，即圣贤与豪杰……朱子讲过："豪杰而不圣人者有之，未有圣人而不豪杰者也。"同时陆象山极称此言以为甚是。此刻我想把朱子此语再略修改，因我们说"圣贤"，并不像说"圣人"。单说圣人，似较严格；兼说圣贤，则较为宽泛。我想说：圣贤必然同时是一豪杰，豪杰同时亦可说是一圣贤，二者貌离而神合，名异而实同。其实圣贤豪杰也和我们平常人一般，就其和平正大能明道淑世言，则谓之圣贤。就其崇尚气节能特立独行言，则谓之豪杰。我们此刻来讲中国历史人物，请读者不要太重看了"圣贤"二字，我们且先看重"豪杰"二字。我们纵不能做个圣贤，也该能做个豪杰。尤其在这衰世乱世，做人总要有点豪杰精神，不然便会站不住脚，挺不起腰。做豪杰，便是做圣贤的一条必由之路。不从豪杰路上行，绝不能到达圣贤地位。圣贤就是一个豪杰，只让人不觉其为一豪杰而已。我在下面将慢慢讲出豪杰如何是圣贤、圣贤如何是豪杰的道理。

今试问：圣贤与豪杰，既然有此两个称呼，则其分别究在哪里？我想这个分别，简单地讲，只在其表现上。圣贤一定要能"明道淑世"。这个世界在他手里，他就能把这个世界弄好，这叫"淑世"。要淑世，当然先要能明道，使此道明扬于世。如我们生在汉武帝时代，汉武帝表彰六经，罢黜百家，你要来明道淑世，做一个董仲舒，当然省力。你如在唐太宗时代,来做一个魏徵、房玄龄、杜如晦,也较省力。因外在条件配得上。这些人,纵不能说他们便是圣人,但至少也该说他们是贤人。可是在某种环境下,外在条件配合不上,种种不如意,那么你至少要有一本领,能"特立独行"。不论外面条件,我还是我。这样他便是一豪杰了。孔子孟子,何尝不从特立独行的路上过,不然也不成其为孔子与孟子。要能特立独行,从外面看,便是"尚气立节"。人总得要有一股气。孟子所谓:"吾善养吾浩然之气。"一个豪杰,正为他有一股气。这"气"字,不能拿现代的科学生理学或物理学来讲。中国人普通讲话,常说这人有"志气",志下连带一气字;其实气只是其志。要立志便不容易。有人说,我未尝无此志,只恨外面条件不够。如此之人,则是虽有志而没有气,所以志也不立,就没有了。又如说"勇气",勇也要有股气。没有气,怎能勇?"三军可夺帅也,匹夫不可夺志也。"中国人讲智、仁、勇三德,智与仁之外,还要有勇。孔子说"吾十有五而志于学",一直到他老。孔子正为有一股气,所以这个志立了不倒退,到老不衰。只在圣人身上,比较不着痕迹。一个豪杰之士,则显然看出他的一股气来,随时随地随事都见他尚气;又比较显露,或比较有偏,所以他是一豪杰。有志有勇,所以能立节。"节"是有一个限度,有一个分寸。不论世界衰乱,我做人必有限度,必有分寸,那便是一豪杰。因此豪杰必讲气节,能特立独行。到得圆满周到处便是圣贤。圣贤便能明道淑世。但道德也定要从气节来,气节也必要站在道德上。若说人身生理,有血气,有骨气;从血气中有勇,从骨气中见志。人不能做一冷血动物软骨汉,人之死生也只争一口气。天下不能有无血无气无骨的道德，也不能有无血无气无骨的圣贤。我们也可说，中国历史是一部充满道德性的历史。中国的历史精神，也可说是一种道德精神。中国的历史人物，都是道德性的，也都是豪杰性的。

只要他是个圣贤，可不问他的功业。只要他是一个豪杰，也可不论他的成败。中国最大圣人孔子，他的品评人物，也是双方面的。尧、舜、禹、汤、文、武、周公是一面，另一面则是孔子讲到吴泰伯。"泰伯其可谓至德也已矣，三以天下让，民无得而称焉。"孔子称许吴泰伯是道德中最高的一级了，甚至社会人群无法称赞他。孔子共说了两个民无得而称的人，一是吴泰伯，另一个是尧。"惟天为大，惟尧则之，荡荡乎，民无能名焉。"尧的伟大，无事可举，说不出来。舜则有好多事可举。但尧舜同为大圣。孔子当然很看重文王周公，而孔子也看重吴泰伯。吴泰伯是文王的老伯父。吴泰伯兄弟三人，最小的就是王季历，王季历的儿子就是文王。吴泰伯三兄弟的父亲太王，很喜欢这个小孙，说他将来大了有用。到了太王有病，吴泰伯对他的二弟仲雍说："我们跑了吧。我们跑了，父亲可把王位让给三弟，将来可以传给小孙，可以完成父志。"因此他们两人就跑了。孔子对吴泰伯十分称赞。父子各行其是，说孝却不像孝，说让也不见让。道大无名，无法称赞他。孔子就把吴泰伯来上比尧。

第二个孔子称赞的是伯夷叔齐。孔子说：伯夷叔齐，古之仁人也。孔子不轻易用"仁"字来称赞人，但却称赞了管仲，又称赞了伯夷叔齐。他们是孤竹君之二子，父亲要把王位传给叔齐，父死了，伯夷说："父亲要你继位，你继位吧！我跑了。"叔齐说："你是哥，我是弟，你不做，我也不做。"也跑了。君位让给了中间的一个。

遇到周武王伐纣，伯夷叔齐从路上大军旁站出，扣马而谏，说："你不该去伐纣，你是臣，他是君，此其一。你父亲刚死，该守孝，不该去打仗，此其二。"周武王手下人要把两人拿下，幸亏姜尚说："这两人是义士，放了他们吧！"放了以后，周朝得了天下，可是这两人说："我们不赞成。"但大势已定。他们不吃周粟，到山上采薇而食，终于饿死在首阳山。孔子大为佩服，说他们是"古之仁人"。孔子也并没有反对周文王和周武王，更是极尊崇周公，自己还要复兴周道，曰："吾其为东周乎！"可是孔子又讲那一边，直从吴泰伯到伯夷。当知要做吴泰伯、伯夷，也得有志有勇，有气有节，特立独行，毫不苟且。此等人一样在历史上有影响，有作用。汉代太史公司马迁崇拜孔子，把孔子作《春秋》的道理来写《史记》。《史记》里有三十世家，七十列传。世家第一篇，不是鲁、卫、齐、晋，而却是吴泰伯。吴国要到春秋末年孔子时代才见到历史上，而太史公乃特立之为三十世家之第一篇。列传第一篇则是伯夷。中国人的历史人物观，孔子以下，经太史公这一表扬，一面是尧、舜、禹、汤、文、武、周公，同时另一面还有吴泰伯、伯夷。其实孔子自己，正是兼此两面，所以成为中国之大圣人。

五

　　上面说过，中国人重人更重于事，西方人重事更重于人。如西方人说，这人是政治家，或哲学家，或科学家，或宗教家，或艺术家；总在人的上面加上事，拿事来规定着这人。中国人则向来不这样说。如说"圣人",这圣人究是一政治家呢?军事家呢?外交家呢?经济家呢?却没有一个硬性规定。又如说贤人、君子、善人,都是讲的赤裸裸的一个人,不带一些条件色彩在上边。但中国人却又把人分等级,善人、君子、贤人、圣人,其间是有阶级的。西方人用事来分等,便没有人的等级观念。究竟是西方人看人平等呢?还是中国人看人平等?中国人认为,人皆可以为尧舜,即是人人可做一理想标准的圣人。然而为何人做不到圣人,这责任在个人自己。但西方人做人,要外在条件,要机会,要环境。这是双方显然的不同。

人怎样才叫做"圣人"呢?似乎孔子很谦虚,他的学生问他:"夫子圣矣乎?"他说:"圣则我岂敢。我只有两个本领,学不厌,教不倦。"他的学生说:"这样你就是圣人了。"到了孟子,又提出中国古代之三圣人。但他所提,不是尧、舜、禹、汤、文、武、周公。这三圣人,是伊尹、伯夷、柳下惠。孟子说:"圣人,百世之师也。"一世三十年,百世就是三千年。孔子到现在也不过二千五百多年,圣人至少三千年可以做我们榜样。孟子举出三人,却是性格不同,表现不同。孟子把"任""清""和"三字来形容。孟子说:"伊尹圣之任者也。"伊尹有志肯负责任,积极向前。他生的时代也是一个乱世,夏之末,商之初。《孟子》书里讲他"五就桀,五就汤"。夏桀哪能用伊尹,伊尹为要使这个社会变成一个像样的尧舜之世,一次去了不得意,再去。再不得意,三去、四去、五去。他从桀处回来,又到汤处去。商汤也不能知得他,他只是耕于有莘之野一农夫。五次到汤那里,终于当一个厨师。汤极满意他的烹调,慢慢同他接谈,觉得他了不得,以后便帮助商汤平天下。汤死了,下一代太甲继位,不行,伊尹说:"你这样怎可做皇帝?"把他关闭起,说:"我来代替你。"太甲后来忏悔了,伊尹说:"你回来吧。"又把皇位交回他。

孟子说:"伯夷圣之清者也。"一切污浊沾染不上他。武王伐纣,他反对。到后全中国统一,他宁饿死首阳山。柳下惠是一个耿介之人,但却很和平。伊尹有大表现,而有大成功。伯夷特立独行,表现了一个无表现。孟子说:"柳下惠圣之和者也。"他同人家最和气。他是鲁国人,在鲁国做了官,罢免了又起用,又罢免,如是者三。这和伊尹不同。倘伊尹罢免了,还要自己向上爬。也和伯夷不同。伯夷是请不到的,一些条件不合,他绝不来。柳下惠那时已是春秋时代,列国交通,有人劝他:"你在鲁国不能出头,何不到别的国家去?"但柳下惠回答道:"直道而事人,焉往而不三黜?枉道而事人,何必去父母之邦?"我只要直道,同样不合时,还是会罢免。若我能改变,枉道事人,我在鲁国也可以得意。可见柳下惠外和内直。所以孟子称赞他,说:"柳下惠不以三公易其介。"他不以三公之位来交换他的鲠直耿介,他也是能特立独行的,只知有直道,不走枉道。但柳下惠在外表上所表现的,却完全是一个"和"。

孟子说这三人都是圣人。伊尹建功立业,开商代七百年天下,不用讲。孟子又有一条文章并不讲伊尹,只讲伯夷、柳下惠。他说:"圣人,百世之师也,伯夷、柳下惠是也。故闻伯夷之风者,顽夫廉,懦夫有立志。闻柳下惠之风者,薄夫敦,鄙夫宽。"一个顽钝人,没有锋芒,不知痛痒,听到伯夷之风,也能有边有角,有界线,到尽头处就不过去。懦夫,软弱人,也能自己站起。三个人在一块,两个人反对你，你就没勇气。倘在一个大会场，全场两三百人反对你，你就不能有坚强的立场。伯夷在当时，可称是全世界都反对他。后来韩愈说，伯夷却是千百世人都反对他。因从伯夷死了，到韩愈时，谁不说周文王周武王是圣人，然而伯夷要反对。谁不说商纣是一个坏皇帝，然而伯夷不赞成周武王伐商。孔子也没有反对周武王，韩愈也没有反对周武王，然而孔子、韩愈也不得不敬仰伯夷其人这一种特立独行的精神。我此处用"特立独行"四字，就是引据韩愈的《伯夷颂》。一个顽钝无耻的懦夫，不能自立，一听到伯夷之风，自己也会立住脚，也会站起来。一千年也好，两千年也好，这种故事在三千年后讲，虽然其人已没，其风还可以感动人，使人能兴起，所以说他是"百世之师"。有些气量狭窄的鄙夫，一点小事也容不下。有些人感情浅，是薄夫，一回头把人便忘。鲁国三次罚免了柳下惠，柳下惠不在乎，还不愿离去父母之邦。所以闻他之风，则薄夫可以厚，鄙夫可以宽。孟子所谓顽、懦、薄、鄙，这四种人，时时有，处处有。孟子不讲伯夷、柳下惠之知识学问地位事业等，他只是讲那赤裸裸的两个人。

孟子所举的三圣人，三种不同性格。一是"任"，近似"狂者进取"。一是"清"，近似"狷者有所不为"。此两种性格正相反。孟子又举一种，非狂非狷，而是一个"和"。柳下惠之和，像是一中道，而仍有其特立独行之处。此三种性格，却如一三角形，各踞一角尖。我们若把全世界人来分类，大概也可说只有这任、清、和三型。孟子又说："其至，尔力也。其中，非尔力也。"他们之伟大，伟大在做人彻底，都跑在一顶端尖角上，个性极分明。人的个性，千异万变，但不外以上所说的三大型：或是伯夷型，或是柳下惠型，或是伊尹型。此三种姿态，三种格局，做到彻底，孟子都称之曰"圣"。有些人则不成型，有些处这样，有些处那样，一处也不到家，不彻底。你若是一鄙夫、薄夫、懦夫、顽夫，那也不是天生你如此，是你为外面条件所限，不能发现你个性。《孟子》和《中庸》都说"尽性"，要尽我们自己的性，做到百分之百，这在我自己力量应该是做得到的。不用力便不算。若用一个机器来做一件东西，也得要加进人力。若果我们要做一个第一等人，要做一圣人，怎样可以不用力？力量在哪里，只在我们自己内部，这是内在条件。但我们还得要进一步，不但要做一顶端尖角的人，更要做一圆满周到之人。要处处中乎道，合乎理。等于射一枝箭，射到这靶上，可是没有射到这红心。射到靶上是你的力量，射到红心不但要力量，还要你的技巧。伯夷、柳下惠、伊尹，这是我们做人的三大规范，是要用力量的。只有孔子，在力量之上还有技巧。孔子无可无不可，但都得到家，此即《中庸》之所谓"至人"。有时像伯夷，有时像柳下惠，有时像伊尹。他一箭射出去，总是中到红心。有力量若不见其力量，有规范若不见其规范。等于伊尹射向上面，伯夷射向右下方，柳下惠射向左下方；伊尹在上面一方位是圣人，伯夷在右下一方位是圣人，柳下惠在左下一方位是圣人，但却有偏缺不圆满，不是一个大圣人。

孔子有时也做伊尹，有时也做伯夷，有时也可以做柳下惠，故孟子说："孔子圣之时者也，孔子之谓集大成。"今天我们只说孔子集了尧、舜、禹、汤、文、武、周公的大成。孟子是说孔子集了伊尹、伯夷、柳下惠之大成。故不仅尧、舜、禹、汤、文、武、周公是圣人。若一定要如尧、舜、禹、汤、文、武、周公,我们不登政治高位,我们自己的责任都可交卸下。我又不做皇帝,又不做宰相,外面条件不够,哪能做圣人!幸而孟子另举出三圣人,都是由其内在条件而成为圣人的,使人谁也逃不了自己的责任。人类中有此三种性格,有此三种标准。而孔子则兼此三者而融化汇通为一完全之人格。他积极向前,有时像伊尹。他一尘不染,有时像伯夷。他内介外和,有时像柳下惠。所以孟子称孔子为"集大成"之至圣。孟子自己说:"乃我所愿,则学孔子。"若说圣人,伊尹、伯夷、柳下惠都是,可是终于限止在一格,孟子不想学。经过孟子这一番说话,中国后世只尊孔子为圣人,又称之为"至圣"。而伊尹、伯夷、柳下惠,后世似乎都只称之为"贤"。孟子也只是一大贤,亦有称之为"亚圣"的。于是中国遂留下来一个圣人系统,自尧、舜、禹、汤、文、武、周公、孔子以至于孟子。这是唐代韩愈《原道篇》所提出的。但我们从孟子这番话来看伊尹、伯夷、柳下惠,实在也就是圣人,而同时即是一豪杰。你看伊尹把太甲关起,说:"你不行,我来代你。"这种气魄,不十足是一豪杰典型吗?后人说:"有伊尹之志则可,无伊尹之志则篡。"须是有"公天下"之赤忱,夹着一些私意便不成。伯夷也算得一个豪杰,饿死首阳山,那是何等坚强的节操!柳下惠如打太极拳,工夫深了,运气内行,实际满身是劲,也是个豪杰之士。孟子说他"不以三公易其介",这还不是个豪杰吗?

我们再来看孔子。他曾随鲁君与齐会夹谷。在这段故事上,他正如秦、赵渑池之会的蔺相如。不过孔子是大圣人,此等事,我们讲孔子的来不及讲到,也就不讲了。夹谷之会以后,齐国来归侵鲁之地,但又一面送了大队女乐到鲁国。鲁国君相迷恋着去听歌看舞，一连三天不上朝。孔子告诉他学生说："我们跑吧！"孔子生这一口气，现在我们不懂，似乎他不像一圣人，一点涵养都没有。其实这就是孔子所以为圣之所在。一跑跑到卫国。卫灵公听孔子到来，他说："鲁国怎样待孔子，卫国也照样。"卫多贤人，有些是孔子的老朋友，孔子就耽下了。卫灵公知道孔子无所不能，有一天，问孔子打仗的阵法。孔子一听，说："我没学过呀。"明天又对他学生说："我们跑吧。"孔子的气真大，一跑跑到陈国。后来在陈蔡之间绝粮，没有饭吃，大家饿着肚子。孔子的学生子路生气了，说："先生老讲君子，君子亦有穷乎？也会走投无路吗？"那时孔子却不生气了，好好向子路说："君子也会穷，也会前面无路的。不过小人前面没路便乱跑，君子没有路，还是跑君子的一条路。"孔子在外十余年，鲁国人想念孔子，要请他回来，又怕孔子不肯，于是请他一个学生冉有先回。冉有是孔子学生中一个理财专家，回到鲁国，在权臣季孙氏家里做管家，然后再把孔子和一批同学接回。冉有给季孙氏家种种经济弄得很好，孔子却又生气。冉有常到孔子讲堂来，有一天来迟了，孔子问他："怎么这般迟？"冉有说："因有些公事没完。"孔子说："什么公事？你所办只是季孙家私事。你把季孙家财富，胜过了以往周天子王室之首相。"孔子便对一辈学生说："他不算是我学生，你们可鸣鼓攻之。你们大家可以反对他，可以打着鼓公开攻击他。"其实孔子垂老返鲁，还是这个学生的力量。在这种地方，我们要看孔子这口气。一般人老了气便衰，孔子那口气愈老愈旺。人没有了"气"，哪会有道德仁义？若只从这些处看，孔子岂不也是一豪杰吗？

再讲孟子。孟子见梁惠王，梁惠王在当时是一位了不起的国君，他对孟子十分敬礼，开口便说："老先生，不远千里而来，亦将有以利吾国乎？"孟子却一口冲顶过去，说："王何必曰利？亦有仁义而已矣。"孟子也是一个能生气的人，也是个豪杰。他学生问他："公孙衍张仪，岂不算得是大丈夫了吧？"孟子说："这辈人是专做人家小老婆的，哪配叫大丈夫。"诸位试读《孟子》七篇，至少也可以长自己一口气。他的全部人格，都在他的话里，一口气吐出了。今天我们要讲追随潮流，服从多数，孔子孟子所讲仁义道德，我们置而不讲。圣贤我们不服气，也该懂得欣赏豪杰。豪杰没有新旧，敢说敢做，不挠不屈，这才是一个豪杰。没有了豪杰，那社会会变成奄奄无生气。两脚提不起，尽说有新的，如何般来追随。

中国下层社会拜老头子，似乎是从墨子开始。墨翟以下，墨家的老头子，当时称为"钜子"。上一代钜子死了，换第二代接上。墨子死后，传了两三代，那时的老头子是孟胜。楚国有一贵族阳城君，他自己亲身在楚国朝廷做官，慕墨家之名，请孟胜去为他守城。楚国大乱，阳城君被杀，楚国朝廷派人来，叫孟胜交出阳城。孟胜说："我奉阳城君命守这城，没有阳城君命就不交。"他学生们劝他，他说："我不死，不能算为一墨者，将来也再没有人看得起我们墨家了。"他学生说："你是墨家老头子，不该死。"他派两个学生去齐国，告诉他们说："我这钜子的位，传给齐国的田襄子。"这两人去了，楚国派兵来攻城，孟胜死了，他学生一百八十人相随而死。两人到齐国，告诉田襄子，传了钜子位，便要回去。田襄子说："你们不能回去，应留在这里。"两人不肯，田襄子说："现在的钜子是我。

你们该听我话。"两人说："别的都可听，这话不能听。"回去就自杀了。这也不是墨家才如此，孔子门下也一样。子路在卫国，卫国乱了，子路进城去讨乱，被人把他帽子带打断。子路说："君子当正冠而死。"站在那里，好好把帽子带结正，乱兵刀矢齐下，就这样死了。诸位当知，要讲道德，临死也得讲。即在生死存亡之际，仍有道德存在。但道德也非奇怪事，我们谁没有道德？谁不该遵守道德？孔子说："十室之邑，必有忠信如丘者焉，不如丘之好学也。"不是每一个子弟都不孝，每一部下都不忠。时穷节乃见，这种表现，却都在最艰难的状态下才发现。所谓"杀身成仁，舍生取义"这两句话，孔子的学生能做到。墨子反对孔子，但墨子学生也同样能做到。我们该从这一标准看去，才知道所谓的中国历史人物。这一种精神，便是我们的历史精神，也即是我们的民族精神和文化精神。但却是一种豪杰精神，亦即是一种圣贤精神。近人不了解，乃说要"打倒孔家店"。没有这番精神，空读《论语》"子曰：学而时习之，不亦说乎。"学而时习，又哪见得便是圣贤、便是豪杰呢？孔子跑出卫国，一般学生饿着肚子跟着他，跑到宋国郊外一大树之下，孔子说："我们在此学舞学歌吧。"宋国桓魋听了，赶快派军队去，要抓住杀他们。孔子闻得此消息，说："我们走吧，天生德于予，桓魋其如予何！"这不又是一番豪杰精神吗？

六

战国时代的豪杰之士，真是讲不完，且不讲。秦汉之际，有一齐国人田横。历史上所谓山东豪杰群起亡秦，田横也是其中之一。汉高祖派韩信把齐国打垮，田横逃在一海岛上。汉高祖即了皇帝位，听说田横在海岛上，派人向田横说："你来，大则王，小则侯。不来，当然要不客气。"田横答应了，带了两人同去。一路到河南，距离洛阳三十里。这时汉高祖在洛阳，这已是最后一站。田横告诉他手下两人说："从前我与汉王同为国君，现在他是天下之主，我到他那里去拜他称臣，就不必了。"他说："汉王要见我一面。从此地去不过三十里，快马一忽便到。你们把我头拿了去，他看我还如活时一般，岂不就好了吗？"田横自杀了。两人带着他头，到洛阳见汉祖。汉高祖大惊说："这哪是我意呀！"于是以王者之礼葬田横。田横下葬了，跟着田横来的两人也自杀了。汉高祖更为惊叹说："田横真是一了不起人，他手下有这样二士。我听说在海岛上还有五百人，赶快去请他们回来。"海岛上这五百人知道田横死了，也就集体自杀了。这一故事，真够壮烈呀！

孟子说：圣人百世师。使百世之下还能闻风兴起。我小时喜读韩愈文，韩愈年轻时有几篇文章，一是《伯夷颂》，一是《祭田横墓文》。他进京赴考，过洛阳，在田横死处，写了一篇文章祭他。从汉初到唐代韩愈时，至少已一千年。伯夷更远了，至少已到两千年。当时中国后代第一大文豪，在少年时还如此般敬仰此两人，这真所谓圣人为百世师。豪杰就应该如此。韩愈在当时，提倡古文，这不亦是一豪杰行径吗？若我们只读韩愈《原道》，纵使信了他所说之道，没有他一番精神，那道也不能自行呀！若非韩愈少年时即知敬慕伯夷田横，哪能即成为文起八代之衰一大文豪。

再说汉代历史人物，也是指不胜屈，且举一个苏武来作例。他出使匈奴，匈奴人看重他，劝他留下，苏武不答应。匈奴人把他幽置地窖中，没有饮食，苏武啮雪与旃毛并咽，几天没有死，匈奴人更敬重他。送他去北海，即今西伯利亚的贝加尔湖去牧羊，是公的牴羊。说："等牴生小羊，就放你。"苏武在那里掘野鼠和吃草为生，这样他就一留十九年。手中持着汉节，始终不屈。在匈奴，有他一好友李陵。李陵是中国历史上一个军事奇才，以五千步兵对抗人家八万骑兵。匈奴下令："这人须活捉，不许杀了。"结果李陵被擒，降了。降匈奴的也不是李陵第一个，在前有卫律，也得匈奴重用。卫律、李陵都来劝苏武降，苏武不为动。苏武在匈奴，既未完成使命，回来后，当一小官，也无表现。我们今天的小学历史教科书，似乎更都喜欢讲张骞班超，因他们有表现。但苏武在以前受人重视，尚在张骞班超之上。我们相传的戏剧，多只唱苏武，不唱张骞班超。张骞、班超当然也了不得，但是我们向来传统更重视苏武。因成功须受外在条件，际遇人人不同，无可学。若如苏武守节不屈，却是人人可学的。尧、舜、禹、汤、文、武、周公之际遇不可学，没有际遇的如孔子却该人人可学。所以司马迁《史记》说：高山仰止，景行行止，虽不能至，然心向往之。若把此几句来赞尧、舜、文、武，岂不是笑话。《汉书·苏武传》把李陵来合写，两人高下自见。李陵是数一数二的军事奇才，然而在人格上，哪比得上苏武。苏武其实已为汉朝立了大功，使匈奴人从心中崇拜汉朝，比起打一胜仗更功大。《汉书》上又嫌把苏李合传太明显，因作《李广苏建列传》，从李广写到李陵，从苏建写到苏武。隐藏着作史者之用心，却使读史者感动更深。这些是中国相传之"史法"。

我们再讲下去,不一定要讲不成功的人,也不一定要讲无表现的人,总之要讲几个具备豪杰性气的人。具备豪杰性气,即是具备了做圣做贤之条件。苏武不能不说他是一个贤人,若要说他是一个圣人,他也得和伊尹、伯夷、柳下惠为等侪。他已在一点一角上是圣人,十九年守节不屈,做得彻底,做到了家。虽不能同孔子大圣相比,宁能说他不得比伊尹、伯夷、柳下惠?此刻且不必争,也不必叫他是圣人,他总是一贤人,总是一豪杰。

下到东汉,我不想再举刚才说过郑玄那样的人,我且举一个军人马援。只要我们到广西、越南西南一带边疆上去,还始终流传着马援故事。马援是光武中兴时代一位将军。光武的中兴集团,大多都是他的太学同学,马援却是西北一个畜牧的人,牧牛羊为生。马援有几句话一向流传。他说:"大丈夫穷当益坚,老当益壮。"而马援也真能做到此八字。他从事畜牧,正是他穷时。但他有了马牛羊几千头,种田积谷几万斛,在边疆上成了一个大财主,他又说:"我要这许多财产什么用呀!我该能赒济贫穷,否则不过是一个守钱虏而已。"看守一笔钱财,自己等如那一笔钱财之奴隶,此"守财奴"或"守钱虏"三字,也是马援说的。后来汉光武见到了他,大为器重,可是马援封侯还是在后来。他平越南封了侯,年龄也老了,汉朝又要派军去讨五溪蛮。马援要去,汉廷说他老了,怎么能再去边疆?论当时的交通,那边的气候,一切一切,派一个少壮军人去,当然更适宜。但马援说:"我并没有老。"他又说:"男儿要当死于边野,以马革裹尸还葬耳。何能卧床上,在儿女子手中耶?""马革裹尸还"这五字,直传到今天，也是他说的。马援是个大豪杰，闻其风，一样百世可以兴起。不要钱，不享老福，情愿马革裹尸还葬，还不算是一豪杰吗？唯其他能具有这套豪杰之气，才能表现出一个最高人格来。

但我们讲中国历史上人物，不能说如伊尹、伯夷、柳下惠乃至田横、苏武、马援，便是顶尖出色人物了。上面还有孔子、颜渊、孟子许多人在那里。这些人都从一大源头上来，从中国古人的最高理论，中国的最高文化理想上来。

下面讲到南北朝，我且举一人，那是一出家和尚。中国没有大和尚，佛教怎会在中国发扬？相传佛家有三宝。一是"佛"，没有释迦牟尼，就没有佛教。一是"法"，那就是释迦牟尼所讲的一套道理。然而要信仰这套道理，肯照他做，便得还有一宝，就是"僧"。没有僧人，佛也好，法也好，一堆空东西，什么也没有。今天我们要复兴中国文化，孔子是一佛，《论语》是一套法，但没有孔家和尚的话，三宝缺其一，这两宝也有若无。只有把此两宝权放在那里，将来总会有大和尚出来。我不信佛教，但我很崇拜中国一些大和尚高僧们。我只拿一个普通的人格标准来看和尚高僧，来看他们的表现。但中国高僧们，很少写讲二十四史。中国历史人物实在太多，二十四史写不尽。中国另外有《高僧传》。《高僧传》一续、二续、三续一路记下，我今天只讲一个竺道生。和尚出家没有姓，因佛教从印度来，印度那时翻作天竺，所以他姓一个竺字，叫竺道生。也有和尚只姓一个释迦牟尼的释字，到今天我们和尚都姓释。那时中国人尊崇和尚，不把他名上下二字一并叫，故竺道生又称生公。只有到了"五四运动"以后，孔子不叫孔子，也不叫孔仲尼，叫孔仲尼已经太客气，必该叫"孔老二"。倘使你仍称孔子,便是落伍。儒家思想,也该改称"孔家店"。那是我们近代的事。生公当时,《小品泥洹经》初翻译到中国。《泥洹经》有大本、小本,小本的叫《小品》,只有八卷。大本的是全部,有三十四卷。小本中有一句说:"一阐提不得成佛。""一阐提"是毁谤佛法的人。竺道生却说:"一阐提也得成佛。"当时北方和尚大家起来反对说:"经上明明讲一阐提不得成佛,你怎能讲一阐提亦得成佛。"召开大会,把他驱逐。竺道生当然只得接受大家决议。但他说:"若使我话讲错,我死后应进拔舌地狱。倘我话没有错,我死后还得坐狮子座,宣扬正法。"佛寺中大佛像,有坐狮子、坐象、坐莲花的,竺道生在此中间特别欣赏狮子。诸位当知,出家当和尚,也得具备豪杰性气,否则和尚也不成为一宝。幸而当时中国分南北,他渡过长江,跑到南朝来。结果《大品涅槃经》翻出来了,下面讲到一阐提亦得成佛,竺道生的说法终于得到证明。

七

唐、宋两代,一路有人物,惜于时间,且略去不讲。我举一个元代人作例。宋朝亡了,元朝起来,中国有一人郑思肖所南,他没有什么可传。据说他常作画,只画兰花,却根不着土。别人问他,他说:"没有土呀。"他住宅门上题四个大字,"本穴世界",拼上凑下,实是一个"大宋世界"。他著一本书,称《大无工十空经》,实也还是"大宋"两字。他还有一部《心史》,用铁函封了,沉在苏州一寺中井底，在明崇祯时出现了。他也是一豪杰之士，应该归入孟子三圣人中伯夷的一路。

明代人物也很多，即如王阳明先生，诸位读阳明《年谱》，就知他也是一个豪杰。再讲一人海瑞，他是琼州海南岛人，一生正直，自号刚峰……海瑞当时，市棺诀妻上疏。上海老伶周信芳，唱出海瑞骂皇帝……

清初，我想举一人李二曲，他是陕西一种田汉。他讲阳明哲学，名大了，清代皇帝定要笼络他，派地方官送他到北京应博学鸿词科。他说生病，不肯去。朝廷下命，生病便好好用床抬着去。路上防备甚严，无寸铁可以自杀。他只有饿死一法，不吃东西。地方官也受感动，说他实有病不能来，把他送回去。他说："我实为名所误。"从此一生绝交，地下掘一土室，不见任何人。只顾亭林到陕西，可下土室见他。一谈一半天，不知谈了些什么。清末时，大家起来革命。读者莫要认为这都是法国美国革命来领导我们，其实明末遗老如李二曲等故事，也发生了极大作用。今天我们要复兴文化，大家又来谈西洋文艺复兴，其实也该在中国历史上多举几个可资效法的先例来号召。

再讲到最近代人。我到台湾来就发现了两人。一是郑成功，一是吴凤。有此两人，我们来到台湾也不寂寞。我去美国，又知道人。在他们南北战争时，有一位将军退休了，家住纽约。这位将军脾气不大好，一生独居，所用佣仆，一不开心就骂就打，工人来一个跑一个。有一中国山东人，名叫丁龙，来到将军家。这位将军照样打骂，丁龙生气也跑了。隔不几时，那将军家里起火，房子烧了一部分。丁龙又来了。那将军诧异说："你怎么又来了？"他说："听说你房子被火烧了，正要人帮忙。我们中国人相传讲孔子忠恕之道，我想我应该来。"这位将军更惊异说："孔子是中国几千年前大圣人，我不知道你还能读中国古书，懂你们中国圣人之道。"丁龙说："我不识字，不读书，是我父亲讲给我听的。"那位将军就说："你虽不读书，你父亲却是一学者。"丁龙说："不是，我父亲也不识字，不读书，是我祖父讲给他听的。连我祖父也不识字，不读书，是我曾祖父讲给他听的。再上面，我也不清楚，总之我家都是不读书的种田汉出身。"那将军甚感惊异，留了丁龙，从此主仆变成了朋友，那位将军却受了感化。两人这样一辈子。等到丁龙要病死了，向那主人说："我在你家一辈子，吃是你的，住是你的，还给我薪水。我也没有家，没有亲戚朋友，这些钱都留下。现在我死了，把这些钱送还你，本来也是你的钱。"这位将军更惊异了，想："怎样中国社会会出这样的人？"于是他就把丁龙这一小笔留下的薪金，又捐上自己一大笔，一起送哥伦比亚大学，要在那里特别设立一讲座，专研究中国文化。这讲座就叫"丁龙讲座"。在全美国大学第一个设立专讲中国文化的讲座，就是哥伦比亚。现在美国到处研究中国文化，我想主要还该研究如何在中国社会能出像丁龙这样的人。其实这故事并不简单，非深入中国文化内里去，不易有解答。我若说丁龙是一个圣人，该是孟子三圣人中柳下惠一路。若说吴凤也是一圣人，该是孟子三圣人中伊尹一路。此也未尝不可说，至少他们都是一贤人。换句话说，都是一豪杰之士。明代人说，"满街都是圣人"，端茶童子也是圣人。中国社会上圣人多的是。圣人外流，跑到海外去……一个跑到美国，就是丁龙。在祖国，山东武训，不也是个圣贤吗？至少也是个豪杰之士。他讨饭，碰到人跪下，请你帮助，要去办学校。

八

这种故事太多了，不胜讲。诸位若把这标准来看中国二十四史，除了政治家、军事家、财政家、艺术家、学问家、宗教家等等，历史上还有很多人物，只是赤裸裸的一个人，没有什么附带的，也不要外在条件，只靠自己堂堂地做一人。现在我们大家要外在条件，觉得我们百不如人。若从历史上讲，时代不够外在条件、人物不够外在条件的也多得很。但孔子也是没有外在条件，碰到鲁哀公，卫灵公，碰来碰去总是不得意，然而孔子成为一大圣人。把我们今天的社会和孔孟时代相比，或许还好一点。比南宋亡国蒙古人跑进来，明朝亡国满洲人跑进来，那更要好得多。比吴凤从福建来台湾，比丁龙从山东去美国，我们也要好得多。我们且莫太讲究外在条件，应该注意到我们内在的条件。这样始叫我们每个人都可做一个历史的主人翁。每一人也有每一人的一段历史，纵说是一段小历史，如吴凤、如丁龙，把这些小历史合拢来，便成为一部中华民族的大历史。我们的历史理想，其实即是我们的人生理想。若把我们的历史理想、人生理想都放在外面去，则权不在我，也不由我作主，试问哪还有何理想而言？

可是我们今天的社会风气，却愈转愈离谱。我在香港新亚书院时，有一学生……上我课，听到"君子无入而不自得"一句话，他觉得这真是人生最大要求所在。他问我这个道理，我说："你且慢慢听，慢慢学。"他见我散步，也要学散步。他说："我读书程度浅，来不及，散步总该能。看你怎么散，我也怎样散，我散步庶亦可以自得其乐。"那学生极诚恳，极有志，可是别的同学有些会笑他，骂他。后来他觉得中国社会到处跑不进，转进教会，外国人却懂得欣赏他。现在他做了牧师传教，见了我，要来向我传教。他说："先生，我得你好处不少，我该同你讲讲耶稣吧！"唉！今天的中国社会，偏偏中国道理不能讲，要讲就给人家笑骂，要逼得你特立独行，只有学伯夷；那怎了得！所以今天我们至少要大家负起一些责任，隐恶而扬善，来转移风气。至少要使年轻人有条路走，不要弄得像今天样，除了去外国，好像前面无路。"文武之道，未坠于地，在人。"我们到乡村老百姓圈子里，在无知识人身上，或许还有一点中国文化影子。我们受这时代潮流的冲激太大了，我们都要变成一现代人，而我今天却特别提出"历史人物"这题目来讲。当然我不过随便举几个例，希望我们将来学校小学中学乃至大学的教科书，多讲一些人物，讲一些中国历史传统所看重的，即如何做人。要讲一个无条件的，赤裸裸的，单凭自己便能做到的"君子无入而不自得"的这一套。

（一九六八年十二月台北"国防研究院""思想与文化"课讲演，一九六九年八月《东西文化月刊》第二十六期刊载）

中国文化与国运

孙中山先生曾说："革命必先革心。"在物质建设之前，又先有一个心理建设。他又说："知难行易。""知"非技术方法之谓，"知难"即难在心理建设上。他又说："信仰产生力量。"信仰亦是一种心理建设。他的"三民主义"，第一即是"民族主义"。没有民族，谈不上民权与民生。我们试根据孙先生遗训，来重提以下的信心。

一、中国问题该由中国人来解决。

二、亦只有中国人才能解决中国问题。

三、中国国运前途，把握在中国人自己手上。

若由非中国人来解决中国问题，将会愈解决，愈纠纷；愈困难，愈不易解决。否则，若由非中国人可把中国问题解决了，那中国也完了。若中国人不能把握中国自己的国运，则中国人也该完了。

但中国人并不是一天完成的，中国人之形成，已有其四五千年以来之历史，若我们把历史切断，今天将只剩有四亿五千万在中国土地上生活的人，而将不见有一个中国人。因此所谓中国人者，乃指具有

"历史性"的中国人而言。单生活在中国的土地上，不一定就可算是中国人。若说历史性的中国人，此即所谓"中国民族"。

世界没有无历史的民族，民族必具有历史，必包括古今。具有历史，包括古今，即具有文化。世界亦没有无文化的历史。历史、文化、民族三者所指，乃属一体。只知道现在，不知道历史，则只成为一群人，不成为一民族。一群人可以无文化陶冶，一个民族，决不能无文化陶冶。文化陶冶则非一日间事，必出长期历史所演出。因此我所谓中国人者，乃指其受有中国文化陶冶之中国人而言。此所谓受有中国文化陶冶者，乃指其在中国历史、中国民族中生长而言。不识一字，不读一书，他也可在历史中生长，在民族中完成，此乃一种不自觉的文化陶冶。识字读书人，否定中国历史，否定中国文化，即是无异于否定了中国民族。他虽可不自觉地亦受有中国文化之陶冶，但在其意识上，则他不像是一个中国人，或可说他不愿是一个中国人。在他意识上，他只愿由他来重新创造些新的中国人，新的中国历史，新的中国文化，新的中国民族，也决非一日间所能创出。如是则在他之当身而言，他将不成其为一中国人。他只在中国土地上生长，他与中国之以往，在其意识上漠不相关，而且含有敌意。

英国人来到香港，日本人来到台湾，但我们不能说我们是从某处来到中国。英国人自谓能有办法解决香港之一切问题，日本人自谓能有办法解决台湾之一切问题。因他们是具有历史性的英国人与日本人。他们自信英国文化、英国民族高出于香港之中国人；日本文化、日本民族高出于台湾之中国人。他们凭仗这一信念，才能把握香港，把握台湾，来解决香港、台湾的一切问题。但我们要问，他们成绩如何，是否已能完成了他们之理想？我们又要问，我们来自何处而到中国？我们凭仗些什么来高出于与我们同文化同民族的中国人？则我们有何力量能脱离中国历史，脱离中国文化，来解决中国的一切问题呢？

若说我们凭仗的，也是英国文化、英国历史，或说是日本文化与日本历史，则我们并非来自伦敦与东京，我们尚是假英国人、假日本人。真英国人、真日本人尚解决不了中国问题，难道假英国人、假日本人，反而能解决了中国问题吗？我们脱离了自己的历史，自己的文化，我们只是飘萍浮梗，我们只是游魂散魄。我们凭仗些什么来高出于我们的民族，高出于我们的祖先？

让我们确立信心！

只有凭仗中国民族，才能解决中国问题。

只有凭仗中国历史，才能解决中国问题。

只有凭仗中国文化，才能解决中国问题。

须是明白得上列三义，才能说只有中国人能解决中国问题。这一类的中国人，必须是具有历史性的中国人，必须是受有中国文化陶冶之中国人，必须是中国民族里的一个中国人，而非只是生长在中国土地上的任何人。明白言之：要取得中国人的资格，要具备解决中国问题，把握中国命运条件的中国人，必须与已往的中国人通气。世界上有中国人不自今日始，中国人已有四五千年以上的历史文化，今天的中国人，所以成其为中国人者，以其与四千年以上的中国人通气。我们纵然崇拜西洋文化，仰慕西洋历史，想把我们这一群人改造成西洋民族、西洋人；但我们须得知道，西洋人也远有渊源，我们急切间不得与历史上已往的西洋人通气,那我们终将无法接受西洋文化,走上西洋历史,而摇身一变成为一速化的西洋民族与西洋人。

中国人自有中国人的办法,因此形成了一套中国史、中国文化与一个中国民族。我们必须信仰从来的中国人有办法,才可相信我们这一代的中国人也可有办法。若从来的中国人根本不可靠,我们不信他们有办法,我们如何能信这一代的中国人,即我们之自身,却忽然能有办法呢?否定了历史,否定了文化,否定了民族之已往,必将否定到我们之自身。否定了我们之自身,便将痛切感到非彻头彻尾学习人家,自己将根本不能有办法……

……现在我们说,我们要摆脱中国已往历史,摆脱中国已往文化,改革这一代的中国人,因为他们还是受中国已往历史已往文化之陶冶与熏染……我们要统治中国,要求解决一切中国问题,让我们向中国人学习,让我们向中国民众学习,此即是向中国历史学习,向中国文化学习,向中国民族学习。只有如此,才是一条正路,才是一个正办法。

不幸而这一个理论,一百年来,未为中国人所觉悟,所了解。近百年来之中国史,显见有两条大流:一是深藏在下面的伏流,一是浮现在上面的逆流。伏流表现着中国民族意识之潜在要求,逆流表现着中国文化传统之故意摧残。这两条流力,相激相荡,形成了近百年来中国史之悲剧。

洪杨太平天国,它所拥有的隐藏在中国民众内心深处的潜在伏流,是推翻满洲皇室,复兴中国传统。但洪杨所浮现在上面的,领导这一伏流的力量的,却与这一流向正相违逆。他们说:耶稣是天兄,洪秀全是天弟，此后的国家是天国，孔庙该烧，儒籍该焚。

辛亥革命之成功，依然有此两大流。中国革命，并非即是美国革命，也非即是法国革命，而纯粹是一种中国革命。这一革命事先之号召，也有卢梭，有华盛顿，有西方民权思想做刺激，做鼓励，但同时也有晚明诸大儒，像顾亭林、王船山、黄梨洲诸人之民族意识与民族精神做凭借。只凭借卢梭、华盛顿，而更无晚明诸大儒，这一革命，将无法产生，亦将决难成功。但革命以后，似乎只想把这一革命接上卢梭与华盛顿，只想把中国赶上法国和美国，忘却中国之以往历史，忘却中国之以往文化，浮层之显流与下层之伏流游离，而显流也遂失其力量。

中国赶不上法国，赶不上美国，这一代的中国人，急切不能与西洋人接气，我们认为是以往的中国人，历史上的中国人在作祟，在作梗……但不知历史本无不变，本无不新。历史之本质即是变，即是新。老不变，永无新，将不会有历史。求变趋新，不该反历史。若求把以往历史一刀切断，那是死灭，非新，亦非变。变与新仍须一根底，此根底即是历史，即是文化传统，即是民族之本身。只有从历史中求变，从文化传统中求新，从民族本身求新生命，仍只有在与古人通气之中求今人之再造。新文化运动之显流，还是与伏流相违逆。

继之而起者，有中国共产党与共产主义。共产党所拥有的力量，还是中国民众的力量……

我们或许可以说，死人不能解决活问题，旧历史不能对付新时代，这话并不错。但活人仍必与死人通气，新历史仍必从旧历史发脉。否定了死人，活人断了气，那将只有这一代的一群人，不再有民族；否定了历史，则时代挖了根，那将只有这一世的环境，不再有文化；否定了传统文化与民族历史，那将只剩有一个个的人。一个个的人，急切间造不出历史，创不出文化，抟不成民族，形不成国家，产不出力量，完不成事业，只有倒向别人家的已往历史，已往文化传统，与依仗别人家的民族精神中来借尸还魂。不，这是引魂起尸。尸体复活了，但他必否定他已往的一切，不承认他已往的自己。尸是他的，魂是别人的。

历史文化与民族意识、民族精神，是我们这一代的元气，是我们这一代的生命，是我们这一代的灵魂。我们必得有元气、有生命、有灵魂，始得解决我们当前的一切问题。元气断了，生命绝了，灵魂散了，一切也完了。我们要根据历史文化与民族精神来打开当前一条出路，来寻求我们此后的新生，那决不是顽固，决不是守旧，那是生命延续之唯一原理。

而且照我们已往历史看，也实在无法证明我们的传统文化要不得。世界上无历史无文化的人群多的是，有历史、有文化，而他们那种文化无法形成大民族的还是有。只有我们中国人，远在春秋战国时期，已经形成了一个世界人类历史上旷古未有之大民族，一到秦汉统一时期，又由这一个大民族来形成了一个世界人类历史上旷古未有之大国家。西方历史上有希腊人，却并无一个希腊国。而且希腊人的数量，若比起中国人来，还是少得可怜。稍后有罗马国，但在罗马国统治之下的人民，又始终未能形成为同一的罗马人。统治罗马国的罗马人，其数量还是少得可怜。西方人直到近代才始知道需要有民族国家之创建，但此理想，始终仍未完成。瑞士是这样一个小国，但在他们国里，还是包含有许多的民族。西班牙与葡萄牙，法兰西与比利时，民族血统尽管相近，还是各自为政。英伦三岛，英格兰、爱尔兰、苏格兰始终未获融凝为一。意大利、德意志之统一，只是一百年内事。日耳曼人始终未能完成一日耳曼国，斯拉夫人始终未能完成一斯拉夫国，于是有大日耳曼主义、大斯拉夫主义，屡次激起了近代西方历史上的大流血与大战争。民族决定于文化，并非决定于血统。世界上并无纯血统的民族，在民族抟成的进程中，尽可有相异血统之交流。中国民族在秦汉大一统以前，也并非纯一血统，在秦汉大一统以后，依然有不少相异的血统继续羼入。何以西方文化始终局限于许多小民族之各自分峙，各自对立，不易融凝成一大民族，而中国文化却特易于大民族之抟成？此乃世界人类历史上最值得注意的一个文化本质问题，而非民族与民族间的血统异同的问题。中国人很早便知道同一民族应该创建同一国家，而在同一国家之统治下，应该融凝成同一民族，何以西方历史上同一民族往往分装进许多国家，而同一国家又往往分装进许多民族？这又是一世界历史上最值得注意的一个文化本质问题，而非国家与国家间的政权分合问题。西方人能创制科学利器，近代史上一只轮船一条铁路之发明，西方人自己夸道不置，我们也极度地赞佩他们。但在我们，很早以来，却已能创造出一大民族来。此是中国历史中国文化之伟大处，比较创制一只轮船一条铁路对人类本身贡献更大。因为民族可以利用科学，科学却不能抟成民族。民族融凝，科学发明自然是利多于害。民族分裂，则科学发明有时将害过于利。人类文化本体，必然以扩大民族为主，不能以发明科学为主。换言之，人类历史进程，始终以人类本身为主体，不能以科学发明为主体。人类文化必然以抟成大民族，创建大国家，使人类得以和平相处，为其终极目标。在此大民族大国家和平相处的大环境之下，科学发明才始得为人类之福利。科学只是一种工具，其意义在增进人类和平相处之福利，不在加添人类割裂相争之强力……

……中国在其历史文化所禅演而成之大民族之融凝抟结中间，有一传统精神。而此种精神，则并非宗教。中国有一大群之结合，即民族而非阶级。阶级斗争乃西方社会个人自由之反动；唯物史观乃西方社会宗教信仰之反动。在西方传统文化之两大柱石，即宗教信仰与个人自由。当知此两大柱石，均不宜于融凝成大民族。自此两大柱石发生动摇，而后唯物史观与阶级斗争乘时崛起。但人类文化，仍将以民族抟成为主，不当以上帝信仰与个人自由为主。上帝信仰是出世的，个人自由是分裂的。西方社会把个人自由来为上帝信仰补偏救弊，亦仍赖上帝信仰来为个人自由补偏救弊。但此二者并不能有更高之结合。只有民族融凝的文化精神，可以更提高更扩大而化成天下一家与世界大同。只要世界走上同一文化，则世界人类可以融成一体，全世界只有一个人群，即一个民族。然此只有中国文化之潜在精神可以觊望及此。西方文化太看重个人，融凝不成大民族。要把中国文化转化成世界文化，此亦非今日事。乃百年几百年后事，故孙中山先生有竹杠中藏头彩之譬喻。只有中国文化，乃为竹杠中藏有头彩。因唯有中国文化，乃可称为一种民族文化，即以民族融凝为中心之文化。此种文化，最易于扩大提高而成世界文化者。其他宗教中心的文化，个人主义中心的文化，或物质主义为中心的文化，都不易于扩大提高而转化为世界文化。因此在此等文化中，均非藏有头彩。将来世界人类新文化之头彩,在中国人手里,藏在中国传统文化以民族融凝为中心的文化之竹杠里。

此等人类文化将来之大趋向,决非单凭当前现实一短暂时期中之贫富强弱之皮相所能衡量与推断。个人自由乎?阶级斗争乎?此在西方传统文化中可以成一对立。中国文化则以融凝人群成一大民族为其主要精神。此两对立皆可消弭,失其存在。上帝终极乎?物质至上乎?此在西方传统文化中,仍是一对立;但在中国文化以大群融凝为其最高祈向之主要精神者,则此两对立仍可消弭不复存在。中国传统文化,实在不仅可为当前之中国打开困境,而且可为将来世界新文化导其先路,主要则在中国人自己的"信心",要先从心理上建立一基址。知难知难!这是我们中国人当前的责任,纵难亦无所逃避。

(一九五一年一月《思想与革命》创刊一期,一九六八年十一月十二日《青年战士报》重载)

怎样做一个中国人

《中国的空军》杂志的编辑人，特地造访，要我写一篇"怎样做一个中国人"的文章，我因他出题正大，于心有感，一口答应了。却不料下笔又再四踌躇，觉得要说的话太多，苦在说不尽。同时又感无话可说，说来全是废话，不如不说好。下面所说，还望读者先能了解其心情，再来体谅其作意，若能当作没有说则更好。

诸位或许会问，我们都已是人了，何以还说要做人。但做人是人的本分。天地生人，只生男女，不生夫妇，夫妇由人自做。所以中国古人说："君子之道，造端乎夫妇，及其至也，察乎天地。"中国古人又说："人之异于禽兽者几希。"人类有文化，所以异于自然界其他生物者，都是人自己做来。

或又会问：要做人何以定要做中国人？犹忆对日抗战时，在成都，曾和一位颇负时誉的中国思想家某氏，公开辩论过此问题。我主张要教我们中国人好好做一个中国人，他说：此时代已过了，我们该教人做一"世界人"，不该再教人做一中国人。我问他：不先做一个中国人，如何去做世界人？他当时无话回答我，但我也知他心里不服，只是有话不说罢了。

直到目前，世界上已有一百以上个国家，但尚不见有一个无国籍的世界人。你生在中国，长在中国，自然已是个中国人。论道义，也该做一个中国人。但论各人内心，做一中国人，似乎不自满足的太多了。总觉得，做一中国人，不如做一美国人或其他外国人，比较值得满意或光荣。这样的人，我敢说决不在少数。或则存在心里不肯说，或则存在心里而不自知。

我家曾来一女佣，她爱看电视机上的美国电影，遇到中国节目，便离去不看了。她只是小学毕业，不懂英语，凭借几行中文字幕，对电影中情节，我想她未必清楚。或者是只看些伸拳打架，拔枪杀人，拥抱接吻等镜头，觉得够刺激紧张。或则她也已感到月亮是外国的圆，不幸她不能升学，不能有出国留学机会，否则就她目前态度，当下心情言，将来她也必是一个崇洋蔑己，很时髦的人物了。但在此刻，若和她讲上面这番话，根本上如牛头不对马嘴，谈不上。此正可见时下风气，深入人心，她不过是其中微小已极不值提起的一例。

所以我们要说怎样做一个中国人，在此时，还是一个不应该成为问题的大问题。此问题，像可不说话，而又不该不说话，说又说不尽，而又会感到无话可说，那真是当前一大难题。难在各人心里有一套，却不肯真实说出来，做真实的讨论。

要说怎样做一个中国人，并不要你早餐定吃豆浆烧饼，不吃面包牛奶。也不是要你只穿中服，不穿西装。讲到做人，本不重在那些物质条件上。但如我上举那女佣，你若带她进夜总会，上跳舞厅，她定会高兴。中国一切旧花样，她准不会生趣味。此乃牵涉到社会风气、时代心理，又可由此引申到政治教育各项大问题上去。违逆人心总是难，而开导人心又不易。因此我举此小女佣为例，请大家莫忽视。

我曾去美国，一位美国朋友托他一朋友在夏威夷机场接候。他那位朋友是一虔诚的基督徒，在夏威夷当一私立教会学校的校长。他为我夫妇定妥了旅馆，又约某晚赴一盛大音乐会，他在那里作东道主。我夫妇在旅馆中几天早餐，常遇到一位白发满头的老太太，气貌慈祥，说来此看她六七年未见的子和媳。那晚宴席上，老太太也来了，始知今天的东道主，正是她老人家之儿与媳，她今晚也是同席一来宾。我夫妇席散告辞，回到旅馆，适有来客在客室中坐候，我们留在客室中谈话。客室一头是上楼电梯。少顷，门外车声，那晚的东道主扶着老太太进客室来，亲了一下她的面颊，道声晚安，那老太太独自进电梯上楼，她媳妇则留在车上未随其夫同进旅馆来。翌晨早餐，那位老太太万分兴奋，说她儿媳还约她去家中吃一次午餐，她此下即离此返纽约了。

上之所述，不关物质事，只是讲做人。若我们要学外国人做人，实也不简单。上述三人，学老太太最易，只要不对儿子抱存什么希望便得。媳妇也易学，只要是一新女性，谁也奈何她不得。学儿子最难，至少一点是社会不许其如此。人人羡慕外国人，但又不许人真做像一外国人。其中理由很难说，好在其事人人易知，也可不烦再说了。

我在美国，又熟识一美国青年，他亦是一虔诚基督徒，大学毕业后进神学院，那时已是一位传教士。言下屡以婚事萦虑。我说："以前中国社会竭力宣扬美国晚婚风气好，教中国人学步。现在你们又急得要早婚。"他说："那也没法，我到此年龄，再交不上女朋友，此下愈困难。"我也认识他父母，我说："你父母只你一子，又是对你很好，你独身生活感孤寂，何不时时回家省亲，好获得家庭之乐。"他说："美国家庭情形，你有所不知。若我携着妻子回家，我父母把我当作宾客看待，因我已是独立成人了。此刻没有结婚，纵有职业，回家还是儿了，父母不能以宾客待我，我心终有不安，不如少回家较好。"

上一事在美国早是一种普遍风俗，到处皆然，下一事则属一种心理习惯。中国古人说："非我族类，其心必异。"若非经他诉说，我们哪里得知。

从前中国青年出洋留学，短短三五年，埋头学校中，回来尽说外国好。我那次去美国……滞留在外的多出十年以上，我听他们讲美国便不同。最主要是在外国做一中国人，其事究多不自然，而且也不称心。年老的更怕儿子娶进洋媳妇，女儿嫁了洋女婿，把家庭气氛全变了。中年人怕儿女一进学校，回家便不肯讲中国话，累得心里焦急，也没法。只有年轻一批无所谓，但住久了，也得成家，也得生儿女，到后还不免要有中年老年人心理。

因此我再进一层讲，中国人在外国，存心要做一个外国人的纵使不能说没有，还是极少数，而且少之尤少。但在国内又不然。看人去外国，一如登天般。能久留不归，总是有办法，令人牛羡。其病根则在我们这一代的中国人，实也做得不像样，不健全，不光荣，所以总想变。我因此想，若我们这一代的中国人，能彻头彻尾变，能大家变做一个像样的中国人,皆大欢喜,不好吗?

既要大家彻头彻尾变作一像样的中国人,便该提倡中国道理,宣扬中国文化,使人有所适从。但又有人在此上怀疑,说:当前已是原子时代,哪能让你关着门来做一中国人。这又回到三十年前我和那位负时誉的思想家所辩论的老问题上去。因此造成了这一时代的中国人常在思想苦闷中,左不是,右不是,无出路,无作为,大家随波逐流,过得一天是一天,做人道理搁一旁,不要谈,这不是我们社会今天一番真情实况吗?

如若我们要来谈怎样做一个中国人,那便应该提倡中国已往的做人道理,阐扬中国已往的传统文化,好教人有一套做人榜样。但如此说下,又牵涉到文化问题、历史问题上去,又牵涉到思想问题、哲学问题、道德问题上去,并且又会牵涉到当前政治问题、教育问题、社会问题、经济问题、种种问题上去。做人问题在眼前,该当下立刻做。但此种种问题,尽讨论十年二十年,五十年一百年,也会讨论不得终了。其实在今以前一百年来,也已讨论到此等问题,只是徒增纠纷,不见解决。其症结正在人的问题上。只因我们这一百年来人不像样,所以种种问题会愈搅愈坏,若使人像样了,那些问题也就易得解决了。问题由人来解决,不是要待问题解决了才做人。中国古人说:"由人弘道,非道弘人。"又说:"道不虚行,苟不至德,至道不凝焉。"这正是一切全由人。做人则只是做人,且莫转移目标,故意把此问题放开去。

现在单就怎样做一个中国人之主题言,当前中国社会,究竟不得谓无人。人的好坏,人人易知,也不得谓当前中国社会无好人。若我们决心要学做一中国人，便当在中国社会中国人身上去学。当前即可，不必远求。孔子说："三人行，必有我师焉。"三人之中去了一人是我，其余只有两人。纵使在行道匆促中，不怕不识货，只怕货比货，只要客观一比较，此两人之高下优劣，自属显然易见。我只择其善者而从之，其不善者而改之，则自见师有余而学不足，自能下学而上达。所以中国古人又说，使我不识一个字，也将堂堂地做一人。当知做人无条件，只要有志做人，连教育条件也可不必要。不识字，不阻碍我做好人。多识字，也不能阻挡我做坏人。

中国历史上第一大人物是舜，自古称他为"大舜"。但舜未尊显时，居深山之中，与木石居，与鹿豕游，其所以异于深山之野人者几希。及其闻一善言，见一善行，沛然若决江河，莫之能御。但当知，舜之所闻所见之善言善行，其实最先亦只是在深山野人中间之一些善言善行而已。众人学贤人，贤人学圣人，圣人何所学？圣人则只学于"众人"。舜之居深山，孔子之三人行，皆是中国古代大圣人教人如何做人之绝大道理。故曰："待文王而后兴者，凡民也。若夫豪杰之士，虽无文王犹兴。"今天的中国社会，纵使你说没有一文王，但只要是豪杰之士，也会卓然兴起，做一像样的人。否则我们又要问，文王又是如何兴起的呢？中国文化最着精神处，便在教做人。只要我们莫多作怪论谬论，认为中国人根本要不得，在此时代绝不该再做一中国人，此等怪谬论消退失势，单单由我们回头来讨论怎样做一个中国人，则中国古人对此问题讨论已久，全部文化传统，最紧要最精采处便在此。礼失而求诸野，中国文化，还多在今天中国人身上。好榜样的中国人，还是存在于今天的中国社会上。只要我们肯立志要做一中国人，更请诸位能学大舜之隐恶扬善。则当前中国社会，仍不失为一个善的社会，我和你自然该可做一中国善人，循而至于做一中国圣人也不难。所以此一题目，还在各人立志，到底可以不说话。无志而空说，全是废话，不如不说好。

（《中国的空军》杂志邀稿，一九七〇年十月十八日《香港时报》转载）

文化与生活

"生活"即指我们每个人的生活,不用细讲,而"文化"必由人类生活开始,没有人生,就没有文化。文化即是人类生活之大整体,汇集起人类生活之全体即是"文化"。但我们也可说人类乃在文化中生活,人生脱离不了文化而独立。文化是个大圈圈,每个人的生活则是此大圈圈中很小一圈,或说是一点。我们也可说:文化与生活乃是一体之两面,一而二,二而一,可分亦可合。若论孰先孰后,如说究竟是鸡先生了蛋,或是蛋先生了鸡。若认鸡生蛋在先,则此下即成为蛋生鸡。所以既说先有人生才有文化,亦可说人生必在文化中。

　　此下,我将先讲下一层,即人生在文化中;然后再讲上一层,即"文化自人生而始起"。如何说"人生在文化中",如我面前桌上放一杯茶,诸位当知饮茶生活比我们个人生活早得多,在中国已有一千年以上的历史,其间亦历有变化。此刻饮茶已成为中国文化中一小项目,并不是我此刻要饮茶,即可有一杯茶。又若在中国文化中无此饮茶一节,我如何会忽然想饮茶。再说此玻璃茶杯,历史较短,当是西方传来。然则此一杯茶,乃是中国旧文化放入了西方新文化之内,乃是新杯装旧茶，即此可谓是一种东西文化之交流与配合。又如此桌上放一扩音器，此是西方文化中现代科学之产品，当不过几十年历史。现在我们在任何一讲演场合中，桌上放一扩音器，一杯茶，成为我们生活中很普通的一部分，但此乃是东西古今文化交流会合而始有。由此推想，每人生活中衣、食、住、行各项，乃至于其他一切，都是出生在文化中，没有一千年来之历史文化就不会有这杯茶，没有几十年来之历史文化也就不会有此扩音器。可见人类乃是生活于文化中，无大小，无轻重，形形色色，都各有其文化背景。我试浅作譬喻，人类之生活于文化中，约略就如其生活于空气中一般，衣、食、住、行、种种物质条件是具体的，文化则如空气，看不见，摸不着，是抽象的。诸位认为生活只是一项现实，但也有其另一面，有传统，有变化，有其不断之流通与更新，决非限于眼前现实，即能说明。

又如为何在此有中山堂，有光复厅？我们为何在此中山堂光复厅举办此一讲演？这都有其历史背景与其应有之作用与意义。刚才我来时经过街道，望见有间铺子名为"艾森豪"，为何中国店铺有此名称？当知此中亦有文化，并不偶然。

今天在座诸位，大部分是中年人，或者年龄更大，都不是此地出生，为何来此？是否由我们自己想来，是否即是诸位之自由意志。在座中亦有台湾同胞，回想二十年前事，可知台湾同胞来此听讲，此一历史经过，亦不简单。

我们今天济济一堂，很明白，很清楚，这即是我们生活中的一部分。但我们是"生活"在当前一文化大潮流大变动之下，我想诸位也可一想便知。不论此一文化变动是好是坏，要得与要不得，我们的生活,总之是由此变动而来,而亦在此变动之中。

我们再问,我们的生活是否只像喝茶般,喝过了喉咙就完?是否我们这两个钟头的讲演,散会后就一切没有了。诸位今天在此听讲,或许可能在各人脑子里发生一些小小的新刺激,增助一些新印象和新影响。人的生活尽有变化,可能来听这两点钟讲演,也能有作用。并且其影响和作用,也不一定只在今天。甚至可能在十年、二十年,乃至一百年或一百年以上还可有其影响和作用。

诸位或说这是时代在变,时代之变每天都有。

今且问时代如何会变?推上去,可说是历史在变。再推上去,则是文化在变。那就接触到文化问题。明白言之,生活上有许多事并不是我们自己要变,而是时代历史变,文化变,我们的生活即不得不变。这几十年来,中国民族文化可说是在极度骚荡中,可说是在天翻地覆,才变得使我们都跑来台湾。我们只简单思考一下,可知在我们每个人的生活之外,尚有个大力量,或说大趋势,驱使我们对此力量和趋势,不仅要知其由何来,亦该知其将由何去。如天冷穿厚衣,天热穿薄衣,下雨就带伞,这都不是我们自己忽然作主要如此。在我们生活之外还有一个大生活,要我们如此。我们则只是"生活"在此大生活之内,文化就是这个大生活。在我们生命之外,还有一个大生命,文化就是这个大生命。个人的生活和生命,则只是其中一圈小生活和一段小生命。

个人的生活和生命,虽亦有其力量与其道路方向,可是我们必当在此小生活之外,小生命之上,认识有个大生活和大生命。我们应在此大生活中得启示,在此大生命中得意义,不应懵然不知外面的时代，大潮流的变动。我们当知大生命的趋向在范围着我们，支配着我们。我们每个人的小生命，真如大海里一浮沤，高山上一微尘。倘使我们对此大生命懵然不知，虚过一生，严重说来，那是醉生梦死。平淡说之亦是随波逐流。不关心文化大生命的，那种个人生活是空洞的，是被动的，浮浅的，根本将是一不存在。

我今天所讲，主要在举出人是生活在文化大生活中，我们是此文化大生活中一小圈。

诸位当知，今天我讲这些话，在我生命中，也并不是突然的。我之所讲，或许在我生活中已先蕴蓄了几天几月，甚至有蕴蓄在十年、二十年或更久以前。故我今天这短短两小时的讲演，乃与我的长期生命合而为一。故在我生命中，此两小时讲演，也感有意义。我不是随便找个题目来应付，也不会讲过便休，在我心中便没有了。我们正各自生活在此文化交流之大激动大趋势之下，而由其安排着。若依照中国古人说法，此一安排就出于"天"。

孟子说："莫之为而为者谓之天。"可知我们各人生活，并不单凭我们各人好恶，或说是自由意志而决定。我们又当知，此"莫之为而为者"，亦可有两种分别。一是醉生梦死，随波逐流，或说是一种要不得的听天由命。自认为自己在生活着，而实非自己在生活着。另一种却是遵道而行，上与天合。要把我们各个人的小生命纳入到外面大生命中而与之为一。

孔子说："五十而知天命。"这一"天命"，是从外面派给我们的。像是没有人在命令我们，派给我们，然而确有在派给我们命令我们的，那即是"天"。

我们要懂天命,这是中国古人之老讲法。换新的话来讲,即是人当知其"生活于文化中"。我们现在所讲,其内容意义,若已与古人相隔甚远,但实际还是这一个。生活不能老是一样,犹如空气也不能不随时流通。在生活中要不断有新观念,新刺激,新启发,新觉悟,新变动。在生活心情上要有新创辟,不能只如穿过一件衣服换件新的,只在物质生活上翻新,那是要不得。

如各位若能由此引生出各位生活上一番新的心胸,变更了一番新的情调,那就好。不比喝茶穿衣,只在物质上变换,便无甚大意义可言。当知我们各人的心胸情调,也都由大生命中来。若照此讲法,并可知我们各人的生活,也是不能各别分开,不能各别独立的,在大文化大生命中有其共通面存在。不如喝杯茶,穿件衣,这是物质生活,可以各别分开。真实的生活,并不只限于个人的与物质的。只懂得有个人生活不能算是个人主义,只是把生活内容缩小以个人生活作目标,如人为何进学校,为何就职业,一切的一切,都以个人获得为目标,而其所欲获得者,则以物质为条件。那样的个人目标的物质生活,在人的生活中,只属于最低一级。

诸位或许说大家都这样,那是时代潮流,在此时代潮流下大家都这样,也觉得心安理得,那就大误而特误。中国历史已经有了五千年,人类历史,从原人时代起,则已有了五十万年还不止,此是人类共通的生活历史。我们如何只讲现时代,只讲个人。只讲个人,只讲现代,都有不对。但我们也得说:没有时代,没有个人,如何有此大生命,这就要转到我上面所讲第一个问题上去,即是"文化由人的生活而开始"。没有时代,没有个人,不能有文化。此层且待下面再阐发。

此刻仍再讲"人必生活在文化中"这一层。若我们不关心文化，只讲生活，此种生活乃是一种无生命、短暂而狭小，而又无意义可言的生活。深一层说，生命与生活不同。天地间一般生物——禽兽动物乃至于草木植物，皆不能说其没有生命，但其生命意义太浅薄、太微小，只是把生活占了重要地位。猫鼠也讲求生活。若我们只讲眼前个体自足的生活，只顾今天，不考虑到明天，只顾自己，不考虑到别人，此与禽兽、草木、猫鼠生活何异。此种生活，会合起来，就成一大自然。但人的生活，不尽于自然，而又有文化。文化有传统，有变动，不能今天这样，明天也这样。但也不能今天这样明天便不这样。生命中有新生，有旧传。有共通部分，也有单独部分。这不单是生活，而在生活中寓有生命，并寓有大生命。人之需要衣、食、住、行、或作或息，与禽兽差不多，那是自然生活，可以个别分开。但人类在自然生活中发展出一个文化大生命，便与自然生活有不同。

人类生活在文化中，与禽兽生活在自然中不同。人既生活于大的文化生命中，则更贵我们自己有自觉，要自己觉得，自己知道，由自己来负起这文化大生命的责任，来做文化生活中之一分子，一单位。我们放开眼界看世界各民族，中国有中国人的生活，西洋有西洋人的生活，其他各民族，各有他们一套。这是在自然生活之不同。我们并不是说人的生活可以不要衣、食、住、行，不要物质条件与个人生活。文化生活仍在自然生活中。我们只是要在物质、个人、自然生活之上还有一个文化生活。在个人生命之上还有一个集体的大生命。古今中外的大圣贤、大伟人，即如孙中山先生也一样需要物质条件与其个人生活，这都与我们一般。但其生活观念绝不是以个人为目标，以物质为条件。他的生活情调,生活心胸,如他所讲三民主义,即从中国文化大生命中来。在他的自然生活的小圈子之外,有个更大的文化生命的大圈子。这一个分辨,恰是中国文化最重视的,也可谓是中国文化的传统精神,也可谓是中国文化之特质。禽兽生活必赖物质条件,人的生活也要物质条件。禽兽生活是个体各别的,人的生活也一样是个体各别。但有一点不同,此所不同之点亦可谓是很少的,但我们今天所当特别注重者正是这很少的一点。人之所以为人,基于其在自然中展出了文化。我们不能专以个人目标来论物质条件,也可说这是一种天命,要我们在一共通的大文化中生活。这里有人禽之辨,义利之弊,也正是中国古人所特别注重的。

我可说今天世界所谓的时代潮流,都不是由中国流出,而是由西方流出。今天的中国文化,不被世界其他人类关心,也不为世界其他人类了解。西方文化力量太大,在各地发生影响。今天的世界潮流中,乃无中国文化。中国文化在今天的世界上无力量,无影响,地位太低,资格太小。如我们今天这个讲堂,讲桌上可以没有茶,但不能没有扩音器。推开来说,如前面所讲街道上那店铺取名"艾森豪",其他店铺取外国名称的着实不少。总之只要来自西方才对,都好。目前我们的一切,正是深受西洋影响。中国人喜欢西洋,崇拜西洋,甚至如一个店铺也得取西洋名称。好像是中国的便不值钱,不受人重视。

但今天的西洋人生活在我看来,正走向一条路,就是以个人为目标,而重物质条件的生活,这就是称为时代潮流的。但我要问,西洋文化从始就只是这样吗?倘使直从希腊、罗马以及中古世纪直到今天,他们的文化就只是这样,我想也就会没有了今天的西洋文化。中西文化固有不同，但不能谓西洋文化只是个人目标与物质生活，亦不得谓今天的西方社会，已全是个人目标的物质生活。但亦不得谓今天所谓的时代潮流不是在一方向走。这正是当前时代一大危机，可以造成此下人类之大灾祸。我认为今天的西方，实已走上了歧路。他们只在承袭他们祖先遗产而尽其消耗与剥削之能事。他们的祖宗遗产，使他们得有今天的力量与影响，但祖先遗产虽多，不能望其吃用不尽。

今天的西洋人，可说在世界上居于领导的地位。世界其他各地，则并无此丰厚之遗产，而竞相慕效西洋，无怪要造成今天世界动荡不安的情势，使大家感到今天不知明天之苦痛。

诸位可知，美国人在越南战事上将会怎样？苏俄对捷克又将如何？这些不但我们不知道，连他们自己也不知道。他们已尽为个人的、物质的问题所困。现在我们也尽在讲求个人物质生活，趋向时代潮流，狂澜无可抵御，真是一件值得忧心的事。我们固是在大文化中生活，西方也有他们西方文化的生活，但今天的西洋人，似乎不关切过去，不仅不关心，而且也不了解。只是在科学方面是进步了，其他如文字、哲学、艺术、宗教，乃至政治教育等，一切不如前。今天之美国，除却物质进步外，恐不能如华盛顿时代、林肯时代之美国。我们不能只拿物质条件来讲文化之各方面。科学发明固重要，科学也只是生活中一部分。例如我此桌上之扩音器，其所具价值不能比我讲话内容的价值更高了。其所有作用与意义，只要使我讲话的声音大家都听到。它是一种次要的副作用，主要的正作用则在我之讲演。听的人多少，讲的话多少，也都不重要。重要只是讲的人与听的人在心灵上能产生交流。如此想来，可见我们不能太过重视了科学。即论科学在西方，也是他们祖宗的遗产。现在西方人不该专以自傲。而且若使"哲学""文学""艺术""宗教""政治""教育"，各方面不长进，科学也将不能一枝独秀。我们不能只看今天，还须看到明天。今天有今天的时代潮流，明天也还有明天的时代潮流。我们不能只承袭祖宗遗产来过消耗生活。我们只认为他们的祖宗遗产了不得，该能统治世界，但直到今天，他们实还是不能统治世界。物质生活、个人目标，虽日见提高，但与世界人类的共同文化大生命无补。我们以前只争论究应学苏维埃、抑学美国……若学美国，尽讲个人目标与物质文明，在我们这里也是有毛病。其实我们也还是在消耗祖宗遗产，所以还得有今日。

若我们要学西洋文化中之精义。即说科学，西方现代科学也不从个人目标物质追求中产生。但到今天，西方科学亦已大部分被资本主义利用去赚钱，为帝国主义利用做爪牙。我可说，今天世界已碰到了文化的严重问题，今天不仅我们中国人要讲文化复兴，西洋人也应该讲他们的文化复兴，但是他们有一个错误观念，认为人类不断在进步，他们有一番骄傲心，看不起他们的前代。其实美国历任大总统，后来的，都比不上华盛顿与林肯。就各个人讲，那见得都进步了。我认为今天世界所急切需要的，还不是新的物质，而是新的人与新的文化。

文化如何产生？现在反过来讲第一个问题。"文化要从人的生活而开始"，而人的生活则必然是个人的。由个人生活汇合、交流、达于谐和，而产生文化。再进一步言之，每个文化，则都从其中少数个人开始。例如科学，没有少数大科学家，科学也就不会产生，不会进步。又如宗教信徒，即如他们教会中之所谓圣人的来做领导。诸位看：究竟是中古世纪耶稣教中的圣人多呢？还是现代的多？……个人的物质生活愈看重，则个人对文化上可能有的贡献将愈减少。文化要永远前进，则要不少杰出个人来开创，来领导，不能让他们都埋没在物资生活之追求中。要讲少数人开创领导文化，在中国此一理想最重视。似乎前代西方也比不上我们。例如希腊、罗马，早都完了，今天如法国、如英国，也快完了。只有中国传统文化更侧重反对此重视"个人目标"与"物质生活"的两项时代潮流。所以复兴中华文化不仅可以救中国，并亦可以救时代。

最要问题，则在能发展个性。教育便该在发展个性。教育便该在发展个性上立主意，起作用。推广言之，一个民族也有一个民族之个性。今天如要来创造世界新文化，西方人的心胸首应放大些，要懂得尊重其他民族的文化。不论是中国、印度、以色列人、阿拉伯人，乃至非洲民族，难道他们的文化乃无一处及得到西方吗？而且文化也不能单凭某一点评论其优劣。文化各有个性，正如个人之各有个性，皆当受尊重。如此汇合、交流，然后始可形成将来世界的新文化。

最近美国人为何热心研究中国文物？主要是要对付大陆，慢慢地始觉得中国东西也有意思。但要把中国文化和他们文化传统平等看待，其事尚远。我们若要自由，就必须看重个性。个性并不是物质的，也与生活以个人为目标不同。人类平等，亦应在个性上着眼。个人有个性，民族也有个性。最先应从民族解放开始，使各国文化系统获得平等重视，始是将来世界之真自由与真平等。

中国文化有其博大深厚之个性存在。今天我们中国人乃不知尊重，一辈青年自谓前进，不知美国的是非利病所在，而一意前往美国。求其底里，仍为个人目标、物质追求及仰慕时代潮流之三项观念在作祟。其后面很少有更高的观念，更大的心胸，更平正、更开阔的生活情调。当然，留学亦是件好事，但是时代病则应纠正，而加意在发扬各民族各自文化传统之新的内容、新的体系上。西方有西方的体系，东方也有东方的体系，将来两边可以互相配合。我们要放大心胸，才可创造新文化。简单一句话，先要发展个性，创造新生活。我们要创造生活的观念，生活的心胸与情调。我们可和西方人在同一桌上喝咖啡，但应有一些双方不同的情调，这才更有味。我们在此讲演场合，也可用西方人发明的电灯、扩音器等，可是我们要有我们要讲的话，要有我们的新的生活观念、新的生活心胸和情调。若在咖啡席上，只有西方情调，在讲演会上，只有西方观念，人人的心胸只是一西方心胸，一切全似了西方，全似了美国，则在世界上乃将没有了中国人。

今天我们提倡文化复兴，并不是要在世界上关着门讲中国，等于我不能在中国关着门讲我。美国也不能靠着科学只讲美国，苏俄也不能靠着他们的阶级斗争只讲苏俄。中国人如何能关着门，违反世界潮流来讲中国。提倡复兴中国文化，并不要这样做。我们讲"中华文化的特质"，也可说即是中华民族的特质。每个人都有其与众不同的个性与特质，父母、兄弟各不相同，一个人的真价值正在此。若除掉他的一些个性和特质，便如没有了他这个人。中国人不讲中国文化，中国文化特质就不能存在。我们要全盘西化，但我们究竟是黄面孔，即使少数人到了外国住上一二十年，想学他们几千年来积累留下的文化，也未必真就能学到。但自己的却丧失了。主张全盘西化的，也只在物质生活上着眼。各人便在各人立场向此物质生活方面追求。

诸位不要看轻"文化"二字。而且今天已到了民族解放的时代,同时亦即是文化解放的时代。各民族间之文化,固有其共通面,但亦有其个别面。世界人类文化之前途,决不就是一种清一色的如天下老鸦之一般黑。中国人可讲中国的,印度人可讲印度的,以色列人,阿拉伯人,非洲民族,都如此。不只是欧洲及美国可讲他们自己的一套。将来在一个共同大理想之下会合交流,取精用宏,乃始有世界人类新文化之展出。在今日的时代潮流,乃来追趋个人目标和物质生活,这是一条走不通的死路。我们不该人穷志短,只因时物质生活不如人,便把自己传统文化搁在一边,甚至想连根斩绝,只由每一个人在物质生活来迫向此现代潮流,那真要不得。

我们不要认为有了今天就可代表着明天,更不要认为有了今天便可不必要昨天。我们要新的文化,便旧的都不能要,那么明天更是新,今天就根本要不得。所谓时代潮流,一冲过去便完了,我们该换个观念,应放大我们的心胸,提高我们的情调,始有新人生之展望,与新文化之前途。大家应过现代人生活,那是不成问题的。但断不是要我们只追随此一时代潮流,专把个人作目标,专在物质条件上谋生活,甚至也不能专认现代科学便可包办了人类文化。每一个民族,都该回过头来找寻自己的文化传统,使每民族个性都得到自由发展,在每个文化系统下之每个人也如此。难道我们这一代的人,生下来就都该是一科学家吗?我们不应只说时代潮流,把每人自己的个性完全抹杀。有些父母见儿女看文学书或哲学书,却担心说:"将来你如何生活呀!"如见儿女读科学书,便开心说:"你好好努力,将来还可以出国留洋。"这也是我们的时代潮流。

我们该换一观念，换一心胸，换一情调，更注意到自己传统大文化中的大生命。我们也不要认为复兴中国文化乃是来与西洋文化做敌对。近代的西洋人，想把西方文化来统治全世界，但他们是错了。世界还未受他们统治，但他们自己却已四分五裂。美国也无法对付法国，甚至英国。苏俄也无法对付南斯拉夫、罗马尼亚，乃至今天的捷克斯拉夫。诸位只认为那些只是一个政治问题，经济问题或是外交问题吗？应知这是一个时代问题，是一个时代中之文化问题。在今天，非洲已独立了许多国家，亚洲也独立了许多国家，难道中国在此世界中便会没有他独立的地位。所怕是没有了可以独立的文化和可以独立的个人。在此所谓个人，乃指各个人之天赋个性言，不是指各个人之身体，属于自然物质方面者而言。我们为何要一意学外国？我们有我们自己的文化与生活，我们每个人都该了解自己、自己文化，并了解自己个性。都该参加进这复兴文化的行列，在这行列中，当一小兵也好。

我们当知，我们每一个人的生命，就可以代表着全体的大生命。而增添其意义与价值，主要则在发展个性上，并应在文化大生命中来发展我们各自的个性。

今天所讲的主要是讲今天的生活是由昨天的文化而来。明天的文化，是从今天的生活而起。"个人目标""物质条件""时代潮流"这三项，我认为要得而要不得。这也许是我个人意见。我们生在这时代，应顺应此时代，生活应有相当的物质条件。生活是个人的，这些都不错。但不能把这三个范围尽放大，而应在另一大范围中来调整这些观点。在大的文化生命中来调整各人的生活理想，使我们即从各人生活中来生明天的文化。

变与滥

《周易》"易"字,第一便是"变易"义。一部《易经》,只讲个变易。故曰:"穷则变,变则通,通则久。"《易传》里每以事业与变通并言。能变通,此事业始可久。不可久则亦无事业可言。但变非人人能之。《易》之《革卦》九五说:"大人虎变。"上六说:"君子豹变,小人革面。"此是说只有极少数大人君子始能变。群众小人非不想变,但不知变,不能变,则只能革面。革面亦是变,只是变的外皮,并不能在骨子内里变。大人君子变了。群众小人亦革面相从,而后其变始定。

　　民国以来五十六年,真是一大变之局。最显见者,莫如女性。高髻变而为短发,纤足变而为天脚,自顶至踵皆变了,但此等只是革面之变。一个新式女性,并非即是一个新女性。其次是读书人变得大,科举变而为学校。民国初年称为洋学堂,进了洋学堂,最后阶段是出洋留学。当时有人讥之为洋八股、洋翰林。一个新式的智识分子。也并非即是一个新智识分子。若使今天中国社会的女性,都是新女性;智识分子,都是新智识分子,那么今天的中国社会,也早变成一个崭新的新社会了。然而我们身居此社会中，却深感其不然。可知变不是一件简单轻易的事。

冬天如何变成为春天，小孩如何变成为大人，并非在一朝一夕忽然地变了，乃是朝朝夕夕、夕夕朝朝，默默地、寂寂地在变，忽然一天春天到了，小孩已成大人了。故《易传》里又说："化而裁之之谓变。"春、夏、秋、冬是一气之化，生、老、病、死是一生之化，"化"是在不知不觉而又不止不息中进行。化到某一阶段我们才知是变了。故所重在化，能化始有变。若使冬天冰坚雪厚，忽地一夜变得春来了，满眼杨柳桃花。气候变得太剧烈，我们的身心反而会感得受不了。若使一个婴孩，忽地一夜变成一青年，那则非神即怪，人的教育亦就无法可施。康有为上书前清德宗皇帝，说："守旧不可，必当变法；缓变不可，必当速变；小变不可，必当全变。"德宗与康有为之变法是失败了……

《周易》"易"字之第二义是"不变"。事有当变，有不当变，亦有当不变。此非大人君子不能辨。孔子告子路说："君子固穷，小人穷斯滥矣。"又曰："道之不行，已知之矣。"道穷不行而仍须固守不变，此更非大人君子不知不能，小人则穷了急要变，于是变而滥。"滥"是流滥、放滥、泛滥之义，如水流离其故槽，四散横溢，遇低洼处即去，尽自向下流。下流那可居，于是更要变，却变而益穷。在小人尚自以为求变，而不知其变是滥。一川之水，变而为一条干涸的废槽，那些水滴，则就不知去向了。

一九一二年来之中国社会，则不能使人无"变而成滥"之感。一般妇女界，不仅剪发放足进洋学堂，全成了新式女性。她们不甘心留在旧式家庭里做贤妻良母，那是一种旧人生旧道德，现在是该变了，但前面没有一条路，不知该如何般变。当然，也有不少女性中的大人君子，她们知变能变。但大多数则只变在外貌上。子女交与学校，家务交与仆佣，出空了身子，邀朋唤友，无日无夜，作为方城竹战之戏。那亦算是新妇女新家庭了，这不能说不变，只是变而滥。

进了新式的洋学堂而出国留学。当时本说是学成归来，救国家，救民族，此亦古人所谓通经致用之义。旧学之路既穷，变而求新学。此事不仅不可厚非，而且正是当务之急。但现在渐渐变成学成不归，不归也罢，又渐渐地变成归化为外籍，由中国人变而为外国人。国内人尽喊人才外流，在国外则说中国社会不长进，学成归来也无用。其间谁是谁非实也难论，要之是变成了新风气。为父母的，明知放子女出洋，不啻是失了此子女，但不能不放。政府也明知放人才出国，可以失了此人才，但亦不得不放。严格言之，此种变亦可说是变而滥了，则前面仍然会是穷，而且益滥会益穷。

不守故道，不走老路，想要换一条新道路，其事若易。但是倡导一新道，创辟一新路，其事则并不易。必有待于大人君子之知变能变者。大人君子之变，则必不是为其身生活私人打算而求变，乃为道而有变。道则人所共由，故待君子豹变而小人亦革面相从，而相与以共成此一变。当前的问题，不在争该变与不该变，却须平心认识我们究是变到了那一条道路上去了。才是！

《易》之《革卦》之《象传》又说："泽中有火，革。"这一局面很微妙。《兑卦》泽在上，《离卦》火在下，而合成为《革卦》。

火在下，火燃则水干。水在上，水决则火灭。《革卦》之《彖辞》又说："二女同居，其志不相得曰革。"据卦象是中少两女，少女在上，中女在下，此两女间，意趣情感均不易相得，于是遂成此局面，故须革。近代中国，是一新旧冲突之时代。时代反映到人心，甚至于各个人自己前后相冲突。如前清谭嗣同著《仁学》，主张破坏中国一切旧伦理、旧礼教，谓父子夫妇，亦各以名势相制。子为天之子，父亦为天之子，父非人所得而袭取。但谭氏到后来协助光绪变法，终以身殉。康有为以必变、速变、全变之，进告光绪，最后乃勾结张勋谋复辟。此下学人，如王国维之蹈颐和园昆明湖……此一时代前后学人之悲剧，亦即是此一时代大悲剧之缩影。我们则仍在此时代悲剧中，我们需变，主要乃在如何变得此悲剧停止续演。

《革》之初爻："巩用黄牛之革。"《象》曰："巩用黄牛，不可以有为也。"这是说当革之初期，最怕是急欲变，急欲有为。黄牛皮坚韧，可以用来约束使物不流散而团结巩固。不是用来防变，乃是用来防滥。群众一知前面道路穷了，于是急得争着变，但又不能真知如何样变。弃却旧的，争向新的，泛滥四出，不可收拾。那时便是正少一条黄牛皮带子来约束来指导人慢慢地向一条正路上去变。

犹忆十数年前去日本，日人某君长我十岁以上，屡与我谈东方文化中日国运等问题，相得甚欢。一夕有宴会，宾客未集，某君拉我坐一角落，与我长谈彼邦社会前途可虑。谓重获自由，人心浮动，而趋向未睹。那时距离耶稣诞尚有一月之期。彼告我近来日本社会盛行递送耶诞贺卡,尤其是学校青少年最喜此风,渐染及于全社会,日本本非一个耶教国家,而此风如此流滥,彼谓只举此一例可概其余。彼因告我,意欲效法我们蒋公昔日所提倡之"新生活运动",欲在彼邦结约少数同志联合发起,彼欲询我以此一运动之经过及其实际情况,并欲听我对彼这一番意见之批评。我告彼耶诞新风气,中日两邦正如鲁卫之为兄弟。正欲继续长谈,而客来渐众,不能两人长坐一角落尽谈下去。因约另择一暇时再谈,而竟未得此机会,我即匆匆离去。隔了几年,我又途经日本意欲特访此老,适彼有西欧远行,先一日进医院,作全部身体检查,另一友人告我,在此两日内,恐彼不能见客,而出院便须成行,遂只通一电话致候。又越三数年,闻彼已逝世,唯彼之一夕谈,则长留我脑际,迄今未忘。最近日本社会变动,较之十数年前初晤某君时,更已大异。我亦不知日本社会之近况。要之某君之意,则正符《周易》《革卦》初九"巩用黄牛之革"之涵义。彼亦非欲禁日本社会之变,乃欲防其变而滥,深识远虑,良足追念。

我写此文,又正是耶诞节日快来。我们的耶诞新风气,应比往日某君所见日本社会的情形更甚了。此种风气固是变,但亦有些近乎滥。若真能变,则定不会至于滥。滥了,也得有减损。多搓几场麻将,总于改革新家庭的理想有损无益。多有几人留学不返归化外籍,也总与革新教育的理想有损无益。逐年增加耶诞热闹,也总于改革新社会新风气之理想有损无益。今世界有大人君子,如何来一个虎变豹变叫人革面相从?我们只能馨香祷祝以待。我此文则仅能指出《易经》《革卦》初九一爻"巩用黄牛之革"之涵义,来警戒我们且勿轻于有为，莫以无益损有益。虽是卑之无高论，但我们要好好迎接此一变的大时代之真个来临，此却不失为一番有意义之警戒。否则先是穷而斯滥，久则会成滥而益穷的呀！

（一九六八年一月一日《自由谈》十九卷一期）

下编

中国人之宇宙信仰及其人生修养

中国文化建基于人生修养，而其有关人生修养者，则根源于其对于人类所生存的此一宇宙，以及此宇宙与人生间之关系之一番认识与信仰。

中国人对于宇宙与人生之认识与信仰，既不成为一宗教，亦非全本之科学，更非如西方哲学上之唯心论与唯物论，成为一番纯思辨之推理。在中国则只是一套常识，历古相传，彼此共认，在枝节上纵非无异同，但大体则终归一致。我此下所讲，将不多引典籍作为一种学术上之讨论，而只是简略地，概括地，作为一个共通之说明：

中国人看事情，每喜看作一个圆，不喜看成一条线。我们看此宇宙，亦当可分成几个圈来看，然此亦只是勉强所分，实际则宇宙只是一整体。

首先我们来看此宇宙之最外一圈，也可说是最高一圈，亦可谓此宇宙乃从最外一圈逐渐缩向里，亦可说此宇宙乃从最高一圈逐渐落向下。中国人称此一圈为天，在宗教上即说是上帝，在科学上说，则是一大自然。唯在西方，科学与宗教相冲突，如宗教家说上帝创造此世界与人类，此世界则以地球为中心。太阳依此地球而运转，但经近代科学发现，此宇宙既不以地球为中心，人类则由其他生物进化而来，若照科学家言，则宗教上上帝创世之说，终不免需要有改变。但中国人说天，则同时兼涵有主宰与自然之两义，亦可如宗教家言，称此天为上帝，亦可如科学家言，称此天为自然。因此在中国人观念中，似乎宗教与科学间，不致发生有冲突。因此，虽经近代科学种种发现，而中国人向来对天之一观念，则仍可存在，不需大改动。

中国人说天，又可分为两部分，一部分是可知的，另一部分是不可知的。宋代理学大师朱子说，天即理也，此理是自然中之主宰，此天即理之说虽属新义，却可与中国古人说法无大违悖。因理有可知有不可知。主宰此世界此宇宙者莫不有理，而理则必归于一理。我们虽可知此宇宙间之许多理，但我们若问此世界此宇宙究由何来，此一切理中之最高或最先一理究是如何，此则即在近代科学也难解答。即使再历数百千年之后，科学日益发明，此一问题将仍难解答。在科学后面，将会永远有一个不可知。纵使科学无限止地发展，此一不可知仍会跟随在后。唯我们尽可知得在此一整个天体与整个宇宙之上或里，必然有一个最高真理在领导，在主宰。西方近代科学家们，曾有一时期，认为只凭人类科学发明，可以径由人类科学来领导此世界，主宰此宇宙。但此一观点，终于随着科学之逐渐进步而渐归于消散。主宰此宇宙者，还是在此宇宙大自然中有其为人类所不可知之真理之存在。因此在西方，科学宗教尽相冲突，却依然并存两行，不能全由科学来代替了宗教。

在中国，此宇宙大自然中一项最高不可知之真理即是天，由天来领导主宰此宇宙大自然,中国人又称之曰天命。宋儒言天即理,此一理体,宋儒又称之曰太极。万物共一理,因说万物共是一太极,物各有一理,因说物物各是一太极。依照天即理之说亦可谓万物共一天,而物物又各是有一天。此一太极,因其无体可寻,故又曰无极而太极。似有而实无,似无而实有。故中国人说天,并不说成具体一上帝,而只认天是一最高真理。此一最高真理是上帝或不是上帝,此亦不可知。因此,中国人观念中之天,实可以弥缝现代宗教与科学两者间之冲突,而使之和会为一体。

中国人之天,细分可作两圈,其较高或较外一圈,即指不可知之天而言。又一圈较落实,较缩小者,此指天体天象,如日月星辰,阴阳寒暑,风雨晦明等一切言。天理天命乃是形而上者,天体天象则是形而下者。形上难知,形下易知。在中国则同认为是天。在中国古人或许对形下之天之知识有错误,有不尽,但经人类科学知识不断进步,在此方面知识之缺乏与错误可以随时补充,随时修正,而无伤于大义。

由此在最高或最外的天之一圈,更落实或更缩小,则为地。地则是属形而下。中国古人说,气之轻清者,上而为天,气之重浊者,下而为地。此一说法,只是说天地虽可有分别,而实同为一体,亦可不分别。故中国人常天地连举。若就第一圈之天言,则不仅天有不可知,地亦有不可知。若就第二圈之天言,则天地同为可知。可知与不可知,又可合而为一。在世界各大宗教则每言天,不言地,若地则不能与天并列。但在中国人观念中,常把天地并重合看,在天中即有地,在地上亦有天。此乃中国人之宇宙观念所以能摆脱宗教束缚,而向下与科学通声气之重要关键所在。

从高高在上的天地大圈更落实,更缩小,则又有物的一圈。此一圈,又可分别为两圈,外一圈是无生物,里一圈是有生物。中国古人常言天地万物。当然天地亦可是万物中一物,但中国人观念,常言认为有了天地,乃有万物,万物只在天地之内,而更落实更缩小言之者。而严格言之,所谓万物,其中有些则并不是一物。如言土地,言山河,皆是。因此,中国人又在万物中分别指出有五行。行是流动义变化义,不是固定而可加以分割者。金、木、水、火、土,是谓五行。此乃指出在万物中有五种不同方式在流行变化中。一个方式是向内收缩的,这是金。一个方式是向外放散的,这是木。一个向下的,是水。一个向上的,是火。一个是平铺若无所向的,是土。万物之一切变动流转,不外此向内向外向上向下平铺无所向之五方式,故中国人称之曰五行。如印度佛教讲地水风火四大,此乃就人身中所有分别言。中国人言阴阳五行,主要乃是把气之阴阳归入了天地界,而把金木水火土五行归入在万物界。在五行中只木是有生物,但中国人观念,有生无生,虽可分,亦可不严格分。而木之列入为五行,主要乃指其在万物之变动转化中之占有某一特有形式言。

由于无生物之一圈再转进再收缩,则当为有生物之一圈。物而寄寓有生命,应该与无生命之物有了绝大相异。但中国人之宇宙观,固亦看重其分别相异处,同时亦同样看重其合一会通处。故言天地万物,乃见万物仍包含在天地圈之内而一气相通。在万物身上,则各有其天地之一分。又说二气五行,乃见在万物之变动转化中,仍只是阴阳二气在化。在阴阳中有五行,在五行上亦见有阴阳。生命一圈则仍包含在天地万物之大圈之内，虽有分别，而仍相通。

中国人于天地观念中，重要在观其化，又进而观其生，故又曰：天地之大德曰生。在万物中有生命，也只是天地之一化。而生命本身则即是天地大德之所表见。

由物的一圈转落到生命的一圈，再由生命的一圈转落到人的一圈。中国古人说，人为万物之灵，此语有两涵义。一说人亦是万物中一物，第二义则说人有一种灵，或说心灵，或说性灵。但不是说万物无灵，唯人有灵，实是说万物各有灵，而人则为万物中之最灵。此万物之灵何自来，则来自天地之神灵。而人之灵，则为万物中最能表达出此种神灵之存在者。天地本质即可谓是一种神或灵，万物各赋得此神灵之一部分。人则最能表达此神灵，于此更见人即是天，天人合一，即合一在此灵之上，而益见宇宙之所以为神而不可测。

人之灵，最易见处在其心。故人之在宇宙圈内，一面当属于万物圈内之生命圈，又一面则在生命圈内自成一心灵圈。人有心，其他生物亦有心，至少在高级动物内，显见其有心。因此从生命界渗透入心灵界，或说由生命界转化出心灵界，至少此一转化，在一些高级动物身上已开始。唯演变到人心最灵，乃始到达其顶点。天地变化，却不能有更灵于人心之一物之出现。

现在问，在此宇宙间，如何由物的世界中展演出生命，如何又由生命的世界中展演出心灵。近代科学对此问题，也尚未能十分完满地解答。在西方哲学家中，有主张生命意志说的，谓一切生命皆有其求生保生延生的一番意志。如草木植物由其根柢而萌芽，而枝叶，而花果，由此一生命成长过程中，即看出有一项生命意志之存在。所谓意志，则即可说其是一心。

但此乃哲学家言，科学家不愿侵入形而上界，则只认心亦是一自然现象，但有了此一自然即心，却回头来变动创造出许多非自然之自然来。如鸟在树上做窠，原先树上没有窠，三天五天后，搭成了一窠，此乃是由生命界来改造了自然界，或说是由心灵界来改造自然界。自有了为万物之灵的人之心，而天地自然界乃大大改造，其实已远非原先之自然。

如我们遨游山海，纵观郊原，在我们只说是欣赏自然，实则到处已是人文化成，一切皆是由人类文化来改造过了的自然，已并不如洪荒原始之自然。我们此刻走遍全世界，已很难觅到几处洪荒原始时代之自然，即未经人类心灵所改造过之自然。今日之所谓自然，大致都经过了人造，亦可说心造，都已显然接受了人心要求而如此。

如此则在自然世界中，乃又产生了一种别经创造的新世界。如梁上之燕子窠，如檐下之蜘蛛网，莫非由生命界背后一番生活意志来创造。至于有了人世界，那就更是如此。此如一棵树内生了蛀虫在蛀这棵树。天地自然产生生命，生命便如一蛀虫，回头来蛀此自然。人类则是天地自然界中一大蛀虫，于是在如上所谓之天地万物之外，又平添了更多的人造物。人造物之背后，即见有一颗人的心。人为何要造此物，人又如何能造此物，皆是人心作用。

如一所建筑，并非自然自可有此建筑，乃是人心凭借自然，利用自然而始得有此建筑。我们只在此一建筑上，便可看出人类的许多心智与心欲。而且此一建筑，实乃由长时期演变而来。在此建筑上，不仅可以看到当时从事此建筑者之心，并可看到经年历岁，越过长时期，古人从事建筑之心，亦在此建筑上积存表现。此之所谓惨淡之经营，经之营之，煞费心血。经营而达于惨淡之程度，人类在此一建筑上所费心血，更是不易细说。

一物如此，物物皆然。但再从另一方面说，生命与心灵之在自然界中，一面固是在建造，另一面却是在破坏。试想我们完成一人造境界，要破坏几多自然境界。因此也可说，人类文化日进步，而自然环境日破坏。此乃一事之两面。但人终是从自然中产出，也仍得在自然中生存，若过分破坏了此自然正如蛀虫蚀树，那树的生命完了，蛀虫的生命也将失其依附。中国老庄思想，要人归真守璞，重返自然，而不赞成人类文化之无限向前，这也有他们的看法。

但我们若转换一看法，人心也自天地自然中来，心与物交，凭我们人心之灵，来改造自然物，以备人生之用，此亦是自然。亦可说是一种天理，亦可说是一种天命，其事皆由天。由人之心灵来改造万物之背后还是有天地自然在主宰，在领导。近代科学家，因于有了科学发明，而过分自喜自傲，认为人类可以凭借科学来宰制天地，替代自然，则不免有些处流于过分与偏激。但如中国老庄思想，则过分消极，过分悲观，亦反而不自然。

上面讲的也可说是心灵界中之第一圈，乃属心与物交之一圈。更进一层，又可划出心与心交之一圈。上面说过，其他生物亦有心，至于人各有心，则更不烦再说。心不能封闭在内，必然要向外通流。若果封闭在内，不使向外通流，则会失去此心，更不见有心之存在。今专就人言，心与物交必要靠两只手，人和其他动物之不同，主要在人有两只手，其他动物，有时用四条腿，有时用一张嘴，有时用一条尾巴，至于植物，并此而没有。人则能站起身来，运用两手十指，因此人之遇物，心灵运用更为灵活，也可说人之心灵，因其有两手而始更见为易进步。

至于心与心交，人类主要则在语言。鸟兽只凭叫声，喜怒哀乐种种内心情感，所能表达有限，而其相互间之感染亦有限。因此，其内心情感极粗略，难进步。智识方面，只凭叫声，更嫌不够。如老鸡叫小鸡吃米，或叫小鸡躲避老鹰，只凭一叫不能明白告诉小鸡此地有米，或天上鹰来，因此心心相通之可能亦有限，感情智识两不能进，只得停留在最初阶段上。人类则凭有语言而感情日益腄挚，知识日益精明，心与心之交流相通，日益畅遂。

马克思只知人类有双手为其生产工具，因此他只知道心与物交之重要，却不知心与心交之更重要，于是遂有他的唯物史观与阶级斗争论。他只认得人类之能创造出一个物世界，却不知道人类之更能创造出一个心世界。只知有有关人生的物世界之存在，却不知更有有关人生的心世界之存在。我上面说，人生修养，必根源于其对此宇宙之认识，马克思以唯物与斗争为人生修养之终极目标，正是一最好例证。

一草木植物之生长，固然有赖于其内在之 分生命力，但亦需外在之土壤水分阳光等种种条件相配合。心亦有其生长，亦可谓心亦有其生命，心生命乃是物生命以外之另一种生命。其最先来源亦不得不谓其本于天。心生命之生长亦赖外在条件之配合，人类之有手与口，乃是人类心生命生长之主要的外在条件。如言建筑，由穴居巢处直到今天之摩天大厦，一般说来，此是一种物质变动，此乃人类所创造的一种新的物质世界。就实言之，此亦是一种心的生长。人类的心生命，乃寄存于外面之物质世界而获得其生命之进展者。均在此宇宙界，凡属人类所创造之新的物质世界中，则莫不有人类心的生命之存在。

人类自有语言，继之而有文字，于是心与心之相通，乃急速进展。在此宇宙中，既由心与物交而创造了一个新的物世界。又因心与心交而创造了一个新的心世界。此一心世界，乃不仅是寄附于各自身体内之每一人之心，而变成为超越于身体外的心与心相通之心。此心可称之为大心，乃是人类自有文化以后所发展而成之新心。今所谓人心者，应指此心言。至于寄附在各自身体内之心，则仅可称之为禽兽心或生物心。亦可说生物心禽兽心乃是先天自然的，而此共通之广大心，乃人类之文化心，则是后天生长的。此一个心世界，亦可称之为精神界。我们不可说此宇宙则只是物质的，更无精神存在。而此一精神界，则还是从宇宙自然界之一切物质中展演而来。故此人类文化大心，我们亦可说此乃心与天交心通于天之心。唯此由人类所创造出的精神界，即心世界，实则依然仍在宇宙自然界，物质界中，相互融为一体，而不能跳出此自然宇宙，而独立存在。至于如上面所说，在此整个宇宙之最高最外一圈所谓不可知之天，既中国人既不认其是一物，亦不认其是一心，而只认是一理。只因此理无可说，故谓此理不可知。

今再综述上说，我们人类所生存之此一宇宙，乃是外围一大圈，亦可称此宇宙圈为天地圈。在此圈内，包有一小圈，是为万物圈，万物圈内又有一小圈，为生命圈。生命圈内又有一小圈为心灵圈，心灵圈内更有一小圈则为人心圈。此一人心圈应属最小而有莫大妙用，可以各自的己心通他心，又可以心通物，以心通天。此一小圈可以回归到最高最外一大圈而同其广大，同其精微，同其神妙。故人类文化之终极理想，中国古人则称之曰天人合一。亦可说为是人类文化与自然之合一。

亦可换一说法，由天地圈降而为万物圈，又降而为生命圈，再降而为心圈。所谓降，是落实义，亦是递次演变义。愈落实，愈演变，即能逐步翻身，转向上去，愈接近原始自然中之神通内蕴。所以中国古人说先天而天不违，后天而奉天时，万物皆是后天而奉天者。至于心灵阶段乃能到达了先天而天不为之阶段，到那时人类生命所存在之世界实已无异于天堂。中国人则称之曰大同或太平。此乃人类文化之大理想所寄，大功能所在。那时的人生不仅要道德，不仅要科学，不仅要艺术，还要三位一体。人类文化凭于此道德科学艺术之三位一体而不断前进，而还归自然，而上合于天。

在中国古人小说中，有一寓言故事。一道士担一竹笼，笼中两鹅恰恰地放得正好。嗣又放进两鹅还是正好。于是连续放进，一百鹅，两百鹅仍然正好。笼不加大，鹅不加挤，尽放还是依然。此笼正如人心，可以无限充实。如夫图书馆看书，穷年累月，博极万卷，他人心里的尽量装入己心，还是尽宽舒。即为科学研寻，上穷碧落，下彻黄泉，天地之高厚，万物之浩博，可以在一心中装进。恰如那道士之竹笼般。而且上下古今，亿万人心里所有，可以全装进己心。己心所有，也可转装进别人心里。而且随时装进，可引起整个心之随时变动。恰如一小石投落池塘，池塘中水，激漾成圈，圈子愈扩愈大，全池塘水滴地位一一无不受动，而还是那一池塘之水在那里，这又远非那道士竹笼寓言，可相比拟。

再说心交物，可以把心装进到物内。如人唱戏，把来录音，灌成唱片，再放如同再唱。把我心写进文字，思想也好，情感也好，别人读此文字，正如我心复活。一走进图书馆，古今中外，亿兆心态，全部收藏在内，由人阅览欣赏。正如千万个广播电视机放出无限声音色相，荡漾太空中，只要有一架机器收接，长波短波随意收看收听。则在此宇宙之内，别有一个心世界之存在，夫复何疑。

即如我在此讲演，讲演完毕，大家散了，人各一方。但讲演内容或可在各人心里掀起微波，不仅三天五天，甚可至三年五年，乃至数十年，在某几个人心上保留变化，此绝非不可有之事。再把我此番讲演，录为文字，此项文字，保存愈久，读的人比听的多，影响会愈广大，愈精微，抑且愈新鲜愈活泼，此亦事所可有。

上面又说过，宇宙自然界，应有一主宰。此项主宰，从各别处到会通处，从广大处到精微处，由万到一，最后则应有一最高主宰，亦即是一最高真理。无此一项最高真理，宇宙何由成立，何由存在，何由变化。若使尽此般日新月异变动不居，而无一最高真理在背后作主，那将是一件不可想象之事。心世界由大宇宙展演而来，心世界亦该有一真理主宰。中国人称之曰性。中国人极重此性字，认为不仅生物有性，无生物亦有性。如火之必炎上，水之必润下，附子必热，大黄必泻，此乃物性，万物原于天地，万物之间有一大共通，因此物性亦有一大共通。此一大共通即是天，故曰天命之谓性。进而至于有生物，好生求生，此乃生命界共同之性。此如上述西方哲学家之所谓生命意志，而又微有不同。因有性而展演出心。生命是一大共通，生命界之心与性，亦有一大共通。人类生命又是此生命大共通圈中一小共通。人性乃由天赋，故曰天性。人心最灵最能表现出此性，即是最能表现出此天。故曰人性善，因整个宇宙只是一善。天有好生之德，此即宇宙之善之表现。人性之善，则即是此宇宙之善之一表现，如此则由性展演而来之心亦必是一善，人心之善，中国人称之曰仁。故朱子说仁者心之德爱之理，理学家又说，仁者能以天地万物为一体，故能对天地间万物一视而同仁，天地之于万物则亦一视同仁者。

老庄持相反观点，老子曰：天地不仁，以万物为刍狗。庄子说：惟虫能虫，惟虫能天。只有一条虫，此乃有生命中之最微小，最低级者，虫之心功能不能彰著，故能保留着天之所赋予而从虫身上显示出天。人类则有文化展演，讲仁义，讲礼乐，讲道德，讲修养，离天日远。唯上古文化之展演尚浅，故能较接近于自然，较不违背宇宙之大真理。

儒家则谓人类文化虽似违离自然而展出，但实质上则是由人逆转而还归于天，人类文化始是自然展出之最高点，而使文化与自然合一，人道与天道合一。此则须赖有人之修养。故孟子曰：尽心可以知性，尽性可以知天。《中庸》又曰：尽己之性可以尽人之性，尽人之性可以尽物之性，而后可以参天地，赞天地之化育。天地化育，此乃自然大德，人则可以由心逆转而直上达天德。故中国古人又以天地人为三才。此才字即指能创造世界，完成宇宙之才。天地在那里不断工作，不断化育，而人亦能之。上述人类以心交物而创造出物世界，人类以心交心而创造出心世界。此人类所创造之物世界心世界，则与天地自然同一存在，相互融通。此乃是人法天而有之工作，故曰天行健,君子以自强不息,哪里如庄子所说惟虫能虫,惟虫能天呀!

现在再综述上面分析,宇宙间最高最外一圈是天,天是一主宰,是一个不可知之真理,乃属形而上。第二圈是天文学上所研究之天,日月星辰,春夏秋冬,此是一个可知之天,已属形而下。更下一圈是地上万物,从第二圈起,亦可合说天地万物,皆属形而下。万物之内一小圈是生命,生命之内又一小圈是心。其中有一个直贯诸圈融通一切的则是性。宋儒说性即理,又说天即理。直从最高第一圈之天,降落到物与人之圈内者主要便是此性,此性皆从第一圈之天来,故天即在万物中,而万物身上亦皆各有天。但其最后最内一圈之心,其最成熟而最富代表性者是人心。人心却可弥纶宇宙,融彻万物,以最精微者上通最广大,以最具体者上通最抽象,以最后最内一圈而上通最先最外一圈。换言之,心之一圈已形成为精神界,而形成了此宇宙全体之另一面。此已是一现实,而同时又是一种理想,要待人心之继续向此方面而展演。

此一展演,却寓有人生最高无穷妙义。西方古代希腊人把此宇宙分成真善美三面,此下分展出科学、宗教、艺术三条大路。中国老庄道家最重视真,但他们只发展了一套自然哲学,并不能发展成一套自然科学。孔孟儒家最重视善,从善字上发展出中国传统文化中最具重要性之道德精神。而艺术一项,则儒道两家皆有发展,皆有成绩。凡属中国艺术,皆同时具有自然性与道德性,再不能分别为儒道两家作观察。

中国儒家思想更要是真善美三者之融凝合一,凡属善,则同时必兼真且美。《三字经》上说,人之初性本善,单标一善字来说性,此是中国文化最要精义所在。但性与心之间，尚有一项微妙分辨，应在此处作一交代。心固由性展演而来，但性只属天，而心则属于人。由性展演，乃是自然天道。由心展演，乃有文化人道。即论科学艺术亦如此。单由自然展演不出飞机与太空船，必待人类以心交物乃有飞机太空船之出现。艺术与科学同是模仿自然，因依自然。但必由人类之以心交物，乃始有艺术出现。自有艺术，而天地自然始增添了新节奏，开出了新生面，天地自然乃有一种新风格与新境界。至于人类之以心交心，创出一套真善美合一调整之理想人类文化，而天地变色，宇宙翻新，其事更值重视。

《中庸》上说，天命之谓性，此是天地圈内事，又说率性之谓道，此当属万物圈内事。不论有生无生，万物应无不能率性。《中庸》说鸢飞鱼跃，庄子说惟虫能天，此皆是率性，皆是道。但此只是自然天道，至于人心功能，主要在其能修道而立教。试问若非人心功能，又何来有修道之谓教一句。故唯此句，乃始落入了心灵圈，而心灵圈之只在天地万物圈，其义亦可见。

天地自然之道，必表现在万物上。而人类心灵之大功能，则必表现在每一人之个别心上。

说到这里，又有一绝大问题待解答。即是人类中一个小我个别之心，何以能表现出宇宙大整体之真善美来，而又能表现在真善美为浑然之一体，此层还待继加阐发。

主要则在根据上述信念，宇宙生机，天地大德，永永无极之化育工作，其最后果实则为人，其最后核仁则为人之心。故唯人心乃可以反映天心，而且承续天心，以开创新生机，展出新宇宙。今试举一例为说。老子曰：我有三宝曰慈、曰俭、曰不敢为天下先，此乃老子就其尊重于自然立场者而言。天赋予万物以性，其有生命中之较高级者则又莫不赋之以一种自然之慈。不仅如诗人之咏慈乌，即虎豹豺狼亦莫不有慈。苟非有慈，则幼何以育。但天道任于自然，一往向前，此乃一种顺行之势。唯有生在先者慈其后，生者亦依样慈其后，如是以生生而不绝。但此仍只是自然天道。中国古圣人始来提倡孝道，感恩报德，回过头来，逆其势而行使后生者来孝其先。庄子说至仁不及孝，天地之生生化育，固是一种大仁大德，但何尝要万物之受化育者回头来孝天地，天地则只务化育而止，亦无所用心于其间。故老子称之曰不仁，而庄子则称之曰至仁，其实皆指天地之无心。但儒家始建立起人道，与天道相往复。天道慈而人道孝。此一倒转，相反相成。故天地之仁则转成为偏面的，而人道之仁则始是全面的。其主要关键在人道中有孝。然若非有天地之仁，则人道之孝，又何由兴起。故人道必然本原于天，而又回归于天，而又在天地自然中，创造出一番新花样，此所谓赞天地之化育者则莫妙于人类有孝之一端。中国《孝经》一书，把孝父母推广到孝其国家民族，孝人群又进孝天地。旋乾转坤，其关捩，其枢机，则在每一人之心上建立。后来张横渠《西铭》，始是畅申此义，而较之《孝经》，则更为超越而精湛。

天道不言孝，人道始言孝，此始是先天而天勿违，至于慈则只是后天而奉天时。故孝实是敢为天下先。人道中自有孝乃始与天地并立成三，此则又非老子之所谓俭。俭只约己自守，奉行天道而止孝则始自立人道，参天地而极广大。所以荀子要批评老庄，说老子知有后而不知有先，庄子则知有天而不知人。

但我们试反心自问，孝心是否违了天道，逆了人心，此又不然。孝也还是人性所有，此只是尽心后始知性。此等皆是中国儒家立义湛深处。必从此等处悟入，乃始了解得宇宙，把握得修养之要道。故张横渠又说为天地立心，为生民立命，为往圣继绝学，为后世开太平。此乃儒家传统抱负，亦是儒家所讲人生修养之最高理想终极所在。

陆象山亦说：人同此心，心同此理。此心此理万世一揆。又说：宇宙内事乃己分内事，己分内事乃宇宙内事。如是则只要心把握得理，一人之心即人人之共通心，人人之共通心，一面是由宇宙生机，天地大德，一面是由人生文化，两者间合一演化而来。而每一人之个别心，则位于其交点，而成为其枢纽。中国古代圣贤：孔孟先训，下至宋明理学家言，有关人生修养心性道德方面的问题，骤然看来似乎是千头万绪，人各一说，但提纲挈领，其最高宗极，则在上通天德，其最要方法，则在反求己心。本此两端，而求到达真能融和合一之境，则大宗纲所在，各家所说汇归互通，理无二致。

故专言修养工夫实则不在天而在人，不在性而在心。天与性上无可用工夫，工夫只能在心上用。在人类共通心上亦无可用工夫，主要则需先在己心上用。人能以心交物，而有科学与艺术。人能以心交心，而有道德与文化。一理想之宇宙，必包括此真善美三项。一理想之人生，亦必包括此真善美三项。而此三项则又必于善之一项为综汇。无论科学真理与艺术美感，必归宿到善字上，而后始有其意义与价值，而后始可有永久之存在与无穷之发展。否则真者终于是不真，美者终于是不美，只要脱离了一善字则终非可大而可久。而且只有善之一字，每一人之个别心可以反求即得。我们纵自谦退，说不敢希圣希贤，但终不能谦退到说我自己不够条件做一个善人。科学家与艺术家则皆非可期望之于人人，势不能使人人都成为一科学家与一艺术家，因此，此两者也不能悬以为尽人所当向往之共通大目标，而其在人生文化中之意义与价值上，亦终于成次一级而非最高级之目标，所能为人人之必可到达者。所以《大学》上说，止于至善。无论宇宙与人生，皆必以至善为止境。在至善之内，尽可包括至真至美，而真与美之分途发展，有时则会背离了善，而其自身亦将失其存在而消失。

再言世界各大宗教，自今视之，似是疆界各别，壁垒森严，难于协调。但从各宗教之教义言，则任何一宗教亦无不劝人为善，无不当奉止至善为其最大之纲领。近代人或有的要想把科学来征服自然，或有的要想把艺术来代替宗教，此等皆属不可能之事。违逆了天亦将不能有人。只有中国古人提出止至善一语，实可奉为世界人类之一项共同教义，世界现有各大宗教，于此都难自外。故唯有奉此止至善三字为人类最高标的，现有各宗教庶可得其会通，而不相冲突。但在中国传统文化中却自己不产生宗教，此因中国人之宇宙信仰已落实到认人心为宇宙之核心，认己心为人类大共心之起点，只此心一念之善，便可感天地而动鬼神，其着力处在己不在外，此一层便与人类现有各宗教之必倚仗外力蔑视小我者不同。因此只有中国人能把人类自己之道德心性修养来代替了宗教，直从己心可以上通天德、与宇宙为一体，故在中国文化中宜可不必再有像其他宗教之产生。

以上所说，是会通着古代圣贤孔孟先训，下及宋明理学家言，并旁及百家群籍，撷其精华，取归简要，并用现代知识，现代语言加以述说，而亦不免有些处加进了我个人之自己意见在内。在我自信，中国人之宇宙信仰，大体是如此，而中国人之人文道德修养，则必根据此项宇宙信仰，而后始可窥见其根源之所在，旨趣之所极。至于进一层来详细探讨涉及人生修养方法上之种种具体问题，则非此文所欲及。只要我们能先立志向，务使自己确然成为一善人，此一事则只在反求己心，无待他求。纵使一字不识，反己求之，亦有余师，更不烦定要从博杂深奥处来立论求证。我们只要使自己能各自先成一善人，循至于善人道长，恶人道消，社会自可成为一善的社会，世界亦可成为一善的世界，宇宙亦将自见其为一善的宇宙。道在迩不必求之远，千里之行起于脚下。真是人人易知，人人能行。若舍此一步，则将永无前程可言。中国传统文化之伟大，及其主要精义所在，亦当从此一端去认取。读者幸勿认我此之所言乃一种陈腐之说，而忽之，则中国文化复兴与世界人道光昌，端可由此发脚也。

中国传统文化与宗教信仰

去年十二月四日，基督教中国宗教研究社贾保罗博士介绍丹麦作家罗时甫先生来新亚，当日所谈问题，以中国文化与基督教为主要点。同来者尚有石施仁牧师及新亚同学石治平君，会谈几及两小时。罗时甫先生以极诚挚之态度提出问题，事后并由石治平君摘要记录。顷贾保罗博士创编《景风》，特来征稿，爰本当时石君治平之记录，撮述大旨以应。

中国传统文化中虽无自己特创的一种宗教，但不能说中国人没有他们所特有的一种信仰。中国人相信在宇宙一切万物及人类之外，别有一个最高存在，即"天"。此一最高存在之天，乃为宇宙一切万物及人类之最后主宰。

但若求中国人对此一最高存在之天，作一具体而肯定之特殊描述，则中国人必以"不知"二字答之。盖中国人认为此一最高存在之天，乃超越于人类知识范围之外，并应归属于人类所不可知之部分者。

唯中国人又认为宇宙一切万物乃及人类，皆由于此最高存在之天而有，因此，宇宙一切万物及人类，其相互间，应有一"原始和谐"乃及"终极和谐"之一境界。至于过去、现在及将来，宇宙一切万物及人类相互间，种种纷乱和冲突，此等现象，只该从一切万物及人类本身求解答，决不能谓出于天心和天意。

若求解消此宇宙间一切万物及人类相互间之种种纷乱和冲突，就人类自身立场言，应从人类之自求和谐开始，乃能企及于一切万物之终极和谐。

同样道理，就人类中各个人之立场言，欲求人类和谐，应从人类中各个人之自求和谐始。

人类中各个人之自求和谐，应该从各个人之自求其内心和谐始。

中国人认为人类之各自有其心灵，亦由于此最高存在之天而来。因此个人之内心，乃及于全人类之心与心之间，亦必有其原始和谐乃及终极和谐之一境。中国人认为，必由各个人先求内心和谐，然后乃可企及于人类相互间之和谐。必由人类自身和谐，乃可企及于宇宙一切万物之大和谐。

此在中国人理想中，谓之"天人合一"。

天为人所不可知，而各人之内心，则各人可以自知。若自心和谐，则觉安。若自心不和谐，则觉不安。因此，中国人认为，只要求心安，便是有合于天了，此之谓"心安理得"。

中国人认为，一切理，也是出于此最高存在之天，而作为宇宙间一切万物与人类之最后主宰者。因此，不合理便不能安。心安了，便知理得了。

因此中国人认为"天与理一"，而欲求知天，则不是纯粹信仰的问题。欲求知理,亦非纯粹理智与思辨的问题。欲求知天与知理,重要乃是人的"修行"问题。重要须从各自"内心之和与安"处求,重要须从人与人"相交之和与安"处求。

求得各自内心之和与安,求得人与人相处之和与安,进而企及于人与物相处之和与安,乃始当于理而合于天。

这是一个"心性修养"的问题,这是一个"道德行为"的问题。因此中国人极看重道德行为。道德的主要标准,仍在各自内心之和与安。各自内心之和与安与否,即为是否合于道德的一种最亲切而最简易的考验。

中国人认为世界各民族各派宗教,只要在期求各自内心之获得和与安,期求人与人相处之获得和与安之上有贡献,则正不妨可以并存。因此,中国人也有信佛教的,也有信回教的,也有信耶稣教的,甚至也有信儒、释、道三教同源的。因此,只有在中国,世界各派宗教,可以和安相处,可以融凝合一。

但在中国文化传统之基本信仰上讲,中国人是信仰"性善"的。唯其宇宙一切万物乃及人类,全从此最高存在之天而来,既然宇宙是一个原始和谐,而又必是终极和谐的,因此宇宙整体便是一个"善"。

善是原始的,恶是后起的。善是终极的,恶是暂发的。

善恶之辨,主要在人心上。各人的心,自知有不和与不安,又自知从不和中求和,不安中求安,那即是善端发露。人心永远如此,永远向和与安而前进,因此说"人性善"。

人心此项永远向和与向安之性之善,亦自此最高存在之天而来,故中国人信仰，认为善源于天。至于种种不和与不安之起始，只是起始于宇宙万物乃至人类相互间事象之变动与关系之复杂，这正赖人类理智为之作种种之安排与调和。

若此种安排与调和失其所，遂使人心感到不和与不安，而于是有所谓恶。即如人之求食，根本并非恶，但因求食而起之种种不当的安排而始引生了所谓恶。人之求偶，根本亦非恶，但因求偶而起之种种不当的安排而始引生了所谓恶。因此说：善是原始的，恶是后起的。善是终极的，恶是暂发的。

从中国传统文化的立场来说，也可说善是天道，恶是人事。但只可说人事中引生有恶，却不该说人性本是恶。人性由天道中来，因此说人性善。

若说人性本是恶，则必毁灭了人性来回复到天道，那与中国人信仰的"天人原始合一、终极合一"之理想不相容。

天人原始合一，这是一信仰；天人终极合一，这又是一信仰。这两个信仰，远在宇宙原始与宇宙终极之两极端。至于在人类的智识范围以内，则只见有人，不见有天。无论过去、现在与将来，好像永远有善恶冲突，永远有不和不安，这是尽人可知的。但人又是永远在不和不安中求和求安的，这便是永远在背恶向善的，这又是尽人可能的。中国人的传统文化，则是永远把握着此两极端，而只在其中间阶段，就其尽人可知可能处，来教导人为善去恶，这即是中国人所谓的"中庸之道"。

因此，如近代西方科学上种种智识之新发现，只要其对于人类安排万物，使之向和与安而前进之这一期求上有贡献，中国人意见，认为科学与宗教,科学与道德,正好相得益彰,根本上不应有内在之冲突存在的。

以上所说,只说中国传统文化之内涵意义有如此,至于目前的中国种种现实情况,并不能十足代表中国传统文化之内涵意义,这正如世界上一切人事不能十足代表天道一般,那是不足为奇的。

············

中国传统文化是否可以接受基督教?中国传统文化是否可以接受共产主义?这些问题,首先该说明中国传统文化之内在涵义,而始可求解答。因此,我此篇之追记,则仅注重在阐发中国传统文化之内在涵义之一点上。至于当时和罗时甫先生讨论过程中所牵连到的其他谈话,则暂此从略了。

(一九五八年香港《景风杂志》创刊号)

孔孟学说蠡测

窃谓孔孟学说，为人人所易知易晓，亦为人人所易学易行，同时亦是人人所应知应行者。

何以故？因孔孟学说乃根据实际人生中人人之本所知、本所行者，而指点出一套人生大道来。人生本在此大道中，一经指点，自感亲切，断无易知不能行之理。

人类处在此宇宙大自然之内，与万物并存。孔孟所指点出的人生大道，从这一端讲，乃是人人之所易知易行，从那一端讲，则此人生大道，可以通乎地，宜于万物，使人类文化得与天地大自然融凝合一。

因此，孔孟学说，乃无时间空间之限制。在此世界人类大群中，不仅是无种族别，无国家别，无时代别，无环境别，孔孟学说乃是人人都该知，人人都该行，而在实际上，则早已有所知有所行，只是其比数有多少，分量有轻重。在此世界上，乃觅不到一个完全违背孔孟学说之社会。换言之，乃是不能有一个完全违背孔孟学说之人生。

远在原始人类洞居生活时代，那时人类已有了三年的婴孩期。在此期中，若使父母不能养育此婴孩，婴孩不能亲依其父母，则人生将由此而绝，无可继续。

此三年之婴孩期，乃天地生人所以异于其他禽兽之处。故父母之慈，子女之孝，实乃一切人道之基本。人类不仅早有此行为，并亦早具此心情，根于心而见之事，因此心乃由天赋，为人人所同有，故又谓之"性"。

一切人生大道皆由此一基本事实上推演发展。凡孔孟学说中所讲人类之心性道德，为一切人生大道建基立本，亦皆由此基本事实上来阐发引申。

人类之生原于天，世界人类亦无不知尊天，由此而展演出种种不同之宗教。孔孟学说中之"尊天"精神，亦与世界各大宗教并无二致。唯孔孟学说就人事论人事，认为人道即由天道来，尽人道即可以上通于天道，而孔孟学说则并非一宗教。

人类在天地间，既与万物并存，欲求人生进步，必求处理万物得其宜，世界人类亦无不知重物，由此遂有种种科学发明。孔孟学说则只把握了人生大道为无穷尽之科学发明作一大张本。故曰"正德、利用、厚生"，凡一切利用、厚生之事，必以正德为前提。只求不失德，不逆天，则一切无穷尽之科学发明，皆将受孔孟学说之重视，皆可为孔孟学说所包含，而孔孟学说则并非一科学。

世界人类文化，唯宗教与科学，为能普遍流进社会之各方面、各阶层，而有其永久之存在。孔孟学说，非宗教、非科学，而堪与宗教、科学鼎足而三。孔孟学说乃为介于宗教与科学间之一"中道"。发挥孔孟学说，可以会通宗教科学，而使人道益臻于光昌。上所谓孔孟学说可以通天地而宜万物者，其意义即在此。

世界愈展演，人类愈复杂，于是在宗教与科学之内及其外，乃有种种专门技能，专门知识，因时、因地、因事、因人而各别兴起，但门类日细，则纷歧日增，在其相互间，可以各不相关，乃至互有抵触。孔孟学说则并非一专门学说可比，孔孟学说乃求会众异而达一同，把握住人道之中心基点，而又为人人所易知易行者。若使孔孟学说，能发挥光大，得成为世界人类文化之共同中心，得成为世界人类社会之共同基础，则凡随时兴起之各项专门知识与技能亦将能会归一极，相得益彰，其贡献于人类大群者将益大，而其相互间种种不必要之冲突与阻碍，皆可避免。

孔孟学说，备载于《论语》《孟子》两书，人人可以就其各一章各一句而分别有所得。如人饮水，随所汲取，各自满腹。随后有《大学》《中庸》。《大学》专论人事，有"三纲领八条目"，自格物、致知、诚意、正心、修身而至于齐家、治国、平天下，本末精粗，包罗具备。《中庸》则从人事而涉及宇宙万物之大真理大运行，自夫妇之愚不肖之可以与知能行者，直至于虽圣人之亦有所不知不能者，皆求有以会通合一。后代儒家选此两篇与《论》《孟》并尊为《四书》，自宋代以下，历七八百年，《四书》成为中国社会人人所必读。

后代儒家对孔孟学说有种种阐述发挥，亦多奉此《四书》为出发点。

中国文化本以孔孟学说为中心，中国社会本以孔孟学说为基础。近百年来，因于世界潮流之激荡，此一中心渐见淡漠，此一基础渐见动摇……欲求复兴文化，则复兴孔孟学说自为其主要首务，可无疑义。

窃谓复兴孔孟学说，不仅所以复兴中国文化，实亦所以顺应世界潮流，古今中外，可以会归合一。复兴中国文化不仅为我国家民族振衰救弊，实亦可为世界人类文化开其新生。

此一事，唯盼我国人上下……各发大信念，各备大勇气，各就自己的位分，即从夫妇之愚不肖之所能知能行者起脚，黾勉以赴，各自在格物、致知、诚意、正心上切实下践履工夫，以达于身修、家齐、国治而天下平之大目标，则虽圣人亦有所不知不能之高远境界，亦将逐一昭显在目前。

孔子曰："仁远乎哉，我欲仁，斯仁至矣。"此"仁"字正是孔孟学说所讲人生大道之主要中心所在，此一中心，近在人身，并有其深厚的种子在人心里萌芽。虽曰兹事体大，只要立下志向，有信念，有勇气，自能当下即是，无远弗届。

（一九六八年纪念孔诞典礼讲辞，九月二十九日《中央日报》载）

中国传统文化中之道德修养

中国文化可一言蔽之，乃是一种"最重视道德精神之文化"。

"道"本指行由之路言。韩愈说："由是而之焉之谓道。"如我们此室，出入必由户。此即是道。跳窗爬墙皆非道。一切事，皆犹如出入此门般皆有道。故孔子说："谁能出不由户，何莫由斯道也。"人无道，则自会无出路。

"德"字犹如"得"字。一是赋于天而得于己，一是由己行之而得于己。韩愈说："足乎己，无待于外之谓德。"人生一切道皆由人之德性中自发，不待外求，故曰足乎己，无待于外。人之德行，对他人固可使之各有得，但在自己同时亦有得。如己行孝，在父母固有得，在自己亦有得。所得繄何？即使自己成为一孝子。此之谓品德。人有了一种好品德，自会感到内心一切满足，无求于外。所以韩愈那句话，应该从人己、内外双方去解释。

故中国人之"道德"二字，应做如下之说明：

一、人性赋于天，由此而行之谓道。故人道亦即是天道。若违逆于人性，则决然不是道。

二、人之行为，应本于己之内心以为最直接之出发点，亦应归宿到己之内心而有其最直接之收获。若不由己出发，又于己无得者，皆非德。

人类之生，本是赤裸裸地一丝不挂，除却一身体外，没有带什么到此世来。人类之死，除却那一身体外，一切身外之物，也全都带不走。而此身体，又必腐坏，不能保留。然则从整个人生言，岂不是到头一场空。抑且不仅无所得，反而有所失。试问人生意义何在，价值又何在？

但照中国人说法，则实不如此。人之生，除却此身体外，还带有他自己一个天性。人之死，什么也没有了，但他自己那个天性，却还存在，可以长留人世，长留天地间。

人之在世，行忠则为忠臣，行孝则为孝子，行善则为善人。行一切德则为一有德之人。

为忠臣，为孝子，为善人，为有德人，此之谓"成己"。不仅他之一己完成了，同时亦可完成他人，与一切外物。

自有人生，直到今天，一切完成，皆则由诸忠孝善德来。若其人不忠不孝、不善无德，此人在世，绝对不能有所完成，而且必然会有破坏。破坏了他自己，也破坏了他自己以外之别人。若使人类全都是不忠不孝、不善无德，则不会有今天的人类。而且天壤间，亦不会有人类之存在。

只有忠孝善德，可以长留在人世间。只要此人世间存在，此诸忠孝善德，必然会存在。而且正唯此诸忠孝善德之存在，故使此人世间获得永久存在。

中国古人说："孝子不匮，永锡尔类。"人世间必然会有孝子不断产生。孝子与孝子为同类，后一孝子产生，正如前一孝子复活。前一孝子，锡与后一孝子以感召，后一孝子锡与前一孝子以呼应。中国文化中之道德精神，正要使此项道德精神长期永生与不断复活。文化绵延，实乃此项道德精神之绵延。文化光昌，实乃此项道德精神之光昌。每一人在实践此项道德精神而获得完成者，彼将在此人世间长期永生，与不断复活。

以上是指出了中国人所用"道德"二字之涵义及其用意所在。以下再略讲"修养"二字。

如在此桌上一盆花，须不断加以培养与修剪。虽有天然生机，仍须人工培养。纵得生机畅遂，仍须人工修剪。人之德性，亦复如是。

人世间自有文化演进，愈来愈复杂。人性亦有多方面。以多方面之人性，处此复杂环境中，遭遇随人不同，随时随地随事而不同，故人生道德修养，亦无一条死法，可以教人人都如此。但从大会通处来讲，总可找出其会通点。

《中庸》上说：

天下之达道五，所以行之者三。曰：君臣也、父子也、夫妇也、昆弟也、朋友之交也五者，天下之达道也。知、仁、勇三者，天下之达德也。所以行之者一也。

人与人相交则不外五条大路，此五达道，中国人又称之曰"五伦"。即在无政府时代，仍有君臣一伦。如一工厂，有工程师必有工匠；如一医院，有医师，必有助手与护士；如一银行，有总经理，必有簿记会计出纳诸职员，此皆属君臣一伦。如昆弟，乃指长幼言。在家纵是一独子，出门必有长幼之分。其余三伦可不必言。故知人世间人群相交，必有此五伦。此乃是人生中五项共通大道。

在此五项共通大道中，每一项必有无穷不同之情节。但人要履行此五达道，实践此五伦之理，则必具三达德。所谓三达德者，乃谓此三德为人人共通所必备。

"知"更要是指智慧言，不指知识言。知识必从外取得，而且取之无穷，取之不尽。尤其是某项知识，则只供某项特殊应用。智慧在己，应属天赋，不待外求。有了智慧，自可应付一切。一切忠孝善德，皆必以智慧来履行，来实践。愚忠、愚孝、愚善、愚德，皆是要不得。

"仁"是人伦大道。中国古人说，"仁者相人偶"。人与人做搭档，必先具备一片仁心，必先奉行一番仁道。人而不仁，谁也不能和他做搭档，他也不能和谁做搭档。

有了仁和知，还须具备"勇"。有勇气，才能敢作敢为。世人遇道德关头，非是无知，亦非不仁，只是拿不出勇气。种种推诿，藏头掩尾，白落得内心苦痛。所以勇也成为三达德之一。

其实此三达德，皆由天赋，我所固有，不待向外面求取。然则何以说"所以行之者一也"。因一切忠孝善德，虽说情节万不同，总只是每一人自己称德而行，率性而行，遵天而行。五达道则只是一道，三达德亦只是一德。人则必要亦裸裸地做个人，身外一切分别如富贵贫贱皆可不计。不能说富贵了才能做人，贫贱的便不能做人。智愚也然，此智愚是指知识言。不能说进过大学，受过高等教育的才能做人，不是高级知识分子便不能做人。陆象山说："仲我不识一字，也将堂堂地做个人。"人类祖先，都由不识字来。若我们祖先都不能做人，哪里还有人类遗传到今天。

可知中国人讲道德,只是讲的"做人道理",而此种做人道理,却是最自由,最平等,最博爱的。亦是最合自然的。自然生人,是一个赤裸裸的。人生道德,亦是一个赤裸裸的。绝无外面一切条件可言。唯有赤裸裸的人生,始是真人生。亦唯有赤裸裸的道德,乃始是真道德。

但人生与道德,却有同样一条件。即人生必在人与人之中,道德也在人与人之中。离开了人,便没有我,没有人生,没有道德。此是中国文化精义所在,也是中国人所讲道德之精义所在。

但话又说回来,人类有了道德,才有文化演进。自有文化演进,而人生日趋于复杂。人生日趋于复杂,而道德情节亦遂千差万别。若非有道德修养,道德实践乃成为非人人所可能。即如上述"知、仁、勇"三达德,试问人类中能有几人能具备此三达德而成为一完人。于是在人类中乃不能不有一番道德修养方法之讲求。

《中庸》上又说:

好学近乎知,力行近乎仁,知耻近乎勇。

此乃中国古圣人又为知、仁、勇三达德提示了三种修养方法。那三种修养方法,却又是无条件的为人人之可能。

好学并非如上述进大学出国留学等,可诿为无此条件,无此可能。每一人不能自诿说我不好学。如诸位在银行服务,尽可随时随地随事而学。此一种学,须出于自己心中之好。好学本身已是一道德。若强迫而学,学而不好,那是苦痛,非道德。

好学不即是知,但可以破愚。愚者自是而不求。如诸位从事一项职务,只知在此一项职务上,做一天和尚撞一天钟,马虎过去,自谓尽职,其实只是一种愚。人之智慧,虽出天赋,但亦须日有浚发,始得成熟，人不好学则天赋智慧，日就窒塞，势必成为愚人之归。故好学虽不即是智，但已是近乎知。

中国古人说，"仁者以天地万物为一体"，那岂是件易事。如诸位在银行服务，岂能把银行当作自己家庭看，把银行业务当作自己家事看。但诸位只要能力行，当会计的尽力当会计，当簿记的尽力当簿记，虽不即是仁者之心，但亦已近乎仁者之行。我们为私家事，不是便尽力而为吗？为公家事亦能尽力而为，则力行虽非即是仁，而足以忘私，则即已近乎仁。我们试各自问，我们可以自诿为不能力行吗？力行亦是无条件而人人能之的。

知道了好学力行仍须勇。若无勇，则不坚强，易退转，易畏难而不前，易因小挫折而失去。勇由何处来，虽亦是天赋，但须人能自鼓此勇气。中国古人教我们应"知耻"。人纵可自诿说我无勇气，但不会自诿说我不知耻。知耻虽非即是勇，但知耻可以起懦。懦人甘为人下而不辞，知耻则自能站起堂堂地做人。不期勇而勇自生。

上述好学、力行、知耻三项，都是无条件的，反己即得，所谓"足乎己而无待于外"的。我们纵要自诿，说我不能知、不能仁、不能勇，但却不能自诿，说我不好学，不力行，不知耻。如是则将不得齿人数。此真是人人能知能行的一条易简大道。我们各人所有大知、大仁、大勇之入德之门即在此，我们要复兴中华文化之当下至德要道亦在此。幸诸位莫以我此番讲演只是一番老生常谈而忽之。

当然我此所讲，亦只是简略说些大纲节，其中尚蕴有无限妙义与胜义，则待我们各自在此好学、力行、知耻之三项目上努力，自会日进无疆，一切妙义胜义，全可由自己内心体悟，更不待多言说。

农业与中国文化

个人对农业是一完全外行人，但生长农村，差不多前半生的生命都在农村度过，因此对于农村生活略有所知。

讲到中国社会，不能说它完全是一个农业社会，大都市大工商业从战国后，两千年来不断向前，哪能还说它是农业社会，但中国文化却可说确是一个极深厚的农业文化。农业有它几个特征。从此等特征下产生了我们中国文化之许多特点。

农业第一特征是一半赖自然，一半靠人力。从事农业定要外在条件，如天时、气候、温度、阳光、雨量、风，以及土壤、养分、河流、灌溉等。所谓天时、地利、物产，又必有许多动植物能和农业配合。这些条件都是外在的，中国人总称之曰"天"，天给予了我们这些条件，但还得我们人的力量迎上去。农业是一项勤劳的工作，所谓粒粒皆辛苦，来处不易。我们中国古人所称"天人相应"，"天人合一"，正是十足道地的一个农村观念，一种乡下人想法，但实有它纯真不可颠覆的道理。中国古圣先哲则不过将此农村乡里人观念中的那一番真理，拿出来加以指点与发挥。

若使没有外在条件，我们的人力就无所施。若使我们没有自身内在条件，一切天赋也就不能发生它应有的作用。我们中国古人所讲的天人合一，或者也可说上帝同人类是一体的，也可说自然和人文是一体的。所谓一体，则只是合而为一之意。

在此观念之下，我们的农业人生又有两观念随之而生。此两观念，须相互配合，不可偏废。一曰"乐天知命"。外面自然条件所给予我们的，这是天意所在，我们该乐受。但又该知道天所给予我们的那些自然条件有限制，我们应知命。所以在乐天知命那句话之后，我们还该有一句话，即是"尽其在我"。该要善尽其在我内边自身的条件，才能与乐天知命那句话相配合。我们不该把此两句话分开，单讲乐天知命固不够，单讲尽其在我也不够。

进一层说，我们人类一切的聪明智慧能力等等，也都是上帝赋给于我们，而此一切所赋也有限，一定还要靠外边条件。如此说来，尽其在我，也就是乐天知命。两句话本来讲的是一个道理。在乐天知命一句话之中，本已包有尽其在我之意。而在尽其在我那一句话之中，也已包有乐天知命之意。此两句话，相包相融。我们不能像一般宗教家，太信任了，拿大部分责任都交给于上帝；我们也不能像一般科学家，太偏激了，认为我们人类可凭自力改造自然，战胜自然。实际此项所谓改造与战胜还是有限度的。而且人类本身也即是一自然，不凭自然，何来改造，何来战胜。这些都是中国人的看法，实际上，这一看法乃从农业人生中来。从此看法中，建立起一套文化体系而又加以不断之前进，成为一传统，以直至于今日，所以我说中国文化是一种农业人生之文化。

继此还有第二点，农业人生和其他人生不同之点。农业人生必然常与生物为伍，因此在农业人生中，必然极富生命意义。也可说，农业人生乃与其他生物为朋友，做搭档。农业人生的对象，则都是有生命的，农业人生乃与其他生物相依为命。我们讲到自然，应该分作两个圈，一个是有生命的，一个是无生命的。当然此两圈同为是自然。今说无生命的自然是外圈，有生命的自然是内圈。农业人生所更接近亲切的则是有生命的内圈。我们不能说农业人生不接触到无生命的外圈，但其间不能说没有一个亲疏远近之别。

中国古人又说，"天地之大德曰生"，这便与其他宗教观念不同。如耶稣教说法，人类生命乃是上帝对罪恶之一种惩罚。如佛教说法，一切生命都是一种无明作业之轮回流转。此皆与中国古人称自然中之有生命为天地之大德者不同。今再说：此一大德，何以不专归之天而要兼称天地，当知此亦是一种农村人想法，农业人生必然是土著的，必然要依存于土地的，所以才"天地"并称。

我们又说万物一体，一视同仁，这个一体，主要亦指生物言。我们并不能说我同这个扩音器一体，亦不能说我同讲堂一体。佛教说人身由地、水、风、火四大合成，近代科学的讲法，人类生命也可和此无生命的自然一体。但我们中国古人之所谓万物一体，其实际内容乃是从一应农作物，乃至农村家畜马、牛、羊、鸡、犬、豕等等着想。我们的生命，乃和它们的生命像是合而为一。一应农作物之生长成熟，当然要靠我们人力，而我们人的生命，也同样要赖借农作物作为食品，而又要靠马、牛、羊、鸡、犬、豕等从旁协助。这个万物一体之想象，乃由我们农业人生中之真实经验来，所以才能接着说一视同仁的话。一个农人对他的田野五谷亲切有加,那岂不是一视同仁吗?五谷的生命,就如等于是我的生命。所以又说:"民吾同胞,物吾与也。"人与人等如一家同胞,那些物呢?就如我的搭档,我的朋友。这个"物"字,当然是指有生命之物而言。所以中国文化,首先极看重自然,而又在自然中特别看重到生命。中国古人所谓一视同仁的仁字,便是中国文化精义所在。此一"仁"字,正是指的生命与生命间一种呼吸相通、痛痒相关的极深微的情感,此一种情感,正该在农业人生中体会与培养。

现在再讲到中国人向所重视的"性"的问题。物各有性,中国古人说:"天命之谓性",在此性字上,便见是一个天人合一。但似乎人性难讲,物性易知。马、牛、羊、鸡、犬、豕一应家畜都有性,亦都为人所知。稻麦五谷乃至桑麻等亦皆有性,或喜冷、或喜热、或爱燥、或爱湿,其生长则或快或慢,如是等等,皆是物之性,皆为人所知。而此性字的后面,则显见有一个生命意义在内。

佛教则说四大皆空,因此亦说"性空",主要则在超脱生命,归于涅槃。近代科学则注重讲"物理"。它们所研求的物理,比较是以纯物质的无生命的物质为主,而把有生命的也并在无生命的一边去讲。中国人讲理也讲性,宋代理学家说"性即理也",是要把无生命的也并在有生命的一边来讲。如说水向下,火向上,此是物理,中国人也说它是物性。有生命的无生命的一样同有性。所以我们要讲穷理尽性,把无生命的与有生命的会通一气看,亦会通一气讲。

中国人讲性,有一个最重要的观念,就是说"性之善"。此一性善之"性"字,则纯指人性言。天地之大德曰生,天赋人性则都是好的善的。其最先赋予之起源处是一善,其最后发展之归结处亦必是一善。总而言之,人的生命是善非恶。在整个宇宙中,中国人把人的生命来做物的生命之中心与主脑。使此宇宙人性化,则亦成为一善的宇宙。此一看法与想法究竟对不对呢?这是另一问题,此刻暂不深论。但此一看法与想法,亦是从农业人生中产生而成为中国文化之精要意义所在,则不可否认。

所以我们要说由尽己之性来尽人之性,由尽人之性再来尽物之性,如此以赞天地之化育。如栽一花,种一草,花草都有它的性,我们要懂得如何来尽它之性,那不是我们人便在赞助天地之化育吗?花草犹然,对于人类自身,自不必说。再讲"化育"二字,"化"是变化,此层易讲,自然科学讲物理,便是要研求其一切可能之变化。但化字下又加上一育字,"育"是养育,是教育,在育字的涵义中,便显见有生命。我们人类该能帮助天地来化来育,这一想法,又和一应宗教家想法不同,也和科学家想法不同。这是中国文化中一项特殊的宇宙观与人生观,由此造成中国五千年文化而成为其一个主要的基础与中心。

现在再讲,生命存在,则必有"时间性",生命传播,则必有"空间性"。因此一个农人,定要懂得时间,定要有一副忍耐。《孟子》书里有所谓"揠苗助长"之故事,便是告诉我们在生命成长中时间性之重要。一粒谷种下地,须懂得慢慢等,谷亦有性,不能勉强急要它成长。所以中国人讲德性,特别看重"忍耐",要耐得一个久。生命又必要散播,一颗谷,明年可变成十颗,百颗,所以中国人又很看重"扩散",看重"推广",一切要留有余地。一颗种,可以散布到全宇宙。唯有生命，可以成得一个"大"。虽然一个农民并不是一个哲学家，但他们很懂得看重时间空间，对一切事物的看法，都能加进时间空间去打算，因此我们中国古人才能提出"可大可久"的一句话来。人类一切事业，要久亦要大。生命要久，其事易知，生命要大，其事便较不易知。但中国古人很早便知有大人小人之分别。极深的一项哲理，却成为中国人一句口头禅。其实此亦是从农业人生之能直透进自然生命中去，而始提出此可大可久之两观念，那是极值得我们深切体认的。

我们还要知道，农业是我们人生中所最基本最需要的。中国古人又说："民以食为天。"那些五谷、米、麦，就等于是我们的天，因它是我们生命所寄。一个耕田人，一个农民固然为要解决他自己的生活，而从事农耕。但同时别人的生活，也寄托在他身上。从自己一方面看，所要有限，从别人一方面看，却是非要不可。以我所余来供给人，这是一种道义，却是人类一种最高道义。工商业乃从农业中发展而来，一应工商业并不是不好，亦不是要不得，但工商业之展演过程则易于成为一种功利的。农业主要在供人所需，给人所求，工商业之展演，则往往会变成一种投人所好，诱人所无的，纯功利而非道义的心情。中国人所谓之奇技淫巧，重利轻义，都从工商业中展衍而来。在农业社会中，人的心理往往是无求于人，其生活简单可以自给自足，而工商业社会则不然，必然要向外争取市场，推销货品。因此从事工商业的人，其对于人生对于宇宙的看法，比较和农业人有不同。

中国文化成长在农业人生上，中国人常说农为本，商为末。这"本末"两字，譬如一盆花，栽在盆里的是根是本，开的花则是末。

当然养花要有此个末。但本末之间有一个先后，一定要培养它的根，才能开花结果有此末。推此言之，我们人的一切知识事业都是末，生命则是它的本。没有了生命，哪里再来知识、事业、享受，满足那一切。中国人着重讲本末，说商业是一末，并不是看轻了商业，但农业是商业之本，本在先，末在后，我们是要由本至末，本末先后俱尽。我们若把此一顺序颠倒了，认工商为本农业为末，这世界便会大大不同。近代西方资本主义、帝国主义之出现，便是如此。

此刻我们大家都讲，现在应该是工商社会，不再是农业社会了，但试问，工商社会要不要吃饭穿衣，要不要农业？忘本求末，专靠外面，那社会是危险的。本末颠倒的人生，不可久，不可大，不合理，而违背了自然。因有了资本主义和帝国主义……两百年来的世界，由资本主义来操纵一切。海洋国家乘运兴起，英国日本同是一个很小岛国，也可称霸于天下。但帝国主义终于打倒，资本主义也有了限制，目前最需要的还得要是一个大农国家。先要能自给自足，才能求向外发展，今天世界上具有大农国家资格的，有美国，有苏俄，有中国。中国到今天，岂不又成为配合世界新社会需求的合适条件了吗？

在古代有四个文化古国，埃及、巴比伦、印度与中国。这四个国家，都从农业开始，农业必赖河流灌溉，可是埃及、巴比伦两国所有，只是小河流，因此只成小农业区，发展有限。印度可以成为一大农业区，但地理合适了，天时不合适，它是一个热带国家，常易由厌倦的心理来代替了勤劳，又和发展农业不合适。只有中国，在温带，又是一大农国，在发展人类文化的基本条件上最合适，到今天，已经有了四五千年的文化传统。只在最近一段时期中，西方工商业突飞猛进，自然科学控制着一切，资本主义、帝国主义得意横行，我们好像违背了此一世界大潮流。但今天世界潮流，又急速转过来了，不能专靠殖民地农业来维持国家的生存和威强，立国基本还是在农业，大农国家始有领导世界的资格，而中国恰有此条件。其他美、苏两国虽亦具有大农国家的外在条件，而没有大农人生的文化传统。唯有中国，既有大农国家的外在条件，更有大农人生的文化传统。有"天人合一"的文化大理想，有"一视同仁"的文化大美德，有"重道义轻功利"的文化大轨辙。照常理讲，由中国文化传统来领导世界人类前进，应该是当仁不让的。农业已成为近代科学中之一支，我之所以提出我个人这一些意见，乃是盼望农学专家能对中国此一文化传统担负起一种复兴和发扬的责任，实则这也是义不容辞的。

现在再讲：由中国的农业人生发展出中国的农业文化。其中有一项极高表现，则在中国的文学上。中国的文章和诗，以及一切中国文学，我可说，它是最能表现人生的。我们也尽可说，中国人生实是一种"文学的人生"，也可说乃是一种"诗的人生"。诸位从事农业的，若能从业余去读中国文学、中国诗，那是最适合不过的了。从《诗经》三百首起，中国诗就一向以农村做背景，从农业人生的观点中发展，在后有所谓"田园诗人"，专是歌颂农村田园生活的。例如陶渊明、陆放翁，都可归入田园诗人中而被推为代表。他们歌咏乡村，歌咏田园，歌咏乡村田园里的人生。又从乡村田园的人生中所了解的宇宙来歌咏自然，歌咏人类文化。在田园诗人外，又可说有一派可称作山林诗，以及江湖诗，或是隐居山林，或是漫游江湖，要之亦都是接近自然，接近乡村，接近田园诗人的一边。像王维，可归入山林派；像李白，可归入江湖派，他们两人，都可做此两派之代表。中国其他大诗人，也都可分别归入此两大派。如杜甫接近田园派，尤其如他住在成都草堂那一段中的生活和歌咏。苏轼一生到处跑，他的诗，都是歌咏自然，歌咏人生，接近江湖派。凡属中国的大诗人，都可说是近于自然的诗人，他们能将人生融入于大自然，他们能于大自然中获得了真人生。他们都能写出大自然中一番生命意义。他们写到无生命的一面，也常当它有生命来描写。我们也可说，中国诗人所写的自然，都有生命融化在内，而中国诗人所写的自然生命，也都有人类生命融化在内。那亦是一种天人合一，与万物一体的甚深哲理的人生融化在内了。中国诗，可以说，都能把人生境界融化进宇宙境界，而来为宇宙境界做中心，做主脑。远从《诗经》三百首起，其所用比兴的描写方法，即已具此意。

我们试再讲一批宋明时代道学先生即所谓理学家们的诗，或许有人觉得道学先生理学家好像都有些不近人情。其实大不然，中国的道学先生理学家们是最通人情，最富人生趣味的。我们试举两个理学大诗人，如北宋之邵康节，如明代之陈白沙，便知我说不虚。即拿程朱来讲，那是理学家中的大宗师，但亦复如是。让我试提出两句大家知道的诗，如"万物静观皆自得，四时佳兴与人同"。这诗中所谓万物，只要你静静地看它，都觉得它们能自得其乐，那便是讲的有生命之物。若非有生命，又何所谓"自得"。如我桌上有一盆花，它是有生命的，又如一架扩音机，它是无生命的。你可说静观之余，觉得花亦自得，但不能说那架扩音机也在自得呀。至于四时佳兴，那便是大自然之与人合一，可不烦再讲。冬天去了，春天来了，又是夏天秋天接着来，又是冬天来了，四时各有佳景，每一番佳景都足兴起人，都是与人同之，那是何等的宇宙观，那是何等的人生观。又如说，"好鸟枝头亦朋友，落花水面皆文章"，那又是何等的宇宙，何等的人生呀！今天是科学时代了，万物四时，和人一切不相干，枝头之好鸟，水面之落花，变成轻微不足道。我们把自己人生抽离了自然，并亦抽离了人生，来求上月球与电脑化。所以有些处，反而转不比我们道学先生们更多有些亲切的人生味。

再论佛教，自有禅宗，而佛教中国化，亦即是佛教而人生化了。山门寺院之内，渐渐增添进常俗之人生化，而亦成为一片诗境。有人问佛法在哪里，和尚指点他说："青青翠竹，郁郁黄花。"那些都是有生命的，佛法便都在那生命里。又有人问佛，和尚说"庭前柏树子"。柏树结了子，那便见性，也即见佛性，佛性还是从生命中来。还有人问和尚佛法，和尚反问"庐陵米作什么价"，如是便讲到农业人生。没有农业，没有米，何来有佛。如是般的讲佛法，真是讲得活泼透脱之极。此下的禅师们，能诗的不少。有人说，中国诗都受了禅宗影响，其实还是禅师们受了诗人的影响呀！

所以我们说，中国人生是一种诗的人生，中国的诗都是歌咏自然，歌咏农村，我特别希望从事农业的专家们，能利用业余读一些中国诗。从事农业是最亲近自然而又最辛苦的，中国有很多"悯农诗"来描写农事辛勤，又常从诗中来陶醉自然，醇化人生，这对农业也有大帮助。如读陶渊明诗，"狗吠深巷中，鸡鸣桑树颠"十字，也使我们从此简单纯朴的田野生活中，即时领略到一种诗境和诗味。狗叫，鸡啼，到处碰得到，陶渊明把它一写入诗，使我们顿觉得别有一种境界,别有了一种情味,那是诗人的胸襟,那是诗的人生,那是在大自然中一种生命的最高共鸣。朴素的乡村和醇化的人生,尽在此十字中透露而出。

今天我们是人生而工商业化,到处成为大都市,此中的形形色色,我们不必讲。最显著的一切功利化,一切机械化,成一机器世界,几乎和自然界隔离了。把自然界中一切生命都驱散了,人的生命也被困在机器的束缚中,不比农业社会,到处碰到的是自然,是生命。而大都市中碰到的全是机械,既不自然,亦非生命,因此我们大都市的人生,比较总会少一点生命乐趣。我们说,一切物质设备都是来供养人的生命的,然而生命的圈子则愈是机械化而愈狭小,人的生命从大自然万物生命之共存共鸣中,独自走进了一机械世界,相互间各自为其生命而挣扎而斗争,这总不是人生的理想。宋代道学先生周濂溪窗前草不除,人家问他,他说和我生意相同。今天都市越大,到处人碰人,然而人情愈淡愈薄,生意被窒息而不自然。今天人类的生命,则真成为人类自身一劳累一枷钮。外面的是机械,自身的要金钱。愈走进大都市,愈觉得身边荷包里钞票之重要。外在条件种种不如意,使这世界到处发生一种怨天尤人的心理裂痕,因而共产主义遂得起来作为资本主义之反动。从我们深厚的农业文化的观点来看,似乎他们都还没有触及人生的真处深处。今天的世界,充满了不安不乐,不平不和,不满足不休止的纷扰。大家向外争取,回过头来想想,关于生命实际,还是空无所有。

最了不得来说,近代人生,是一种戏剧化的人生。尤其是一种西方式的戏剧化。西方戏剧,本质上要能惊天动魄,其最高境界,就该是一悲剧。若我们读一首诗，其最高的境界，应该是平淡是和谐，尤其是中国诗，这是中国传统农业文化中的人生理想。我个人因从小生长在农村，所以从小便知欣赏中国诗。我希望我们在农业界工作的专家们，于业余来欣赏中国诗，一面可使自己生活有一个调剂，第二要借此来发扬我们的文化。

再讲到农业人生，不仅会叫我们跑进诗的人生，又会叫我们跑进艺术人生里边去。如我们中国古今流传的陶器、瓷器乃至古代宝物钟鼎铜器，其形体花纹色彩，一切朴厚单纯，和平淡雅，在这中间，都表示了我们农业人生的理想追求。我们从前的家屋建造，园林布置，都带艺术情调，给予人生以最高陶冶，最高享受。近代的都市化，人口集中，商品充斥，刺激代替了陶冶，诱惑代替了享受。即如从前每一家庭中，墙壁上悬挂着几幅画，山水也好，花鸟也好，一丘一壑，一柳一燕，在它背后都有一种极浓厚的自然情趣与生命启示，那些情趣与启示，跑到乡村都易见到。只要一幅画挂在壁上，便如使人跑到了另一世界，获得了另一生命。一辆计程车，一架电视机，尽是商业和机器，都画不进中国画，和我所称有生命的自然人生不同。这一种人生，尽在向外。固然，全部人生中，不能无向外。但只有向外，不即是人生。一切科学、知识、事业、政治、经济、社会、法律、教育等等，根本都先要有一人。我们不能在政治上来争取，来觅得我这个人。或是在商业都市中来争取来觅得我这个人。人只在大自然的生命中。有了这个人，才可以发展出很多花样，商业和机器亦在内。中国人讲本末先后，就是这道理。

今天我们大家正要讲复兴文化，要复兴文化最重要是要有一个新人生。要有新人生，先要有一个新的生命观和新的宇宙观。我们今天要把一种生命的科学来融化物质的科学，要用文学艺术来融化机械功利，这不是我们中国一个国家眼前的问题，乃是整个世界人类前途一个遥远的大问题。我想我们具有中国文化传统的一个在现代科学中养成的新农学家，正是有此条件，有此责任。我们该担负起此责任，把农业踏一步进到文学、艺术，使我们获得一个现代科学化的农业新人生。在此新人生的大基本上再来讲求一切其他的科学知识事业，而达到中国文化传统"天人合一"的大理想。这不能从纯经济观点、纯功利观点上来讲求；而须从一个哲学观点、人类文化观点上来讲求。这应该是我们当前复兴文化运动配合现代科学潮流，配合上不断进步的一切生产制造技能和经济发展一条最重要的路。这是我个人一点浅薄意见，尚祈农学专家加以讨论与批评。

（一九六九年三月《中华文化复兴月刊》二卷三期）

中国文化与科学

我今天来讲此题，首先必会有一问题浮现于诸位之脑际，即中国文化中何以不产生科学？此有两事当先承认：一、中国人并非没有科学智慧，抑且中国人也曾在科学上有卓越成就，决不逊于其他民族。二、中国文化亦非反科学，有使科学决不能在中国文化里生长之内涵质性。其次又当知，西方现代科学，亦自最近三四百年来始产生。叙述西方科学史，固可远涉及希腊及远古，但现代科学之正式产生，却是崭新的一事件。因此，现代科学之开始产生于西欧，此乃一种历史机运，并不当涉及文化本质问题。至于西方现代科学传入中国，仍不生根，仍不能急起直追，突飞猛进，此亦属于历史机运，当从中国近代史求解答。

其次当有第二问题，即西方现代科学传入中国，在中国获得其理想发展之后，是否与中国传统文化有冲突，此一问题，当从两方面讨论。

一、就物质方面言

近人常说：西方是物质文明，东方是精神文明。此一分别，实不恰当。当知科学便是一种精神事件，我们决不当从纯物质方面的观点来看科学。而且精神与物质，亦难严格分开。有物质便寓有精神，而精神亦必在物质上表现。中国传统，一向亦并不忽视物质生活。中国古人常以衣冠文物，夸示其文化之优异。可见中国人一向亦以物质进展来代表文化进展者。《易经》言开物成务，自伏羲神农黄帝以下，凡中国古人所称为圣人者，皆以其能开物成务之故。《左传》言正德利用厚生。求厚生必先知利用物质，求能利用物质必先懂得正德。正德一语涵有两义，中庸尽人之性尽物之性，皆正德也。《大学》言格物致知，朱子以穷理说格物，谓凡天下之物，莫不有理，即其已知之理而益穷之以求至乎其极，此为格物。《中庸》言尽物之性，即格物穷理，格物穷理即是正物德，尽物性。但专穷物理尽物性，而人德不正，人性未尽，仍难言利用，故必二者兼尽，尽人之性，又能尽物之性，乃始可以赞天地之化育，与天地参。这即是人工与天德之合一。由于上引诸语，可见中国古人决不曾对物质方面予以轻视。最多只能说中国古人本有此一番极大理想，而后来未能切实到达之而已。

亦有人说，中国是一个农村社会，向以农业经济为主，新科学发展，新的工商业兴起，势必对中国传统社会发生甚大影响，此属当然之事，毋宁谓是中国人本所希望与理想者。但中国历史上之经济发展，实际亦决非偏重农事。工商业在中国历史上，远从春秋战国以下，早有高度发展，而且绵延继续，从未中断。并有逐步升进之势。即就城市言，西方历史上有所谓近代城市之兴起，此乃西方历史上一大事件。因于城市兴起，而有工商业中产阶级兴起，近代西洋史从此转机，现代科学亦由此新机运中产出。但中国城市，远从春秋战国直迄现代，往往一城市绵亘逾二千年以上，其繁荣情形亦始终不衰。所与西方城市不同者，中国城市除为工商业中心外，同时又为一政治中心，各隶属于中央。故在中国历史上，要举出纯与西方中古时期相同之情形，实不可得。若此后因于新科学之利用，新的工商业兴起，只是给社会增加繁荣。若谓将对传统社会有激剧冲突，激剧变动，似近杞忧，未符情实。

因此，此一问题，应变为下二问题。一、如何依照中国传统文化，在科学发达，新的工商骤兴之下，来调整中国社会。二、中国社会应如何调整，始可使新科学有突飞猛进，新的工商业有发皇畅遂之新机运。此问题主要属政治，亦可说仍是一历史机运问题，非文化本质问题。

二、就精神方面言

中国人一向重视现实与应用，亦可说重视事实与证验。此一点，亦即是中国文化的精神。因此在中国文化体系中，不仅宗教不发达，即哲学亦不发达。中国人一向所重，乃在道德与教育，教育之重心则仍是道德。故我常说中国文化精神之最主要者，即为道德精神。道德非宗教，非哲学，亦非法律命令，道德乃是一种人类之躬行实践，经历长时期经验，获得多数人之共同证认而成立。故道德不能远离了躬行实践，由纯理智之推衍而创生。《论语》说："人能弘道，非道弘人。"此言道德乃由人生实践产生，亦由人生实践发展。离了人生实践，道德便不存在。《中庸》说："言顾行，行顾言，君子胡不慥慥尔。"中国人一向所理想之君子，必是言行相顾，相引而益长。中国人不喜凭空建立一套哲学，或凭空发挥一番理论，中国人认为离开了人生实践，即无真理可得。真理产出于人生实践中，并不是先由信仰或纯理智之推衍，先认识了此真理，再回头来指导人生，那即是由道弘人了。中国人只是实事求是，在躬行实践中求体悟有得。此是中国文化精神，即如《论语》开始第一章，学而时习之，不亦说乎。此语，正从孔子个人躬行实践中体悟得来。并不是孔子纯从理智之推衍而窥见了此真理。因此，只此一语，便可独立存在。此一语，并不需要在某种思想体系中而始能成立者。孔子此语，只是一番人生经验，后人亦只有各凭自己之经验，来体悟此学而时习之一事，确是可悦，便够了。若专从信仰，或理智推衍，即无法体悟得此语。我们正当用此方法来读《论语》，《论语》好像只是几许格言，分散不成条贯。但我们若把《论语》全书融会贯通，自见孔子思想也自有一体系。只是孔子此一番思想体系，主要建基在孔子之人生实践上。孔子亦是言顾行，行顾言。必待行有证验，而后言始成立。由此推之中国其他思想家，其实都与孔子无甚大区别。因此在中国思想史上，乃不能有如西方哲学般之发展。

其次，中国思想，极重天人合一。因人类处于大自然之中，人类一切行动事为，不能不顾及大自然，亦不能不与大自然期求一和会合一之道。此即中国人之所谓天人合一。但中国人之所谓天，每主即于人见天，每主即于人之身见天，即于人之心见天。因人即自天来，故天即在人身上表现，即在人心上表现。除人外，尚有物，物亦自天来，故中国人又主即于物见天。因万物莫非由天来，故亦即在物上见。但如此说来，除却了人与物，是否更另有一天之存在呢？孟子说：莫之为而为者谓之天。此语最道出了中国人心中天字之真体认与真意义。中国人心中之天，乃是一最高不可知境界，而实隐隐作为此一切现实可知界之最后主宰者。换言之，一切现实界种种事象，或由人道起，或由物理生，此皆可知者。而除此以外，尚有不为人类所能知者，中国人乃谓此为天意或天命。而在西方之宗教与哲学，则或由信仰，或由纯理智之推衍，而确言天为如何如何之存在，此乃双方一绝大不同之点也。

上面所讲中国思想上之两项主要态度，即主实验与确认不可知，却与西方现代科学精神甚接近。科学知识，正亦重视实事求是，重视证验有据。科学知识亦为可以分割而各别存在者。科学知识正贵逐步证验，逐步推进。科学知识正贵从一些可证可验，各别独立存在之逐项知识中，来再求会通。科学知识亦不是由信仰，或由纯理智推衍，而先完成一大体系者，科学之体系乃亦由逐步证验，而逐步推扩改进者，因此科学知识必有一限度，在目前科学知识之最高限度外仍有一不可知境界，此一境界，正与中国人思想中之所谓天相近。因此我敢说，中国人之思想态度及其道德精神，实与西方宗教哲学之与其现代科学之距离，更较接近。由此言之，又安得谓中国传统文化精神道德精神，乃与西方现代科学精神相冲突而不能并存乎？

如上所讲，窃谓科学任务应可分为三方面：一、格天。二、格物。三、格心。西方现代科学，于格物方面成绩卓著，但在格心方面，则似尚有缺。西方现代心理学，乃属自然科学中一分支，乃从物理学生理学方面来探求心理。然其间终是隔了一膜。最近西方心理学亦在逐步推进中，但仍不能脱离其原始规模，最多亦只是着眼在每一人之个体身上，常是把人离开了人圈子，离开了日常群体生活而为之特别安排一环境而来探求其心理现象。其实人心之灵，非投入人圈子，使其外于现实的群体生活中则不易见。中国文化传统，于此方面，能直接注意到实际的活的人心，其成就似较西方现代心理学远为超越。中国人自有一套心理学，乃在现实的日常的群体生活中，经历潜深的自我修养，即实地用证验工夫体悟而得者。其另一途，则从旷观历史以往情实，与社会人群种种繁变而会通得之者。此两途会并合一，而成为中国人所特有的一种心性之学。此种心性之学固亦重于反省，但非反省二字所能尽。固亦存有主观，但亦不能以主观二字为诟病。中国的此种心性之学，仍是注重在躬行实践与历久观察，此与西方唯心哲学家之以纯理智之推衍来言心者甚不同，亦不当目之为是一种神秘主义。中国传统文化，关于人伦道德政治社会一切理想与措施，乃悉以其所认识之心性之学做基础，亦可谓中国之文化精神与道德精神即以其心性之学为中心。而此种心性之学，则实具有现代之科学精神者。

我们亦得谓西方现代科学，其胜场属于自然界，其建基在数学。中国传统文化，依照上方所讲，亦当目之为是一种科学，至少乃甚接近于科学者，其胜场则属于人文界，其建基则在心学。近代西方学者，亦主张自然科学之外，应有社会科学即人文科学，谓人文科学之基础，应建基于历史知识。历史知识正为中国人一向所重视，史学在中国，亦有极长时期之发展，其成绩乃非其他民族可比。然究极之，史学只是已往人事之记录与解释。虽可以鉴往知来，在人文科学中应占一重要地位，然究不比心学在人事上更直接，更主动，更积极，更把握到一切人事之主要动机及其终极向往。中国心性之学，正所谓明体达用，其一向受重视，尚远在史学之上，然我们亦不妨说心学与史学，乃为中国传统学术中两大主干。中国文化在此方面确有大贡献，而格物之学则终较西方现代科学之所得为浅。故西方现代科学传入中国，正于中国传统文化有相得益彰之妙，而并有水乳交融之趣。格物之学与格心之学相会通，现代科学精神与中国传统道德精神相会通，正是中国学术界此下应努力向往之一境，亦是求中国文化进展所必应有之一种努力也。此种努力不仅可使中国文化益臻美满，并可为人类新文化创辟一大道，对人类和平幸福可有大贡献。

再次言格天之学，此项学问，应由格心格物之学两面凑合而逼近之。西方现代科学，本由天文学开始，而转入物理学。现在格物愈深微，西方科学已进入太空时代，又将转回到天文学上有新发展。似乎格天之学，乃偏近于自然科学，而西方成绩，亦远超乎中国之上。但若就我上面所讲，人类知识总有一限度，依中国人观念，就其不可知者而归之天，则西方格天之学，其效用只在把天之不可知之范围要求缩小，范围愈缩小，则天人之分际愈分明。此乃属消极反面者。而中国人向来格心之学，因为认为心亦是天，故格心愈深，则对于天之认识亦将随而更深。同时照中国人意见，物亦是天，则格物愈深，亦即对天之认识更加深。此乃属积极正面者。如是两方面逼进，格天之学，自会更有新境界发现。故格天之学，必有赖于格物与格心，而格心之学则有赖于治史。而此天与物与心与史之四者之融凝合一之极大理想，则只有在中国思想中早有存在。故西方现代科学，实乃对中国传统文化传统理想有充实恢宏之作用，而西方现代科学之传入中国，专就精神方面言，必具如此认识，乃可以别开生面，更有进展也。

其次有一问题，连带而来，即关于科学家之人文修养之一问题。科学家终是一个人，而且人的涵义，并非科学家三字之涵义所能尽。因此每一科学家决不能忽略了他的人文修养。西方科学家，同时亦需在西方社会做一人，则同时不能不有西方社会中之一套人文修养。所以西方一科学家，往往同时亦信仰宗教，此项事实，看似冲突，而实不冲突，因西方人在人文修养之立场上，不能不信宗教。信宗教之外，尚有一项，厥为奉法律。信宗教、奉法律，乃是西方社会人文修养之两大项目也。而在中国传统文化中，既不重视宗教，亦不重视法律，因此，信教与守法，并不能即成为中国社会中一个理想之完人。中国传统文化，既是一向偏重心性之学之修养与实践，因此中国社会，最重人格修养。而达到一种人格完成之理想境界。若使将来中国之新科学家，对于中国传统之人文修养有缺陷，不能到达此种境界，则将使中国社会专以功利与实用之见解来重视科学，此实有失科学之精神，而科学之在中国，将终不得其满意之发展。故将来中国之新科学家，应如何重视人文修养，如何同时到达完成一中国传统文化中理想之人格标准，此事十分重要，应加倍注意也。

唯我敢深信，中国传统文化中之道德修养，其精神决不与西方现代科学之探讨精神相违背。故一位理想之现代科学家，同时极易成为中国传统文化中所理想之道德完人，而实唯科学与道德之二途会一，始可为将来人类创造新文化。近人多主于科学知识之上，必再加以哲学之综合，但哲学乃一种纯理智之推衍，其成绩仅在理论方面，实于人生实际尚隔一层。因此一哲学家同时不必是一道德完人。而一切哲学亦并不即能成为人类之道德，复有多人主张以宗教补救科学之偏陷，但宗教与科学间，一时尚难融和。只有道德可以与科学相成相足。当知宗教虽亦重视道德，而宗教主要在信仰，信仰究与道德有不同，科学可以国际化，道德亦可以国际化，而宗教信仰之互不相容，却成为人类当前一大问题。盖宗教不能统一，同样有一上帝，或信耶稣，或信穆罕默德，西方宗教上之耶回之分，至今不能会合相通，即同信一耶稣，或属新教，或属旧教，亦至今不能会合相通。岂唯不能会合相通，宗教流血之惨剧，岂不赫然在人耳目如前日事？而所以解其结者曰信教自由，信教自由乃属道德范围。如纯由信仰立场言，在一个虔信者之心中，自不愿有异端存在。但在道德立场言，道德建基在人心，人与人对面相杀，终非人心之所安，于是只有信教自由之一道，此一道乃为异信仰之双方所同能接受，是即道德可以解决宗教信仰问题之一个最具体之好例，因其在人类历史中已有已往可证验之成绩可睹也。

人类道德，不能建基于宗教，若一本宗教信仰，则异信仰者必有互不相容忍之苦痛。人类道德，亦不能建基于哲学，因哲学思想正贵有百家争鸣，而人类道德则必求于普遍共认。故人类道德，必建基于人类之心性。任何各民族，各社会决不能没有道德，但多不著不察，而心性之学，则只有中国，乃达于甚深微妙之境界。在古代，如孔孟与老庄，在中世，如佛法传入后之台贤禅三宗，在宋明，如程朱陆王，此皆于心性之学，有甚深窥见，有甚大造诣。纵其相互间，亦有出入异同，然要言之，总不出两途，一是历史与人群事变之旷观玄览，一是一己内心之潜修默悟。观于外，可以证于内。悟于己，可以推于人。中国的心性之学，则确然有科学基础，乃及历史证验者。

今试再专拈一节论之，孔子有言："知之为知之，不知为不知，是知也。"故人类知识最正当与最可贵之处，正在其同时知有所不知。知与不知之谨严分别，此亦科学精神之主要一项目，而同时为中国传统道德之所重。孙中山先生提倡知难行易之学说，行易鼓励人实践，知难则警戒人谨严，保留此一知与不知之分寸与界线。最近中国社会，因于太重视科学之故，遂致凡属自己所不知，或所欲排斥者，即一切排斥之谓不科学。乃致对中国人一向所重视之传统道德与心性之学，亦斥之谓不科学，对于中国文化传统与思想传统，亦斥之谓不科学，不知此不科学一语之本身，却真是不科学。凡属现实，则皆应在科学家探讨之列，凡所不知，则仅属我之所不知，却不能因我之不知，而遂谓其无可探讨，与不值得探讨，科学精神，决不如是。

真属一个有人文修养之科学家，唯当专一精心探讨其所不知，却不应鄙夷其不知，而以不科学斥之。然人类之所不知者，实远过于人类之所知，而科学家之探讨求知，必贵于专一。如是则天地之大，万物之繁，科学之分门别类，愈入愈深，愈分愈细。乃至科学家之间，亦成为互不相知，而综合一切科学所知，仍远小于其所不知之范围。如是则科学知识将成为支离破碎，各有门户，各有壁垒，其有利于人生者，势将连带引生出有害。因此科学家首先当谨守知之为知之，不知为不知之明训，同时则于其科学范围之专家探讨之外，必具一番人文修养，而人文修养则必可相通共认者。如是，始可于同一文化中有相悦而解之乐，亦可于各自探求中，有百川汇海之效。

鄙人于科学乃一门外汉，此番演讲，亦恐多有不知以为知之嫌。其用意亦仅在提出此问题，以供关心此问题者之深入研讨。有疏谬处，则唯请诸位之原谅。

中国文化体系中之艺术

一

中国艺术代表了中国文化的一部分，到底在整个中国文化体系中，艺术的地位和意义是如何，它在什么地方代表着中国文化呢！

中国文化，简言之，乃以人文为中心。"人文"二字，指的是人群相处的一切现实及理想。中国文化之表现与成就，都围着这人文精神做中心。故此中国文化体系能融通为一，莫不围绕此中心，而始见其意义与价值。换言之，中国文化亦可说是以"人生做本位"。人生兼指个人人生与大群人生言，而这两部分的人生自亦需融通为一，可不详论。此下我们将根据此讲法，来引申下面所讲；同时，亦以下面所讲，来证明上面这讲法。

西方文化，比较与我们有一点不很相同处。人生本在宇宙自然之内，且为宇宙自然中极微小之一部分。西方人好像偏重于先向外去探究自然，对自然有认识了解后，再回头来衡量和决定人生之意义与价值。如宗教，如科学，莫非先向外，然后再转到人生方面来。在中国则先看重"人",再由"人"而扩充到外面去。

古代希腊人,将宇宙分作真、善、美三方面,科学求真,道德求善,艺术则求美。这种三分法,逮至近世如康德,乃至最近,似乎无大改变。中国人看法与此不同。似乎中国人认为,凡是美的,则同时亦兼真和善;而凡是真的、善的,同时亦兼美。换言之,在此天地间并无分别独立的美,亦即是说,没有离开真和善而分别独立的美的一世界。所以在西方,美术可与科学、宗教三分鼎立,而各有其专门探讨的领域;中国则仍是融通为一,真、善、美应该同属一体。这一观念非常重要。中国人看事物,往往不注重分别观,而更注重"融通观";凡合乎中国人理想者,都见其相互融通而圆满具足。要讲中国艺术,亦须由这一点入手。即讲文学、哲学,乃及其他,亦无不然。这是我今天所讲,要请各位注意的第一点。

在宋代理学家中,有周濂溪作《太极图》,此图乃是代表宇宙之全体者。在一体中包含绝对相反之两面,一阴、一阳。绝对相反之两面却凝成为一体。既属如此,则真善美并非对立,其在一体中,自可不必强为划分可知。

宋儒又谓"万物一太极,物物一太极"。整个宇宙是一太极,而在此宇宙中之任何一物,亦同为一太极。此谓任何一物之在宇宙间,其所表现与完成者,与整个宇宙之所表现与完成者,同是完整之一体;在意义与价值上,虽不能相等,却还是相同。换言之,凡在此宇宙内,不论其是一人、一禽兽、一草木、一水石、一桌椅、一碗碟,乃至一微尘,不论其有生无生,有情无情,同表现在此宇宙之内而达于一完成,即不能相反,而只是相同。倘使此宇宙间之一切表现与完成者,均与太极不相同,则何能集合而成为一整体之太极!故说:个人人生即可代表大群人生,并可代表宇宙大全体,此即是"物物一太极",即可代表"万物一太极"。宇宙是一大天地,个人是一小天地,大小固不相等,天地却不相异。此乃从人本位讲。倘若换以禽鸟、虫豸、草、石,乃至一微尘,各可如此讲。现代物理学家言,一原子之组织相似于一整个宇宙之组织,亦可谓是物物一太极。此一层,乃是中国人的宇宙观及其人生观,亦即是中国人之哲学。这些哲学观念亦与前讲文化体系一般,都是融通为一,即中国人所谓之"天人合一"。

现在依上述两点来谈中国的艺术。我对艺术是门外汉,但不妨从门外来看门内,也不失为是一种看法。其他暂不讲,单来讲绘画,也许会讲得过于空洞,或过于高远,但总可为诸位学中国画者做参考。

二

说到绘画,有两方面:一是画家其"人",一是所画之"物"。谁在作画?画的是什么?我之所画不即是我,画家与其所画应有分别。依中国人理想,此二者仍当融通为一。若说:"因你能画,故称为画家。"此是一说法。但亦可说:"因你是一画家,所以能画。"这两句话所说意义不同,前一句话的价值偏重"物",在外面,指所画言;后一句话的价值偏重"人",在内面,指画家言。诸位学画之目的,究在求为一画家乎?抑求能画一幅画而已乎?此处所谓能画,依佛家说法则是所画。"能""所"应是合一,而实是能为主而所为从；应是先有能，始有所。若说学画，重于"所"字，则在我们注意怎样去学作画的一切技巧与方法。若说成一画家，重在"能"字，则试问我们于怎样学画之外，如何又有另一条途径去修养成就为一画家呢？这道理看似很难讲，其实却是简单易明。犹如说到一政治家，请问是否一定要跑上政治舞台从事政治活动，做大官，才能或便能成就一政治家呢？当知跑上政治舞台，从事政治活动，做大官的，并不即是政治家。而一位理想的政治家，却可以不上政治舞台，不从事政治活动，不做大官，而人人想望他应是一政治家。此一人跑上政治舞台，从事政治活动，做了大官，才始可以有理想的政治事业之表现与完成，因他已先是一政治家了。至于教育家亦然。我们不能说只要从事教育工作的便都是教育家，此中道理，从深处讲，似乎不容易；若从浅处讲，却人人可明白。

无论教育、政治、艺术都是"人"的事业。事业必有所表现，有所成就。而表现成就的都在外；在那些表现成就之后面，则必有一个主，主则在内不在外，这即是此"人"。今我试再问，假定此人是一艺术家，他一生画了千幅名画，是否把此千幅名画加在一起，就等于此一人了呢？这却大有问题。如说孙中山先生和华盛顿，是否将其一生丰功伟业摆在人面前的加起就等于一个孙中山、一个华盛顿了呢？当知此说断乎不是的。中国传统文化主要看重人，故谓"一位政治家完成绝大政治事业，一位艺术家创造绝大艺术作品，这些只是余事"。所谓"余事"，乃是指其完成为一大政治家大艺术家之后，偶然有所表现，而在其人论，则只是些多余的。因此种表现与成就，是要碰机会的，即是说，须在某种机缘配合之下，才可以有此表现和成就。若无此机缘,无此表现与成就,应该仍不失其为此人。如诸葛亮不遇刘先主三顾草庐,不出来做事,此一诸葛亮之价值应该并不会比出来做事的诸葛亮低了些。而孙中山、华盛顿投身革命,开创中美共和,依照中国人人本位的文化传统观点来看,这些也都不过是余事。在孙中山与华盛顿,他们平日志趣之内蕴,与其人格之积养,始是主要的。其碰到机会而有所表现与成就,则只能说是余事了。一位艺术家亦然,所画是其余事,此一位画家的平日之志趣内蕴与其人格积养,即说其人之本身则是主。事业之表现成就在其人,而人的圈子比他的事业圈子大得多。中国文化理想重人,以"人"为本位,人之价值不能即以其事业之表现与成就而定。由此遂讲到人的品格上。品格有高低,有时与其事业之表现与成就之大小并不定相称。

品格由于天赋,但亦由后天修养而来。今只就绘画论,中国论画有所谓"画品",如神品、妙品、能品、逸品等。当知画品正从人品来;反之,却不能说人品仍从其画品来。试问其人只是一个鄙俚俗人,他如何能画出一幅当得上逸品的画来。此刻诸位初学作画,只望能像一幅画,可不懂得什么叫"画品";但作画而进入高境界,则不能不论品。而画品与"人品",最后还是相通合一,这一层大家应该特别注意。

中国人论画,又重"气韵",南朝谢赫"六法",首言"气韵生动",此"气韵生动"四字原本指人物画而言。下及宋明以来,对山水、翎毛、花卉等亦讲究气韵了。现在我请问诸位,欲求画中人要有气韵,而画家本身其人没有气韵,则岂能办到?故此问题又要问复到画家"人"的身上了。人生在大自然间,傥使自然只是一块然大物并无气韵，人生其间又何来有气韵！故此仁者乐山，智者乐水，一山一水，一花一草，都有其活泼生机，亦即都有气韵。块然大物有气韵，一花一草亦有气韵，此亦所谓万物一太极，物物一太极。画家要能了解到此，自然其一笔一墨都能表现出天地间的气韵生机，而此画家之胸襟境界以及其人本身之气韵，也就不问可知了。

二

以上所论，只说要学艺术，得先要学做人。人的品格是大前提，笔墨巧技乃是余事，故在超乎讲究画法之外，该是另有一套修养。兹且举两个故事来讲：

一、《庄子》载，宋元君将画图，众史皆至，受揖而立，舐笔和墨，在外者半。一史后至，儃儃然不趋，受揖不立。因之舍。公使人视之，则解衣槃礴臝。君曰："可矣。是真能画者也。"

二、北宋孙知微欲在某寺壁画水石，构思经年，不肯下笔；一日，忽仓皇入寺，索笔墨甚急，奋袂如风，须臾而就。画成，水势汹涌，传为名作。

此两故事，初看若不相同，然同可说明在画家作画前必有一番心灵境界，始有所谓神来之笔。用现在心理学名词，前者是"放松"，后者似是"紧张"；前者是满不在乎，后者似是精神集中。其实此两境界相反相成，只可说是同一境界之两面。在佛家所谓提得起、放得下。当知此等心灵境界，不是无端忽来的。近人好言"灵感"；灵感也不是人人可有，时时可有的。怎样才能有灵感？怎样才能卜笔如有神？这在讲究画法技巧以外，另是有修养。画品即是人品，画的境界即是人的境界。可知修养成一画家与画成一幅画，其事广狭深浅大不同。诸位体悟到此，始能深入画家三昧。

四

论作画又有两途，一写生，一写意。中国自宋元以后，特别喜欢写意。现在我替"写生"和"写意"这两个名词下一解说。写生是写外物之形象；而写意则是写内心之情趣。倘若作画，仅知写生，不知写意，照中国人看法，只是达到画之"技"，而未臻乎画之"道"。但若仅求写意，不能写生，则他可以写一首诗，或写一篇散文，但不能成一幅画。故知一位理想的画家，要能寓写意于写生之中，由写生中来寄意，借外物形象来表达画家内心情趣，使写生与写意，即人与物融通合一，这也就不容易。

今试约略阐释此中门径。诸位当知在作画写生之前，必先要有一番"观"字工夫，不观又何以能写，但观的工夫却大有不同。如诸位到郊外去学习写生，岂不在写生时即有了观，此固不错。但中国人一向对此"观"字却甚为看重。我们须能观天、观地、观人、观世、观万物。宋儒邵康节著《观物内外篇》，大有发挥。这不是件易事。诸位须先能观生，然后才能写生，而观生则是一种大学问，包括观天、观地、观人、观世、观万物都在内。要能观其大、观其全、观其通、观其变。孟子说："登东山而小鲁，登泰山而小天下。"又说："观于海者难为水。"观山，不可限于一丘一壑；观水，不可限于一波一折。而且观山不可限于山，观水不可限于水。如是说下，便有无限修养，无限妙境。

因此中国人写生，不如西方人般站定在一角度上，又拘束在一个时限内去写。应求能超越时空限制，详观其正、反、前、后。多方面、长时期，观其大，与全、与通、与变，如此成竹在胸，乃始落笔。所以中国画没有阴影，阴影必是在某角度某时限中所有。中国人作画，主张先得其全神貌，然后在全神貌中描出其情态。此一情态，才是活泼如生。此亦是万物一太极，物物太极。中国人画山水，决不是站在某一角度去画，所以在一幅画上，可以画出群山万壑，可以画出千曲百折。如此却是画的真山水。我们不能只看小天地，应放开眼光懂得看大天地。又必放进历史时间，从悠久变化处去看，如是才能体会深刻。换言之，外面物象，并不易看，须要从多方面及长时间去看。如是始能"超乎象外，得其环中"。这是说要跳出事物的囿限圈套之外，而后才能默会深察事物内在的神髓。宋人诗云："道通天地有形外，思入风云变态中"，这才是达到了观大、观全、观通、观变的最高境界。中国人写字、作画、作诗、为文，以至参禅学圣，都是同此一道理。画家说："外师造化，中得心源"，这两句话，要能把内在的心源和外在的造化融通为，那就是中国画学理论中之颠峰了。

如是般的由观而写，写生与写意自可相通合一。正为万物一太极，一物一太极，所以无论一花一木，一鸟一虫，鸢飞鱼跃，翠竹黄花，道无不在。艺术家笔下一些小天地，小花草，却能令人欣赏到天地之大，草木之繁。纵使是一门外汉，亦能目击道存，不言而喻。所以在一画家之专门笔墨技巧方面，可能不容易获外人欣赏，但此画家在其画上所表现出的局度气韵神态生意方面，即是他所能获得的道通天地、思入风云的更高境界，却可以不愁人看不懂。近人又常说，不得不降低自身的画品，来求迎合俗人的口味。其实，作品真好，则不愁没有人欣赏！那些一味迎合俗好的画家，仍见其观人观世之不深。

五

再讲，中国画不重距离，不像西洋画注意比例、透视、大小等。此亦其不得已，而亦有其所当然。如画泰山，若要画出其全景，则决不能站在一限定的角度去画。须得纵身而观，须得耸身凌空，从高处来看其全，如是乃可由山脚画到山顶。否则眼前一拳石，便把全山视线遮掩了。当知泰山本身本没有此远近大小之别，这是画家在限定的角度下之一种主观。须把此角度移动，须把此主观融化，须能从泰山本身来表现这泰山。不然的话，则会徒叹"不见庐山真面目，只缘身在此山中"。

我在罗马圣彼得教堂，曾看过一幅在文艺复兴时代的名画。那是一幅大壁画，人物攒聚，济济一堂，气魄宏大，局度恢张。置身画前，使人亦如神游其境。但若依照远近大小比例，则决不能画出此景象，而此景象乃是一种真景象，须是凌空高视，始能摄取此一景象之真。此一画之画法，却与中国人画法不谋而合。我又曾在泰安岳庙，看过一幅宋真宗封禅图的壁画，大殿三面壁上，全是此一幅画，千人万骑全行列至少有数里之长，画中不仅有人物，并有外景、山川、树林、道路等等，活像是用电影机连续不断拍摄下来一般。试问又如何能站定在一角度来画出其远近大小之比呢？这正所谓徒见其所见之不广而已。诸位要成一画家，至少应能懂得纵身而观，懂得观其大，观其全；又能进而观其通，观其变。如此般来观天地、观人、观世、观万物，再落笔作画，那就知作画实仅是一余事了。

我们从此又知，中国人画小幅，实是从画大幅脱化而来。宋人画册页，也是由以前的大壁画演变而出，所谓"尺幅有千里之势"。又说"咫尺之图，写百里之景"。若懂得了此层，又知如元四家倪云林作画，寥寥几笔，一土丘、一牛亭、一树、一石，而自有天地，自有气象。由大幅可以缩成为小幅，自然可以由繁笔减成为简笔。落墨不多，而意味无穷。

六

最后还有几句话要说，中国画家称梅、兰、竹、菊为"四君子"，所谓"君子"，其中自寓有人格修养之意义存在。何以千卉万草之中，梅、兰、竹、菊四者，独得称为君子？我们画梅兰竹菊，当然不仅要画得它像梅兰竹菊，还须画得它像一君子，或说像一高人雅士。人中何以有君子、小人之别，何以有高下雅俗之分？此一见识，也就不容易，非有大修养，无法与他讨论到此。此中有胸襟、有气度、有风韵、有格调。诸君试从此参入，也可渐有所窥见。

或许诸位认我上面所讲，不是在讲作画，却是在讲做人。但我们的理想，并不是只要培养出一些囿于一曲，仅能在艺术上依样画葫芦的画匠，而是要培养出一些大艺术家来。若真是一个大艺术家，则彼之品格，必然是卓然独立，与众不同。此必须有大体会，大修养，不是凭空可以获得成功的。我盼望诸位以后多下工夫，朝着这条大道去开创中国艺术的新天地，使诸位将来成一画家，也是中国文化体系中理想一画家，而其所画，自然也是代表中国文化的理想艺术品了。

（一九六四年四月七日新亚书院艺术系学术讲演，

新亚书院《生活双周刊》六卷二十期）

从中国固有文化谈法的观念

中国固有文化思想，以儒家为正统，而以孔、孟为其代表。法家以申不害及韩非为代表，向不甚受重视。迄至近代，因受西方思想影响，国人始提倡法治并尊重法家，如梁任公所著《中国六大政治家》，即举管仲、商鞅、诸葛亮、李德裕、王安石、张居正六人，均偏重经济与法治。唯重"法治"与"法家"思想并不相同，申、韩法家乃是一种政治思想，认为一切政治均应以法为主，其所谓法则指狭义之刑赏而言，掌握此刑赏之权者为君主，君主凭借此刑赏以为控制，此乃利用人民好赏恶罚之一种手段，法家思想大致如此，乃以刑赏之权为治术。故当时又分申不害为术家，韩非为法家。其实此种分别不关重要，要之是以刑赏为法，以法为治，则无大别。儒家亦讲法，法本于道，法乃为治之道，非为治之术。治者平也，"治"字本义为"水平"，法字本义亦相通。为治者须使社会上下得其平故贵立法，非如法家之以刑赏为控制，乃是所谓治国平天下一切皆贵有法，足见一般人所谓儒家不谈法之说为谬。

中国第一部法律书乃出魏文侯时李克所著。李氏乃孔子门人子夏之弟子，是为孔门之再传弟子。第二位谈法者为魏武侯时之吴起，吴氏乃孔子门人曾子之弟子，亦为孔门再传弟子。第三位始为商鞅，商鞅本魏人，后事秦，为秦变法图强，其所变法则承袭李、吴而来。故当时西方秦国变法乃继东方魏国而起，足见中国历史上谈法治乃自儒家始。申不害韩人，时代稍次于商鞅，韩非亦韩人，乃在战国晚期。韩非曾受学荀况之门，则法家亦与儒家有渊源。太史公谓申韩，源于道家，盖是杂采儒道而均不得其精义。

近人受西方思想影响，好谈法治，而仅知有申韩，不知孟子曾言："上无道揆，下无法守。"明以"道""法"平提，道犹如水流，法则犹是堤防，两者相辅而前。揆，度也。道之审度之权在上，厘定大计，定而为法，使在下者有所遵守，而天下治。孟子又设想舜为君，皋陶为士，即当时之司法部长。设舜之父瞽叟杀人，皋陶欲治之罪，舜当如何处理？舜若依皋陶入父于罪，则有悖于父子之大伦；苟欲顺父子之情，而皋陶守法不屈，又不能强其枉法以从。在舜实为进退狼狈，欲求两全，不使皋陶失职，则唯有偕父潜逃远避海滨，自己把君位丢了。由此可见儒家对法重视之一斑。

中国人重道，犹言道路，非徒理论空谈，须能人人由之。故讲道则必言礼，礼即人生中一切之规范，乃是道之见于日常人生而使人有所遵守者。又曰："出乎礼则入于刑。"盖礼是导其如此，刑是禁其如彼，两者正相反，但违礼不即入于刑，其间尚有一段距离与空隙，"法"字则同时兼有此两义，故曰"礼法"，又称"刑法"，则刑虽在法之内，其范围较狭可知。孔子有言："道之以政，齐之以刑，民免而无耻；道之以德，齐之以礼，有耻且格。"前段略如申韩法家之重刑法，后段乃为儒家所重之礼法，此乃"礼治"与"法治"之别。故儒家的政治思想乃主"合道法而为一"，亦即是纳民轨物之谓。

汉高祖与民约法三章，曰："杀人者死，伤人及盗抵罪。"抵者相抵，亦有平义，此三章乃中国言法之最起码之始点，实则其言太粗略，不能认以为备。如子杀其父，若谓法律之前，人人平等，则所谓杀人者死，初不因子杀父或父杀子而有异。子既杀父，则杀子即可抵罪。然衡诸中国固有之伦理道德，则子杀父，臣弑君，均被目为大逆不道，与普通杀人迥异。欲论法律，必先了解法律在整个人生中之意义及地位。如罗马法与日耳曼法所以有不同，非仅法律条文之不同，实因其历史背景及社会人生理想有不同而致此。故学法律者必明及法律条文之外，应知法律与整个人生社会之关系，始谓之通人。

法律之最大作用即在保护人之利益，而利益中最大者则为财产利益，人身与生命尤是财产利益中最大者。盖必有此，而后始有其他财产利益可言。而法律所保护，则不仅保护被害人，并应同时保护加害人，双方既均受法律之保护，故法律贵得"平"。然加害人所加害又可有两方面，一为害人，又一为害道。如子杀其父，以言害人，则父亦一人，子亦一人，一人杀一人，与一般杀人无何差异。然若言害道，则所害者实大。其受害者可以遍及全社会乃至后世。在法律上父子虽同为人，在道义上则一为父一为子，地位绝然不同，当非仅"杀人者死"一条文所可概括，从此研求下去，情形甚复杂。杀人者死仅一死条文，而杀人则为一活行为，杀之情节万有不同，故杀、误杀既各有异，法律亦无法一一为之列举而无遗，故必就事定判。如言故杀自为最正式之杀人犯。然在古代有积意存心报杀父之仇之一项，子为父复仇，同是杀人，但在伦理上言则亦是孝道，衡之于法，杀人者死，固为死路一条；揆之于理，则中国古人咸认此种情形可邀宽减轻刑。因此，刑之从轻从重，其标准乃在揆之于事之情；而事之情之所以有不同，乃在事象后面有其心理之不同所致。如谋杀，除杀人一行为外，亦尚有种种之计谋相异，故判法者应由"杀人者死"之条文进一步去理解其所杀之人之不同，与其杀人之事之不同，更进而研究其杀人心理之不同，此其繁重可想。若仅以一死条文而欲判断天下事，则有时会判不下。故知定法难，守法易，而判法亦实难。

中国历代定法尚有律例之分，律是定法，例属判法，"律"有不能包括的许多特别事情，须得活判，乃产生了所谓"例"。经著为例，则嗣后类此情形者均可援例而判。执法者苟认其事不合于某条之律，则适用某例而加裁判，其结果虽若有不合于律处，而却反为合于理。故例乃律之变，例愈多，适用范围亦愈广愈密。几经演绎之后，后人又将前代之例著之为法，又复因应时变增加新例。要之，例所以补法律之不足，而使判案能得事理之平。例是在死法中寓活法义，而义理深微，故学法者贵能为一通人。

所谓"法律之前，人人平等"，此语有时会说不通。如子杀父与父杀子，父子在人伦基础上有不同。即父与子之关系及地位有不同，即不能等量齐观。其人有杀父之心，揆之伦常，乃为大逆不道，罪大恶极。即因其杀父之心与杀一通常人不同，故在法律上即不能与杀一通常人同等处理。如几年前，射杀美国总统甘迺迪之凶手，在美国法律界注重追究其有无精神病，应否予以轻减。然依中国古代法律观点言，杀一国家元首，究属非同小可，何况甘迺迪之生与死，不仅限在其个人生命上，即国家安全亦与有关。甚且影响至于整个世界局势，则岂能与杀一普通人相提并论？或人怀疑：此项意见，岂非在法律之前，因人之地位不同而遂使法律陷于不平等。实则不然。因人之地位在基本上就不平等。及其至于法律之前，则并无不平等。只因犯法者所害大则应受重判，所害小则应受轻判，如是而已。再如一儿子被其父打伤而至法院控告，与一父被儿子打伤而至法院控告，法官处置当必有不同，此可断言，此乃所谓斟情酌理，法律亦不能外于情理。伤人如此，杀人何异？故此非一纯法律问题，实为社会人生大道上一项大理论、大问题。理想所在，法律亦不能独自脱绝。诸位将来运用法律，当知法律前面必有人事，人事遭遇乱端，法律始有其用。如若天下太平，社会无事，人民不上法院，则整部《六法全书》一个字也用不到岂不更好。故须知法律之外实尚有一个大天地，即我上面所说之"道"。除法守外，尚有道揆。不能单凭法律而抹杀了一切人伦大道。因此，所谓法律专家，若仅关闭于其专门知识之小天地内，而不知外面尚有一个大天地，则仅知守法，有时亦可出乱子，故必先通人事，而后始能谈法律。

杀人伤人之外，再说到"盗"字，汉文帝时有一盗入皇帝私庙中，偷走贵重之礼器，当时司法大臣张释之治之以罪，文帝认其断得太轻，不以为然。张释之说："皇帝要我判，我只能这样判。"文帝说："他偷的是宗庙礼器，与一般物品迥异。"张释之对说："设若有一盗，偷掘皇室坟墓，盗其宝物，又应如何判处？"文帝哑然。足见司法独立之精神亦素为我国所重视。同时，执法者除须于被害之人与事之间求其平，仍应于事与事之间求其平。故从事司法者，不仅须懂得条文上之法，又应了解社会上种种复杂的人事。而尤重要者，在执法者能求得能知得犯法者之情实，此则须在自己内心修养上有工夫，如忍耐心，如谨小慎微心，如善探求深入心，善疑不轻信心，善断不摇惑心，善思辨心，而求判得公正则更不易。如一个医学院学生读了七年毕业，不定能成为一个好医生。一位学习法律者虽在大学中修了四年五年的课程，复在训练所接受一年至二年之训练，撇开其法律知识不谈，在其内心修养上尚难谓已能达于一较高之境界。盖一司法官判断是非曲直，动辄关系人民之生命财产，其内心修养之最高极致在能达于平。而人心却又最不易平，虽勉力求之，仍难使其真正达到不偏不倚之公平境界。昔有一名儒与一子一侄同居，常思：兄嫂已不在，唯此一子，我应好好教养，视同己出，绝不能有丝毫偏差。遇自己儿子有病，他狠着心，不闻不问；侄子身体不舒服，他即嘘寒问暖，百般抚慰，在彼乃欲力求公平而矫枉过正。抑且当其儿子病时，彼虽未去探视，却辗转反侧，不能成眠；侄子不舒服，彼前往慰抚后，返到卧室，即已呼呼入睡，可见其内心实际上还是不公平。此乃彼所亲口告人者，可见人之心理修养工夫之难尽。

中国人谈修养，咸认应具智、仁、勇三达德。一位司法官，同样应具此三德，缺一不可。不知不足以判事，不仁则囿于法律条文，难期得事理之平。再则犯罪之人，或因有特殊背景，别人畏于势力，而不敢为公正之判断，此时即必须有足够的勇气，始克有济。故儒家言法治，即必以"道德"为始事。诸位若认自己要成为一个优良的司法官，而崇尚申韩法家思想，此则必然大误特误。盖没有道德即谈不到法律，犹如没有生命即谈不到健康。故我希望诸位均应具有大智、大仁、大勇的最高道德修养，来做一个真正通人事的司法官，应以中国固有文化的精神来推动中国的法律。中国社会向极重视执法判法之官，称之为"青天"。小说中如《包公案》《彭公案》《施公案》等，较之西方侦探小说大大不同。侦探只是小才小知，非大德大行。司法所尤要者，乃在道德上，更重要过其在法律知识上。其自身在道德中，乃始知道德，世道人心是大知识，好善恶恶是大修养。即如宋代之包公，小说戏剧，流传社会，直到今天，何等受人崇敬。包拯时代之法律，当然和现代大有不同，但包拯之人格修养，及其受当时和后世之崇敬，实在足为我们司法人才之鼓励和楷模。

（一九六八年六月《文化复兴月刊》一卷四期）

中国文化与海外移民

中国在海外有许多移民，因此中国文化也随了移民流传海外。我认为在今天，若从这个角度上来研究中国文化，比较或更加有意义。但我个人对海外移民情况不太清楚，此层要请诸位先生原谅的。

我认为要研究一个民族的文化，有两大对象，一是研究其"历史"，一是研究其"社会"。要了解一国之文化，必先了解它的历史及社会。也可以说今天的这个社会种种写下来，便是历史，反过来说，历史的成绩与结晶，即为社会。所以二者实为一事。

社会的种种，有许多写在历史上，也有许多不写在历史上，海外移民在中国历史上写下来的，并不算多。可是从海外移民实际情况，能用研究文化的观点来看，倒可以明白这一个国家的大传统。历史传统和社会传统合起，便成为文化传统。

中国历史与社会所有别于他国者，乃由于中国具有五千年悠久之历史。在今日世界上实找不出第二个民族，具有如此长的传统。中国社会是一个庞大的社会，东北，西北，西南……凡有中国人在的地方，即成为中国社会。今天我到新加坡，不仅碰到的全是中国人，而且进入了中国社会。

但中国社会究是什么呢？我们看，在旧金山、菲律宾、香港等地，凡是有中国人在，也必有中国社会，有中国情调、中国风味。这个社会可能是一个家、一个村镇、一个城，要之一切使我们感到这是道道地地的中国社会。但它究竟是什么？我说是中国文化形成的一个混凝的特质，有时这个分别，我们不一定能讲出来。

至于我们的移民社会和国内的社会，究有什么不同。我说广东、福建是在我们政府之管辖下，海外的移民社会，乃是在外国政府之管辖下。前者是在国境之内，后者是在国境之外。

所谓中国社会或移民社会共同之点又在何处？我认为有两大特点可以说明：

一、从历史上看，中国社会有其坚韧性，因其坚韧不易破坏，因此中国历史，绵延迄今，已达五千余年。

二、是适应性，中国社会可以生存于黄河流域、长江流域、珠江流域甚至在海外任何一个地方……今天的台湾社会，全是中国社会、中国情调、中国风味。至其所以能这样的最大原因，便是依靠文化。

中国之有海外移民，我认为有两个因素：

第一，其出发点是属于经济的，许多中国人，在家乡生存不下，无法谋生，所以单枪匹马，若落叶之飘于海上，流至海外，寻找生活，于是在海外成家立业，找定了饭碗。

第二，出发点是属于政治的，常常在非常时期，国家大乱，政治解体，于是有大批人民集体向外逃亡……这样的集体流亡，在中国历史上，实例很多，远自三国时代，黄巾之乱，便有大批难民，逃向安南。

一个中国人，他为了经济上的谋生，政治上的安全和呼吸自由空气，流至海外，成家立业，有者且成巨富。于是一批人存在下来，整个中国社会随着存在下来，这样一个社会充满了中国情调、中国风味，因为这许多中国人出去，身上都肩着中国文化。诸位不要认为中国文化专在几个读书人，或是研究文史哲学的人身上。在他们身上的中国文化，实在太浅薄，不能生根。真正的中国文化，具有坚韧性及适应性的，必是深深地印在每一个普普通通的中国人的脑中、血液中，是这一个民族这一个文化所产生的一个中国人。所以是中国人的情调，中国人的精神。这是历祖历宗数千年传下来的一份宝贵遗产。一个人受了这种文化洗礼，才成为一中国人。人与人相聚而形成了一中国社会。这社会是由文化产生，不是由经济产生。中国人移民海外，是为了经济条件而来。他不读书，不识字，但他出来时，身上是肩着中国文化的传统，所以我认为在从今天海外这个中国的移民社会来看中国文化，比读廿四史或更感亲切，更有启发之处。一个社会，必内有中心，外有外围。其中心用作内部之团结，其外围用作对外之防卫。其他国家民族出外，内面有宗教团结，上面有政府的政治力量随在后面保护。例如西班牙、葡萄牙移民到外面去，他们船只停泊，上了岸，在一个荒岛上插上了他们的国旗，建起天主教堂，于是这个荒岛，久而久之，便成了西国或葡国的殖民地。两国的移民，如发生了争执，便是两国政府间之争执。这种移民，乃是近代帝国主义殖民地式的移民。但我们中国人则不然。我们移民出去，其内部没有一个固定的宗教，对外也没有政府力量跟在后面，这是一个特别的现象。

中国移民出去既没有政府保护，又没有宗教联系。所谓政府，亦不外乎对外有武力，对内有法律。而我们的移民则没有法律，我们遵守人家的法律，武力更不用讲。这样看来中国移民实在好对付。只要有饭吃，什么都好。中国人真像是一盘散沙，但这一盘散沙，不久便自然而然地成了一个社会，他们有自己的一套。这便是中国文化的力量。中国移民，外缺保护，内乏组织，一点野心也没有，仅为个人谋生，暂时避难。然而中国人民到了海外，发生了力量，形成了社会，这实在是我们文化的潜力，如无此种力量，中国人早已不能生存在这个世界了。在这个力量中，应该值得我们去研究。

中国社会之形成是由修身、齐家、治国、平天下这一套。但华侨在海外只有修身齐家。这个国是人家的，不是我们的。于是有人说中国人不爱国。其实中国人不是不爱国，中国人只是把国的观念看得较淡，因在中国人观念中，国的下面有家，国的上面还有天下，家和天下比起国来同样重要。

所以可以说中国人在国之上还有天下的观念。我从前在大陆，未出国门一步，不能真知道中国人的这个"天下"观念。今天一到海外，到处看到中国人的天下观念之表现。中国人没有忘记了他的国家。他要回去，他们随时都可有回乡运动……但他们去了不久又回来了。他们回去仅仅是看看家人，重温旧梦而已。香港许多老妈子，她们也曾一批批回大陆，她们同政治毫无关系，她们更不知今日是秦，明日是汉，这是国民党，那是共产党。她们浑浑不知，他们到了海外，是不会忘记家乡的，但是他们回乡以后，仍然要出来。这便是他们的天下观念。

中国人的天下观念我们可以在《论语》中看到"言忠信，行笃敬，虽蛮貊之邦行矣。言不忠信，行不笃敬，虽州里行乎哉。"或"四海之内皆兄弟也"。这些话，所谓"言忠信，行笃敬"，便是说做人说话算数，行为当真，那么不论跑到天涯海角都行得通，都可以立足谋生。反之，如果说话不算数，行为不当真，即使不出门，留在家乡也是不能立足。

至于"四海之内皆兄弟也"这个观念，怎么说是天下观念呢？你看中国移民在外面，就以南洋来说吧，你是英国人，他是美国人，大家都是兄弟，都可以和平相处。因为中国人在国的上面还有天下。中国人把世界看作是人的世界。世界上全是人与人之间的关系，他虽是外国人，我虽是中国人，我尽我自己良心便罢。这个天下观念，到了今天考验之下，是对，还是错呢？

我认为中国人的天下观念，是中国文化上下数千年来养成的一个扩大的心胸。中国人最大量，反正只要有饭吃，有人说中国人很现实，这也不差。只要人与人相处，大家讲个"仁"字，于是你我不相冲突，法律也不能干涉我们。所谓"仁"字，最简单的表现，便是中国人所谓的"一句话"。中国人与人相处办事情，只凭"一句话"。

中国人的"仁"的态度，下可无法律，上可无宗教。因为中国人有了"仁"，这些便不重要。这样一来中国社会是散漫的，它不看重政治，不看重宗教。老百姓也无求于政府。这种态度说明了中国社会具有两个特点。

第一，生活上经济自由。从民国以来，许多西洋回来的学生说中国社会是封建社会。我不同意这个说法，因为封建社会必须是经济和政治合一。这是封建社会的一特征。中国在战国秦朝以上，贵族都有封邑，经济政治操纵在贵族手中，这是封建社会。但战国秦朝以后，政府不管经济，田地可以自由买卖，政府仅抽赋税。这是自由方式的农业经济。至于盐、铁由政府经营，乃属例外。

第二，信仰上思想自由。中国虽然是君主专政，但君主不能控制人民的信仰。中国从先秦到现在，只有一个政统，但社会上另有一个道统。

"道统"是什么呢？诸位如果去中国内地，可以看见人家大门外挂着"天地君亲师"的木位。这五个元素组成了道统。中国人的"天"，不是西洋人的上帝，天代表大自然。中国人认为宇宙间乃有人类生存，顶天立"地"的。"君"代表政府，"亲"代表家庭，"师"是代表教育、文化、思想及心灵的薰陶。有了君、亲、师，于是"天地"乃成为文化的外围。

这个道统观念实不是一个坚定的狭义的国家观念。中国人还是看重人。回家乡是看看人，重温旧梦。中国人脑中有中国文化的感应，但这不是国家观念，乃是文化观念。英、美、法等国人有他们坚定的狭义的国家观念，而我们讲"仁"，讲"四海之内皆兄弟"，这是个"大同"观念。

进一步讲，中国人的大同观念，实在是一种"王道"，外国人的国家观念乃是一种霸道。西洋人来，他们的政治法律都随而来，这是所谓帝国主义，不是霸道是什么？中国人在外国，不加入他们的国籍，便有种种不自由，如旅行不自由，居住上不自由，财产上不自由，中国人便成为无国籍人民。但是尽管他们加入了外国国籍，他们心理总有些不高兴。这是什么道理，我说他们心理上仍眷恋着中国文化，仍有一套天下观念，这是文化的力量。

我们中国人不论到什么地方，总有我们的贡献，这完全是因为有大同的理想，仁道的精神。然而处在今天的世界，我们吃亏了，因为我们的文化和别种文化发生冲突，这种冲突究竟怎样，诸君当然比我更明白。冲突在哪里呢？这是他人不了解中国人的心。因为一个中国人，便代表了中国文化。西洋人的国家观念，与我们的天下观念不同。西洋人重法，我们轻法，我们对法马虎，但有情，他们重法但无情。可是今天我们吃亏了，你要长久住在此地，要享受许多方便，你就得要弃国籍，做外国人。而这一个外国，却是从天下中封闭起来的。

还有中国人看轻国却另有一番大道理，那便是王道，世界大同。因此中国人不讲权利，只讲仁。只要思想自由，经济自由，大家有饭吃，便满足了。这个道理看上去似乎很浅薄，但世界上各国人，如果都像中国人，不斤斤权利，那么今天还有什么战争与罪恶可言？真是到了大同之世，这不是很好吗？

千万不要看今天中国遭受大难，处境艰困，而认为中国文化不行，你要打倒中国文化。这却谈何容易。

我到了海外，在海外社会看到中国文化，才对中国文化更有信心。《易经》上说："可大可久"，我们的文化我们的社会也是可大可久的。在今天这个多难的大时代，我认为我们五千年传下来的中国文化，还是大有可用之处，我们凭着必忠必敬的言行，凭着仁爱，凭着我们的文化的坚韧性与适应性，我们必可以克服困难，不仅是自己当前的困难，而且是世界人类的困难都可用我们的文化去克服。

"礼失求诸野"，今天在海外仍能找到我们中国文化，真是了不起。我认为在海外的华侨们，处此大时代，负起我们中国的文化使命，责任尤重大，我们应该如何使它可大可久。"天之将降大任于其人"，这有待于我们侨胞之自觉与自负。

（一九五六年五月星加坡南洋学会讲演）

华侨与复兴中华文化运动

我对这个题目，想分下列四点来说：

一　西方殖民与中国华侨之分别

首先把近代西方殖民与中国华侨做一比较。

近代西方殖民有两特性：一是帝国主义的武力扩展，一是资本主义的经济剥削。他们的殖民，往往由一个大公司大行号组织成，有庞大的经济背景，又有国家武力大炮战舰为后盾。住下以后，并有他们社会的宗教法律为助。他们的殖民，每到一地，都是高高在上，和侨居地的人民对立。争夺领土和保持主权，为西方殖民必然附带的条件，最高希望，是其国家凭持殖民势力来统治其殖民地。其次则从殖民地剥削来增加其国家之财富。

反观我国侨民，跑到国外去，性质便迥然不同，中国"侨"字的意义只是暂时移居，或说是寄居，如东晋南朝时之侨郡，便是暂置的非永久的，直至明代以来的海外侨民，都是这样，只是暂居，不做久计。他们往国外，都属私人行动，政府只采放任主义，不加干涉，亦不特别加以保护。其目的只在向外谋生，因此中国海外侨民，开始大部分都是贫穷的人，虽是一批批的去，实际则都是单枪匹马，并无组织。他们到了国外，只求投入于其侨居地的社会，帮助当地人开发、生产，由此来获得其个人或其小家族之生存。因此我们华侨和其侨居地社会是融成一体的，对其侨居地有助益，无损害。不像西方殖民，是以一个有组织的团体来插进当地社会，而始终保持其与当地社会之对立。我们的侨民，既没有国家武力做后盾，亦没有为祖国扩张领土的野心。我们的政府，对于这些侨民，几乎也可说任其自生自灭，不会为侨民争地位而有意去干涉到侨居地之政权。

二　西方殖民与中国华侨背后之文化性质

进一步讲，西方殖民正代表着西方文化之一部分，而中国侨民当然也代表着东方文化之一部分。近代西方的帝国主义或资本主义，不是政治侵略，便是经济剥削，即连宗教也近似带有侵略性。他们殖民所到，便连带要求其侨居地的人民也来信奉他们的宗教。

中国人却不同，关起门来，只教导他们自己的子弟，克勤克俭，成家立业，和平相处，与人无争。绝不像西方人，一面宣传教义，一面并要依照他们自己的法律来裁判一切。中国侨民到处，必相戒遵守其侨居地之法律，不要求以自己法律来管理。这些相异，都是由双方文化不同而形成。但中国侨民虽没有携带武力和经济而去，久而久之，也等于是携带着自己的社会而去。侨民出国，仍然保持着一个中国的家庭，乃至一家族或宗族。年轻人在国外立定了脚，往往要回祖国来结婚，年纪大的人隔了一时期，常要回国来祭祖扫墓。在每一侨居地，各设有许多"宗亲会"及会馆等，这便是把我们国内的乡土风俗也带到了国外去。因此中国侨民去海外，固然是凭仗个人努力，同时也凭仗中国的社会背景，有宗亲会，有会馆，互相接引，互相帮忙，互相照顾，互相救济；虽说无组织，也如有组织，只是与人无争，居心善良，与西方殖民不同。

西方人做生意，有大商号、大银号与国内息息相通，好像在其国内伸出一条吸血管到各地，专来吸食各侨居地的膏血。这些话像过分，实不过分。

中国国内政治和国外侨民是分开的，政府不再特别关切侨民，侨民在国外，只是"适者生存"，也不要求政府武力支援。同时，中国人不但在国外，即使在国内，相互间若干纷争往往不需要法律解决，只要有族长、乡长调解就算了。在侨居地他们设有家族祠堂、乡土会馆，便可为他们解决纷争，也不想来侵犯其侨居地之法律传统。

三　世局变动影响华侨之处境

但世局始终在动荡中，近一两百年来的世界，可说是全由西方文化在领导。可是从第一次第二次世界大战以来，西方文化开始走下坡，将来如何，谁也不知道。但只看两次大战以后，许多西方殖民地纷纷独立，这是一个很大的转变，不仅亚洲方面如此，非洲方面也如此，这在事前确实是有些想象不到的。这些殖民地一个个独立起来，正可说明了帝国主义趋向没落，和资本主义遭受反抗。换言之，西方的殖民政策是开始失败了，这些殖民地在他们获得政治独立之后，接着想要经济独立，文化独立。这一切，可说都是各殖民地的人民，对于西方殖民政策，及其帝国主义和资本主义之一种恶感之发泄和反抗。

从另一角度看，西方共产主义的崛起……在西方文化内部自起冲突。总之西方文化是在受各种反抗中。同时由于新兴的独立国家愈来愈多，联合国已形成了一个不能由几个大国来完全控制的现象。

但在这种大变动之下，我们的侨民却是首当其冲，而且较之在西方殖民地时代更难处。今天我们的各地侨民，不但受了西方文化的压迫，亦受了各个新兴国家即侨居地政府的压迫。他们把华侨和西方殖民一律看待，甚而更加对侨民讨厌，因为西方殖民比较是少数，亦可以撤退，只要他们的大公司、大银行机构依然存在，依然可以继续他们的经济剥削。这些新兴国家，如果遽然失去了西方资本主义所留下的银行或商号，一下子他们也不能生活下去，所以西方人虽已退出了，但西方这种经济侵略的力量则还是存在着。而中国侨民则急切不能退出，因中国侨民本是投入了侨居地的社会与之融合为一，有住了二三代以上的，他们久已依存于其社会中，退则无路。但平心而论，如果中国侨胞一旦退出，这许多侨居地的新政府也一样要瘫痪要崩溃。但那些过去的殖民地区，不能如此般深思熟虑，他们只认为他们如今是独立了，西方人肯退出，中国人却不肯退出，因此对我们侨民难免感到更讨厌。过去受西方压迫更甚的，他们的独立思想也更偏激，像有些非洲人说，他们需要一个上帝，但不需要一个白脸孔的上帝，他们只要一个黑脸孔的上帝。其偏激之情可想。虽然各地情况，不能一概而论，但从前西方殖民主义者除了经济侵略之外，还有文化侵略的意义在内，这也是不可否认的。所以许多新兴国家独立以后，他们也需要文化独立，需要他们自己的语言，自己的文字，排除一切外来的。但事实上，他们根本也就因为接受了西方文化才有今天独立和自由的一套想法。论其实情，他们仍是在追随着西方文化而向前。由此言之，今天我们华侨的处境，仍是面对着一种变相的西方文化而受压迫。

四　华侨与复兴中华文化

因此今天我们侨民在各侨居地所受的种种压迫和痛苦，进一步讲，还是一个文化问题。亦可说，世界人类当前一切问题，也都从文化问题开始，因此我们要解决世界上当前一切问题，也要正本清源，从文化问题上来谋求解决。我们今天要解除海外侨胞的困难，也还应从文化方面着眼。我今天的讲题，也正是"华侨与复兴中华文化"。

我们用最粗浅最概略的说法来讲，西方文化乃是一个势力的，崇尚权利胜过了崇尚道义。东方文化是一个和平的，崇尚道义胜过了崇尚权力。从前西方殖民政策，正是代表势力，代表权利；我们的海外侨民，则一方面代表道义，一方面显示和平，这即是东西文化不同的证明。当然我们今天要来谈文化复兴，不可能在一天两天、一年两年内见效果，使我中华文化发生影响来解决我们各地侨民的困难。但从前中西双方文化势力距离很远，中国文化深受着西方文化之压迫，似乎无可翻身。如今西方文化已趋下坡，东方文化则日见抬头，只要我们努力复兴，双方的文化力量，不特可以拉平，也确可期望东方的高过了西方的。这也不是一种民族私心，我们只希望和平与道义能胜过了权力和财富，此乃有关全世界人类幸福前途，事在人为，我们对自己的文化传统不能不抱此信念。

……不过我们身在国内，反而不易十分觉察到中西方文化之异点，与夫中国文化之可爱。一旦身处国外，那就不同了。近代这一百年来，最能意识到祖国文化之可爱，而热忱要加以维护的，转而是在国外的侨民，更真诚更强烈地胜过了国内的同胞。即如新加坡侨民对于祖国文化的爱护便远胜过香港。礼失而求诸野，中国文化保留在各地侨民身上的实正多。

但正为此，今天各地侨民普遍地遭遇到几个很大的问题。第一便是"国籍"问题。我们平心而论，假如我是一个新兴国家的人民，看我们华侨住居在他们国内，生活在他们社会里，赚他们的钱，还硬要保存着我们自己的语文和礼俗，不和他们同化，设身处地想，也难怪要受到他们的歧视和排斥。但换一面讲，有些侨胞在外国住久了，儿子讨了洋媳妇，女儿嫁了洋女婿，他们的孙子一辈，便再也不能讲中国话、识中国字，甚至再不像是一中国人。这种现象，在老一辈的侨胞心里面，也委实难过。但当地人的眼光看来，如此才觉你可亲。说到这里，可见国籍问题是一个严重的问题，值得我们侨民慎细地考虑和研究。

其次便要谈到"侨教"问题。要叫我们侨民还能保留为仍是一个中国人，其事端赖教育。但我们也该平心想，在同一国家之内推行着两种教育，其事自为一般新独立国所不愿。而且要推行侨教，在我们侨民本身也有困难。刚才马树礼先生所讲，欧洲侨民的第二或第三代，由于没有受过祖国的教育，在他们脑子里根本没有"中国人"三个字，可见侨教问题之重要。但如无困难，其情形也不致如此。此刻再从另一面讲，在这种困难情况之下，而我们要来谈侨民复兴中华文化，像要准备把这个责任也放到侨民身上，这不是很困难了吗？尤其有些侨民已经转换国籍，当然该受他们的教育。在这方面，我们各地侨民究竟应抱有如何的态度和采用如何的对策呢？但一般说来，我认为"文化"只是人生，或可说是人生的结晶。人生最重要的还是在人的心里。我们要注意某一民族的文化生活方式是否能深入另一民族的人心，这事极重要。像我们纵使英语讲得很好，但在英国人眼里看，并不即会认你是英国人，因为你并没有在他们的文化深处受到陶冶。如此说来，若有某一民族，存心要接受另一民族的文化，而其实际，则仍不免要被此另一民族所歧视。这实是一件甚为痛苦的事。从此讲入深处，文化背景的深处有"民族性"之存在，此事更难急切求转变了。以前我们侨民出国，多数是一字也不识，可是直到如今，在侨民社会里面，还是存在着许多中国色彩，保留了中国文化传统，这即是有民族性的潜势力存之一证。我想我们不该把文化看得太狭义。无论语言、文字、思想乃及人生各方面，一切都包含文化在内，而其中最重要的还是一个"心"，说到深处便是"性"。

说到"心"，主要可从人情风俗方面来看。如伦理、道德、信仰、习惯，求其根源，都是心的表现，也都是民族性的表现。当然不必说到一民族严格的礼教，只要有深植人心之所在，这即是一民族文化内在之深处。最重要的如家庭，父慈子孝的伦理观念；推而远之，如处世接物的道理；深一层说到身心修养，都有文化精义涵蕴在内。你加入了外国国籍，做了外国公民，似对这些是并不妨碍的。你保留着这些，应该不会妨碍你做任何一国的公民的。我们此刻来谈复兴中华文化，无论海内外同胞，对这方面都该深加注重，这是我们文化精神和文化基本之所在。我可以断言，中国人这一套人生道理文化精义，应该到处行得通。

再退几百步讲，譬如我们的饮膳方式，也可代表一部分中国文化，现在不是全世界受人欢迎吗？我在抗战时，在重庆讲学，曾和一位达官长谈，他不赞成我讲宋明理学。我说，你理想上的人生究该如何？他说，这事太大，谈不上。他待胜利后，只想准备到巴黎去开一餐馆，他认为一定会发财。他说他的餐馆不仅一切饮食，一切餐具，全要中国的，甚至餐馆内部的一切装饰布置，都要道地中国化。他说："只要我能使外国人进到我的餐馆，就像到了中国人家中一样，如是便保证会发财。"我却很赞许他的见解，其实这也就是在宣扬中华文化了。要开中国菜馆，还该注意中国布置，使来客更能深深欣赏到中国风味。当然如此设计，该包括了中国许多的艺术在内，这也便是中国文化呀！只要我们自己懂得爱护，懂得珍重，同时便即是宣扬。宣扬艺术，便即是宣扬文化，而无形中也会提高我们侨民的地位。

中国人喝茶便和西方人喝咖啡不同，不是茶和咖啡之不同，乃是其深处风味之不同。以前梅兰芳到纽约演中国京戏，外国人也懂欣赏。据说梅兰芳演《打渔杀家》，在座的许多美国老太太们，便大为赞许，说他们能有一女儿如剧中演出的一般，岂不好？他们并不能真懂欣赏到梅兰芳之剧艺以及中国平剧之妙处，却从此欣赏到中国人的伦理道德。试问身为父母的，哪一个不希望自己的子女孝顺。当然是人同此心，心同此理，所以演平剧这也就是在宣扬文化呀！又如今天在海外的侨胞，男人穿长袍的固是很少，乃至绝不易见，可是女人逢作客参加集会，多数还是喜欢穿旗袍，外国人见了也总是赞不绝口，这也是中国文化呀！现在很多新兴国家的人们，他们在殖民地时代闷着一口气，独立以来，趾高气扬，我亲眼看过许多非洲人、东南亚人穿着他们乡土服装在英、美、法各国大都市招摇而过，在学校里逍遥自得，故意要表示他们的特点。中国究竟是个礼义之邦，人人都懂谦逊为怀，一面也是好学心切，尽量把自己的一套藏起，来学别人的。其实中国的一套也并不坏，大的如中国人的伦理道德、家庭制度，以及待人接物处世礼貌。小的如艺术方面，无论音乐、绘画、戏剧、园林、建筑、家庭布置、服装饮膳，凡属人生之各方面，中国文化传统中，都有一套极优美极高深的特点。我们该要拿出自己这一套来，这便已是在宣扬文化。而且只要能这样，我们华侨在国外的地位也只会增高，绝不会降低。只是羞惭，只是隐藏，只是学步他人，自己一点本色也没有，这样也不会更受人重视呀！

关于华侨的教育问题，我个人私见认为可分作二部分来讲。一部分是幼年教育，最主要能教他们讲几句中国话，认得几个中国字，这事似乎并不难。尤其是现在录音机唱片这样普遍，正可利用。现在外国人运用科学设备来学习中国话，只要三几个月时间，就可说得上口，并且也认得了不少中国字，哪有中国家庭的子女而不能学讲中国话学认中国字的。刚才马先生说欧洲侨胞散居各地，寥寥十几个学生开办一个小学很困难，不像样。其实也不一定要办现代式的小学，我们该要变通。东家西家都有小孩，可以请一位先生，有空就补习几小时，如果几家凑起来，也可以办一所私塾。"真金不怕火烧"，只要我们侨胞真正看重自己祖国的语言文字，这问题不是不易解决的。而且将来这些孩子长大之后，能说几句国语，认得几个中国字，无论在国外，或回到祖国，也方便，也可派用场，这不会是一种浪费。

其次关于成人教育，我认为也不必定要办现代式的中学或大学，甚至研究院。我们不要太拘于现代的形式，我们该知有变通。中国传统文化是更重成人教育的。以前宋明时代，有讲学制度正可模仿。不管他三十、五十或七十岁，识字或不识字，在以前宋明讲学制度下，都可来出席听讲，较之西方教会传教更活泼，更方便。只要用讲学方式来教导他们懂得一些中国文化精义便好了。在中国以前又有结社制度，此亦大可提倡。如台湾同胞在日据时代，各地都有诗社，在外国权力统治下来保留中国文化，正是一好例子。像这样的讲学和结社，我们尽可变通行使。在中国旧传统里又有书院制度，也可变通运用。各地侨胞在某几个家庭中便可办一小小的书院，收藏一些书籍，各家子弟多可来利用阅读，共同传习。中国人有一个最伟大的好德性，便是"不忘本"。我希望海外侨胞。都能模仿中国旧传统里"地方志"的遗意，来编纂各地的侨民史，还可模仿中国旧有家谱制度，来编纂各地侨胞的"宗族志"。那些都不要太讲究，不要大规模，都可以办。只要能知变通，只要我们从可能处肯认真去做，那就是复兴中华文化宣扬中华文化的工作。如办学校不一定要办得合乎现代式，讲学也不一定要现代式，编书也不一定要现代式。只要得其精义，变通来做，不背现实，不讲门面，尽可行，尽有用。我希望侨政学会能够精选几种必读书分送到各侨民地去，把古书翻成白话固可以，同时也可进一步把若干书翻成各侨居地的各种语文，有些年轻侨胞不识中国字，他们总会识得他们当地的文字。我们多翻出几国文字，正可借此向各该国家灌输中国文化。不独供侨胞阅读，也可给当地人浏览。近代一般中国人喜欢看外国小说，难道外国人全不喜欢看中国小说吗？我们为什么不肯把中国经典和中国小说之类多多翻译为各地文字来宣扬呢，如《三国志》，如《水浒传》、如《红楼梦》都可翻译。还有一层，我们侨胞到了国外，当然有很多新刺激，有很多新学识，和我们老在国内的不同。他们在国内也曾吸收过中国文化，这些人也正是我们中华文化的新血轮。在这些侨民当中，正可以产生一种中华新文化的胚胎来贡献祖国。国内青年需出国进修，侨胞青年也可回国进修。侨胞可以请国内学者到国外去讲学，国内也可请国外侨胞返国讲演。我觉得复兴祖国文化，不仅也是华侨的责任，同时也与他们前途有关。今后只要在此方面努力，将来侨胞处境也决不需像现在这般悲观。而且宣扬中国文化，还和世界人类幸福前途有关。这是本人很粗浅的一些看法，今天借此机会来请各位多多指教。

（一九六七年十一月廿一日中国侨政学会讲词）

中国社会的礼俗问题

今晚我讲"中国社会的礼俗问题"。诸位都是受过最高文化洗礼的学者专家，我所讲浅薄，得请诸位多多原谅。

礼俗便是一种生活。一人有一人的生活，社会也有社会的生活，人可以没有政治生活，却不能没有社会生活。换句话说，要有健全的社会生活，才能有健全的政治生活。中国历史上，好几次被外族侵凌，由他们入主中原，控制了当时的政治，但我们依旧生活在我们的社会生活中，并拿这些来同化异族。大家说："我们是以中国固有文化来同化异族。"其实中国固有文化大部分即在我们的社会生活里，故要了解中国社会，就当先自了解中国文化。反过来说，也可说我们要了解中国文化，就得了解中国社会。中国社会有它构成的因素，绝不是松懈的，而是极富坚韧性的。造成这个坚韧性的因素，就在"礼俗"上。所以说要了解中国社会，必须了解中国文化，又非注意到社会礼俗不可。

中国人所谓"礼"，非用任何民族语文所能翻译恰当，因中国所谓礼之内容极特殊，完全是民族文化的酝酿成果。从历史上看，礼可有三方面之转变：最先是宗教的，"礼"之一字，左边是神，右边是俎豆祭物，是对神的一种虔敬和畏惧，故带有浓重的"宗教性"。后来周公制礼，社会生活方式有其扩大和改变，礼的宗教性少了，而含有较多的"政治性"。再到孔子，来讲礼乐，礼中的政治性渐冲淡，而"社会意义"更加重，礼多已反映到社会各项实生活方面来。这是中国礼的三阶段演变。

原来中国礼在宗教上的意义，也不是一种教条般的信仰，而是大家共同遵守的一种生活方式，所以能因时制宜、因地制宜和因人制宜，随着时代地域和看对象而变化，这样才能适合人生要求和社会要求。又因中国历史久远，地方庞大，因此人性趋于复杂，需要民族融和，不得不有赖于"礼"。礼为大家所公认，便变成了"俗"，古人说"入乡问俗"，其实俗也就是礼，不过礼像是严肃制定的，而俗则是自然化成的。但大部分相融通不易分割。如，闽、粤、江、浙各省各有不同的俗，明清人和唐宋人和秦汉人也有不同的俗。但其间尽有不同，总之俗乃是由礼蜕变而来，礼亦是由俗规定而成，二者还是一个源流，只其表现有不同而已。故可说"礼俗"乃是文化精神之一项，此种精神之所以能无远而弗届、历久而永存，不是由它附丽在政治上，而是由于它寄寓在社会的日常生活中。

今论中国礼之对象，先说对鬼神之礼和对死人之礼。对鬼神外乃至对宇宙大自然各现象，都有不同的礼；而大体上则可相通合一。对死人的礼，实际是对过去世界之追思，即为对现在世界之憧憬。对死人，可以牵连引申到对乡土。"敬乡观念"在中国人心中是占极重要的地位的。在农业社会里，安土重迁对于自己生长和作息的乡土，总有一份敬爱的心情,这不仅是对土地之依恋,而是宝爱自己生长的社会。再于由敬乡观念而产生了"善邻观念",由本乡到近邻,由近邻推广到远邻,乃至到全世界,于是产生了"天下大同、世界一家、中国一人的观念",而建立和贯通这观念的,便是"礼"。再次便是人对人之礼,无论对过去的死人乃至现在活着的人,不论远近亲疏,都事之以礼,拿一个礼字来维系彼此间的休戚相通,所以"礼"之一字做了中国人日常生活的主宰。降一级则称为"俗",故礼与俗同为中国人看重。

就所分析,中国的礼实是一种生活,其间又可分为三方面来讲。一是宗教生活。有人说中国社会里找不到宗教,这是不正确的,中国的礼即是宗教,也可说中国的宗教即是礼。次是社会生活。有人说中国社会是一盘散沙的,是自私自利的,似乎看不出一种群体生活的迹象之存在,这也是不正确的,因为在中国文化中,社会的生活即是礼,也可说礼即是中国的社会生活。最后则礼在政治生活中之所表现。如天子祭天地、名山、大川,即是代表一个社会大群对自然界现象所施之敬礼,黄河、长江、泰山、华山,凡属可以表现自然界之伟大性的,都成了礼的对象。又如无论在大城小邑,都建立有城隍庙,城隍即是城池之神,历代都明定祀典,此便是重视乡土之一例。又如全国各地都有"福德祠"祀土地神,在南洋也有"大伯公庙",同样是崇敬一位在想象上主管土地之神祇,认为我们既生长在这土地上,冥冥中有他做我们的主宰,便要对他表示敬意。把城隍和土地神作为崇拜对象,也如把国旗代表我们的国家,我们要对国旗敬礼。中国旧俗,则以城隍和土地神来代表地方,所以我们也要向他表示敬意。中国人信上有天、下有地，各有神做主宰。生于斯、死于斯；上敬天、下敬地，便构成了中国的宗教。

在昔日中国是个农业社会，对五谷、对农桑、对缫丝织布，由饮食衣着，推而至于医药，都各有其神，神农、后稷、轩辕、嫘祖等，都成为特领某一生产部门之神。及至教育，乃有"至圣先师孔子"，凡被认为某一部门生活之创始的，即都尊奉为这部门之神，给以敬礼，永做纪念。则到今天，如发明电灯电话，如发明火车飞机，依照中国人礼俗，亦该尊之为神，给以敬意，俾能永不忘他们对人类社会生活之贡献。

这样说来，一切自然现象和人事安排都有神，中国岂不成了一个多神教的国家？这又不尽如此。照中国人看法，天地万物虽说各有神，如天有神，地有神，甚至一切自然界现象和树木花石都有神，这也只凭自己良心，对他们表示敬意，定一份崇拜之礼以资永远不忘。以此中国历史上的各种神，都是对社会人生有贡献，对文化学术特别有创作的人，就把自然同人文打成一片，均给以礼的待遇。所以孔子说到礼同时常说到仁，要把"天、地、人"合成一体，把人文和自然融洽相通。礼是中国人之一种心理教育，即道德精神之教育。无论是一种自然现象或是人事，只要在道德意义上足使我们感动的，我们都以神视之，永远纪念。

在中国人的道德精神上，最重"忠义"二字，历史上极富有关忠义的记载，忠于民族、义动山河之事，史不绝书。如同岳飞被害于风波亭，后世视为忠于民族的特例。前于此而以义见称的有关羽，近代以关、岳并称，作为民间崇拜的"武圣"。据陈寿《三国志》正史记载,刘备关羽的关系,乃是建立于两人在其共同生活上之一种义的结合。当时刘备虽然拥有"皇叔"头衔,实是一个穷光蛋,到处过着流亡生活,关羽却艰苦与共,甚且赴汤蹈火亦在所不辞,两人之间实非君臣,而是构成了一种"义"的结合。曹操亦复尊重关羽为人,多方结纳,而关羽不为心动,见利不忘义,这即是中国"礼"之至高表现。曹操又使关羽旧友张辽,来劝关羽,关羽只表示对曹操一番相待之情义必有以报答。张辽看到关羽意态如此坚决,心想如果直报曹操,曹操或起杀羽之念,徒然害死了朋友,但自己也不能说谎,结果还是直告了曹操,曹操反而益发心仪其人。后来关羽为曹操杀了颜良,总算报了曹操以礼相待之恩。曹操封他侯爵赠赏他许多金珠器物,关羽一一封存,还是一走了事。至今全国各地都有关庙,来纪念这位重义的人。我曾到过安南,看到各处咖啡店都供有关羽像和孙中山像。台湾也是一样,民间到处挂有关公神像,连香港警察局里也挂了关羽像。大家只是口里喊打倒偶像,破除迷信,但像崇拜关羽这样的"迷信"却不易破除,因为这种迷信,事实上也不易造成。当然在关、岳以前,我们历史上也曾有不少类同的民族英雄人物,但因相隔年代太远了,使我们不能跟他们太亲切,所以无形中也淡忘了,将来若干年后,也可能更有其他伟大人物来替代关岳,同样取得后世之礼遇。

再说,我到台湾后,听说往时高山族每年要举行一次大庆典,杀了人,把首级来祭神。有一吴凤,他会说高山族语言,政府命他做通事,他向高山族劝告,不可杀人祭神,高山族人认为祀典非杀人以人头祭不可。吴凤劝他们只使用一个人头,余外保存起,留待后来用。

如是过了几十年，旧存人头用尽，山胞又要杀人，吴凤无法劝阻，教他们明晨见有穿红袍人过，可杀了他。原来吴凤已打算自作牺牲，次早出走，果被山胞杀了，山胞一看杀死的人正是他们素所敬爱的通事吴凤，从此便决定不再杀人祭神，又建庙来纪念他，封他为"阿里山王"，香火萦绕，迄今不衰。这便是中国人之宗教，也即是中国人之社会礼俗。我住九龙，沙田有一所"车大将军庙"，香火甚盛，经访问后，乃知清廷割让香港，车大将军率众起义，抗英不敌，以身殉之。后人乃替他盖造这一所小庙，但已失其名，故只称为"车大将军"，这亦见中国社会礼俗之一面。我们不该专用"迷信"二字来抹杀了其中所寓之意义。

中国古代，在春秋时，民间如冠、婚、丧、祭、乡饮酒、士相见，都有礼，这都是一种有规则的社会生活。姑以婚礼言，有所谓纳采、问名、纳吉、纳征、请期、亲迎诸礼。今人则认为古礼出自父母之命和媒妁之言，一切不合理。但古代婚礼确也有他合理处。如亲迎，由新郎自到新娘家接新娘，同到男家，拜了天地，名义上已结了婚；再进洞房，行合卺礼，再出而拜见翁姑，再拜见女家父母。把这一连串的礼和现行礼相比，所谓文明结婚，例有证婚人、主婚人、介绍人和新夫妇先后在结婚证书上签署，凭此婚书，才证他们是一对合法夫妇。实则中国古代婚礼，直沿用到近代，也并非不文明，而且颇见为直挚而简径。男的亲迎女的，不用媒人相伴，也不用家长主婚，更不用第三者来证婚，更不需签署证书，预做将来法律争论之准备。若必要排斥古礼索性学西方，到教堂成礼也还是一套。如今杂糅拼凑，半新不旧，非驴非马，只成了一套俗礼。

以上是说礼俗各有文化背景,各有历史精神,非深通其意,却不要妄肆批评,轻加改革。

又如在中国农业社会里,天时节气分得很清楚,有自然节,有人造节,附带着便有许多礼俗。如过新年、如清明扫墓、如端午、如中秋、如重九等,在俗中都寓有礼。天文、地理、历史、人物、神话、故事融铸合一,极富教育意味,而人生娱乐亦复多采多姿。今天则全摒弃了,却竞慕洋化,来过耶诞节,橘踰淮而为枳,中国既非耶教社会,亦非耶教文化,东施效颦,貌似神非。中国本号称为"礼义之邦",礼并不是约束人性的,亦非是虚伪装饰的,礼既求对外和谐,同时亦求对内悦怿,故"礼"又与"乐"相配,中国自古即礼乐并重,此乃一种艺术生活之醇化。是故礼之实践,对内要问吾心悦怿与否,对外要问与人和谐与否?礼又必重敬让,故常敬礼、礼让并称。敬让乃是对对方人格的尊重。礼之实质,乃是一种人类和平协调之要道,可见中国人讲礼实是合情合理,使大家都获一种圆满快乐的人生。礼之发扬必有乐,此乃一种情感之节奏和发抒。西方宗教亦必附有礼乐,但宗教人生乃是人对上帝之一种信仰人生。中国人即以礼乐代替宗教,乃是人对人的一种和洽的艺术人生,礼失而求诸野,礼成为俗,乃是中国文化最落实最成熟的结晶。我们则该从俗以返之礼,使礼必通俗,俗必合礼,成为一最理想的社会。

可是近百年来,由于海禁大开,跟西方多有了接触,从古相传礼义之邦的一种敦厚性格,便不免吃了亏,于是引起了国人全盘改革的运动,操之过切,把几千年来相传下的礼俗都破坏了。辛亥革命以后,更有人高呼打倒偶像,并进而否定了一切宗教,满以为"膝不下跪"乃是自我无上自尊心的表现。其实，膝不下跪，不能即算是顶天立地，不能即算是至尊无上。任何事，破坏易建设难，打倒了一切旧的，却急切没有甚么来替代。即如过新年，原是中国社会一年一度一种最快乐的生活，现在却弄得连过年也有新旧之分，大家不和协，因而大家不痛快。破坏了一切旧有礼俗，不能不说是我们近百年来一项挺大的损失。结果无礼无俗，大家的人生弄到无所适从。婚丧大事如此，一切日常人生都如此。即如穿衣一项，大家只求称心，不求合"礼"，长靠短打，随心所欲，结果既不合礼，也不称心。大家不知如何才好。时至今日，一切物质文明都不难迎头赶上，却唯有社会礼俗乃是中国固有文化传统和道德精神之所在，却无法有所谓迎头赶上。任何一切学说理论，思想意见，都不能凭空创造出一套新礼俗。大家的日常人生总该要给以一番安顿和快乐，但我们却对此空缺，无法弥补。

日前我应南洋学会之约，在马大中文系图书馆演讲有关中国文化与海外移民之问题。我曾说到我们的海外移民，原本是由一些人单枪匹马，跑到海外，他们都是孑然一身，并未带有甚么政治或学术，财富与权力，挟以俱往。但却带有一套中国文化优秀传统中的礼俗，才使大家能和平相处，融洽相凝，创立了大家在海外各自谋生的机会和事业，所有中国一些礼俗，幸而在海外还能被保留，那是一番至可引为快慰的现象。此后如何因时因地斟情酌理，凡不合时代潮流与各别地方性的，随事加以改革；凡有关于文化和传统教育意义的良风美俗，随事加以保留。只要能成礼成俗，少不了新的要提倡、旧的要改进。抱残守阙固不可，标新立异也无当。例如我们会馆组织之存在，此亦从古礼中"敬乡善邻"之遗风演变而来,海外移民得此一组织,获益非浅。哪能轻轻便放弃了。今天我在贵地欧美同学会来讲演,那是一种于古所无的,但可说是一种继承中国礼俗的新发展,此种同学会,尽可与旧有会馆与宗亲会等负起同样的重大责任,为我们移民社会做贡献。总之礼俗无论新旧,都是有关日常人生,有关社会大群人生的,我们该注重其内在的文化精神与教育意义。这不是一项学术或理论的问题。在此日变日新之大时代中,还有一些不变的所在。社会可能革政府的命,而政府却不可能来革社会之命。我们当可凭借我们优秀的礼俗来巩固我们社会之团结在文化上,在教育上,有其莫大之使命与功效,如果一切摒弃了,先使我们社会内部不和谐,不合作,一个无礼不乐的社会,如何图存,如何开新,所以礼必当重,俗不可忽,这是我们该大家警惕的。

以上所说,只是我一些管见,诸位或有同感。我所说只是一些旧的,如欧美同学会乃是一个崭新的发展,诸位又都是学术专家,学得许多西方新东西,不妨把东西社会、东西文化来相互比较一下,此下尽可有各项新发展。我来星埠为日无多,对此间社会一切礼俗所知更不多,但一到此间感到如归故国,即在此一点上,备见此间尚保有敦厚遗风,故而特提礼俗问题来略抒管见,敬请诸位之指教。

(一九五六年五月十九日星加坡欧美同学会讲演,
五月二十一、二日星加坡《南方晚报》)

中国民族之克难精神

中国文化绵延四千年，在全世界各民族中，拥有最悠久的历史，因此其所经艰难困苦，亦特丰富，远非其他短演民族可比。由此养成了中国民族特有的克难精神，常能把它从惊险艰难的环境中救出。在中国历史上，这种事例，举不胜举。夏少康有田一成，有众一族，中兴夏业，可算是中国史上最先的一位克难英雄。此下如春秋时卫文公，大布之衣，大帛之冠，复兴卫国，又绵延了它五百年的国运。其次如春秋末越王勾践，十年生聚，十年教训，终灭强吴。稍后到战国，如燕昭王用乐毅，复兴燕国，卒报齐仇，而齐亦有田单，困守即墨孤城，终亦收复失地。如此之类的历史实例可称俯拾即是。但这些尚都在中国民族还未凝成一大统一的国家之前，比较是偏于地方性的小范围以内事。下到秦始皇创建统一政府，此后中国所经内忧外患，两千年来，种种惊涛骇浪，更属艰险，更属巨大，但中国民族终能逐步加以克服，直到今天，依然在全世界各民族所有历史中完整依然，屹立无恙，所以说到克难精神，中国民族之伟大表现，就今天而论，可说是举世无匹。

现在要问的，上文所谓"克难精神"，究竟是哪样一种的精神？换言之，中国人惯常凭借着何种样的精神来克服诸艰？我们可以直截了当地说，主要的是凭仗着一股气。气不壮，气不足，非难亦难；气壮气足，难亦非难。旧说称之为一股气，新说则称之为一股精神。我们要克服困难，最重要的还是凭仗这一股气。人生也只凭仗一口气，没有那一口气，又如何克得难？宋末文天祥国亡被俘，在牢狱中写了一首《正气歌》，中间列举许多历史人物，全是在极度艰难的处境下发扬正气，虽然在当时只是大节不移，临危受命，但天地间只要有正气流行，自然邪不克正，一切艰难只是由邪恶之气所鼓荡，所激成，正气发扬了，邪气自然消散。这一种天地正气，在《孟子》书里则称之为"浩然之气"。浩然之气由积义所生，至今在中国社会上还流行着"义气"二字，我们可以说，义气便是我们今天所要提倡的克难精神。

何以说义气便是克难精神呢？这里便应该先明白"义"字的界说与内涵。要明白义字的界说和内涵，先该明白得"义、利"之辨和"义、命"之辨。本来人的本性，全都是希望舍害趋利、舍失趋得、舍危趋安、舍死趋生的。但有时却外面环境不许我们有利、有得、有安、有生，四面八方、满眼满身，所遭所遇，只有害、有失、有危、有死。这一种局面，正是我们之所谓难。最难的在于只见害不见利，只见失不见得，只见危不见安，只见死不见生，使人无可趋避无可抉择。在此环境下，叫你转身不得，无路可走。我们一旦遇此环境，一切利害得失安危死生的计较与打算，全用不上，那时则只有另做计较，再不在利害得失安危死生的抉择上用心，因为在这方面用心也全成白费，于是我们只有另辟一道起，另做别一种的打算，只问我对这事该不该如此做,却再不去问如此做了是利是害是得是失是安是危是生是死。这该不该如此做,便是一个"义"的问题。我该如何做即如何做,至于做了是利是害是得是失是安是危是生是死,那是外面环境的力量,现在则此种力量压迫得太紧缩太严重了,使我无从努力,无可用心,则只有诿之于命,说这只是一种外在的"命",根本容不到我去考虑,这里便是所谓义、命之辨。义只是尽其在我,只是反身内求,我究该如何做,至于做了后的外面影响,我只有置之不问,说这是命,非人力所预。《列子》书中曾有一篇题名"力命"。命是外在的,我一时奈他不得,力量在我的,我只问这番力该如何使便如何使。所以中国传统教训,特别看重"知命"。《论语》二十篇的最后一句,便说"不知命无以为君子"。君子知命,便可不顾外面一切利害得失安危死生,把一切打算,一切计较,搁置一旁,专问此事该不该,义不义,如此心归一线,更没有多打算,多计较,自然气壮气足,外面一切困难,也不觉是困难了。困难的在于谋利而不得利,转反得害;喜得而不易得,转反易失;求安而不得安,转反得危;贪生而不见生,转反见死,那才是为难的局面。若我能把这一局面根本推在一边,不去多理会,专一反身来问这刻的我究该如何,这便是所谓义命之辨,内外之辨。人能如此用心,自然只见有我不见有外面,只有我没有外面,自然唯我所欲,更无困难可以阻挡,那外面尽多困难,也自然克服了。

但这是说到极端的话。外面环境很少遭遇到只见有害不见有利,只见有死不见有生的境界。唯其有利害可别,有得失可较,有安危可商,有生死可择,人人遂一意在此上用心打算计较,却忽忘了该不该，义不义。然而外面环境究竟是复杂的，变动的，我见为利而转成为害，我见为得而转成为失，我见为安而转反是危，我见可生而转反得死，随时随处有之。人的聪明有限，外面变化，哪里能全部预见，全部肯定？如是则转增惶惑，转多顾忌，本来并不难，却见荆棘丛生，寸步难行。何如你在并不十分困难的处境下，早当作十分困难的环境看。你早就不要在利害得失安危死生那些并无十分确切把握的计较上计较，那些并无十分确切凭据的打算上打算。你早就心归一线，只问我此事该不该，义不义，更不要计较外面那些利害得失安危死生，岂不更单纯、更直捷、更简单、更痛快。如此你气自壮自足，外面真实有难也不见难，何况外面真实并不甚难，你自多计较，多打算，心乱气馁，反而不难也见其难。现在则心定气足，义无再虑，义不反顾，那样则转而不谋利而自得利，不求安而自得安，不欲得而自无失，不惜死而自有生。这是所谓义利之辨。义利之辨，并不叫人舍利求害，只是指点人一条真正可靠的利害别择的正道与常规。

　　人若明白得义利之辨，义命之辨，一切事都问个该不该，义不义，更不问利害得失安危死生，如此积而久之，自然心定气壮，便见有所谓浩然之气。孟子又说："浩然之气，至大至刚以直养而无害，可以塞于天地之间。"何以说浩然之气是"至大"呢？因为利害得失安危死生的计较打算，是人人而殊的，你见为利，别人或许是害。你见为得，别人或许是失。这些打算全是小打算，这些计较全是小计较。只有义不义，该不该，你如此，我亦如此，任何人都如此，这是大计较大打算。你一人在计较，不啻是为大众计较。你一人在打算，不啻是为大众打算。任何人处此环境，遇此事变，也只该如此计较，如此打算。心胸大气魄大，面前的道路亦大，所以说是至大。何以又说是"至刚"呢？因为你若专为得失利害安危死生打算，本来如此打算见有利，若觉无利有害，你岂不要再做计较，再有打算？你若专为该不该义不义着想，不论前面利害得失安危死生种种反复，种种变化，你早打算定了，该做即做，不该做即不做，勇往直前，再也不摇惑，不游移，岂不是刚吗？何以又说是"至直"呢？唯其心归一线，面前只有一条路可走，便是义，四围的利害得失安危死生全不顾，那条路自然直的，不是曲的邪的了。

利如此，害来也如此。得如此，失来也如此。安如此，遇危也如此。生如此，临死还是如此。你如此，我如此，任何人到此境界，遇此事变全该如此，所以说塞于天地之间，正见其无往而不如此。若为私人利害得失安危死生打算，即一人一打算，一时一打算，你的打算与我不相关，此刻的打算与前一刻后一刻不相关，那真是渺小短暂之极，又何能塞于天地之间呢？试问那渺小短暂的打算处处隔阂，时时摇动，岂不要不难亦难。那种至大至刚以直而塞乎天地之间的大打算，岂不可以难亦非难，克服一切困难而浩然流行呢？

这种义气，亦可说是公道，这是一条人人都该如此走的路道。照着这一条公道走路的人，便是有义气的人。只有这种人才可克服一切困难。换句话说，正因人不肯照这一条公道走，没有义气，所以才有种种困难发生。可见只要人人照此公道走，人人知重义气，一切困难也就自然消散，自然克服了。中国人的传统文化，中国的社会风尚，正因为一向就看重这一种公道与义气，所以遂养成了举世无匹的一种克难精神。

但这一种气,却贵能"养而无害",个人如是,全社会更如是。此刻我们的国家社会正遇到空前大难,这一种大难之来临,正为人人先失掉了正义感,人人不照公道走,人人都从自己个人利害得失安危死生上计较打算,社会没有公道,没有正义,各个人的利害得失安危死生,哪能一致?人人为自己打算,不为公正道义打算,人人在目前环境上计较,人人认为自己可以创造自己的命运,把握自己的前途,结果则前途愈窄,命运愈惨,大难当前,莫之奈何。那些全是邪气,非正气;全是私道,非公道。此刻要回头克难,只有大家觉悟,大家莫再在个人利害得失安危死生上打小算盘,作私计较。大家崇奉公道,奖励正义。历史上那些守死善道激扬正气的人物,像文天祥《正气歌》中所举,皆当衷心崇拜,刻意推敬。社会上朋辈中只要是守公道奉正义的人,吾们都该竭力敬重,加意阐扬。只有大的刚的直的可以发生力量,打破难关。一切小计较,阴柔气,歪曲相,都该扫除。如是由一人推到十人百人,由一团体推到十百团体,社会正气日张,公道日宏,一切难关,无不可以打破,无不可以克服。人心感召,极快速,极坚强。舍此之外,更无其他妙法奇计。命运永远将摆布人、捉弄人,人人只得面对着害的、失的、危的、死的路上一步步的挨近。这是当前事实,明白告人,还不值得我们的警觉吗?

这不是一人两人的责任,却是大家的责任,所谓"天下兴亡,匹夫有责",我们要提倡克难精神,只有发扬民族正气。

(一九五一年一月《自由中国》四卷一期)

知识青年从军的历史先例

知识青年从军，似乎是一件崭新的运动。但在历史上则很早便不乏先例。当春秋战国时，中国犹在封建时代，那时执干戈卫社稷的责任与光荣，为贵族子弟所独占，轮不到平民身上，那时之所谓士，执御执射，是其本分。射犹如今日之放射机关枪与大炮，御则犹如今日之驾驶坦克与飞机。不习射御，便算不得一个士。当时亦只有所谓国士、都人士，全是些住居城市的贵族子弟，却没有所谓乡野士与鄙士。直到战国，平民军队始正式兴起，但那时的贵族子弟，他还以当兵武装为本分。赵老臣触詟见赵太后，恳求把他少子补上黑衣之卫，这便是穿上黑衣军服做一个赵国王宫的禁卫兵，赵太后笑他老头儿也懂疼爱少子，可见那时疼爱他儿子的，便急要想法把他补入军队。直到汉朝，依然还是二千石的大官，才有补上他一个儿子去当皇宫卫队的优遇。

此等暂且不提，专举学术界事情来说，孔子的学生便无不习御习射。这无异说，在当时到孔子门下的，无一个不练习射御，一如今日之放射机关枪大炮以及驾驶坦克与飞机。孔子门下也着实有几个真能临阵出仗的，子路不用说了。当鲁哀公八年，吴师伐鲁，有若便在鲁国三百名决死队里面，打算趁夜直扑吴王的帐幕。吴王闻讯，骇得一晚三迁宿处，吴、鲁也便此议和了，那时有子恰是廿四岁的青年。鲁哀公十一年，齐师伐鲁，孔子弟子冉有，担任鲁军的左翼总指挥，樊迟做他车右，那时鲁国执政季孙，嫌樊迟年轻，不赞成冉求用他来担当军队中的重任，但冉求终于毅然地把他任用了。樊迟临阵首先冲过战壕，肉搏齐车，他的队伍随着涌上，杀得齐师大败亏输。这一仗，把孔子在鲁国的信仰也恢复了，鲁国人恭恭敬敬地再请流亡异国的孔子重返鲁邦，尊之以"国老"之礼。那时的樊迟，则仅是廿二岁的青年。有若、樊迟两人，可说是中国历史上青年学生从军建绩最早最鲜明的先例。

再说到墨子门下，他门徒三百人，都可使之赴汤蹈火，死不旋踵。那时楚惠王用着著名的机械工程师公输般，要想试用他的机械化部队与秘密新武器去攻打宋国，墨子却私人独自训练了一支五百人编成的机械化部队，携带着更多种性能更强专用在防御工程的新武器，自动地去当宋国的义勇军。那一支军队，不用说全是墨子门下一些青年学生，他们的司令长官，则是墨子门下最优秀最闻名的大弟子禽滑釐，那时他正是一个未满三十岁的青年。

现在再说到秦汉时代。那时中国出了两位震古铄今，最可夸耀的青年军人，他们都在历史上建有灿烂光明永不毁灭的奇迹。一位是西楚霸王项羽，在国内革命史上有他煊赫的地位，一位是汉武帝时骠骑将军霍去病，在对外抗战民族斗争史上有他超卓的功勋，他们两位都出身贵族，不用说都是知识青年了。项王初入军队，是一个二十四岁的青年,有名的巨鹿会战,项王破釜沉舟,把秦国章邯大军整个击溃,奠定了东方革命的基础,从此项王便一跃而为东方革命联军的大统帅,那时才二十六岁。霍去病初随大将军卫青远征匈奴,那时怕他只有二十二岁,明年,再从大将军出发,他率领着部下轻勇骑兵八百人,脱离大队伍数百里,深入敌阵,斩杀匈奴二千余人,又捕获了大批俘虏,开始以校尉封侯,那时是二十三岁,此后屡以敢深入建奇功。元狩二年,匈奴浑邪王来降,武帝派霍去病去接,去病渡过黄河,浑邪王部下中途变计,谋欲逃去,去病亲自赶入浑邪王营内,亲见浑邪王,把他谋叛的部下斩了八千人,先送浑邪王来汉廷,去病亲自督带着匈奴降众四万人渡河。那时他是廿五岁。武帝为他屡立大功,特地替他修盖一座宅宇,要他亲自去看,他说:"匈奴未灭,无以家为。"直到他死时,还是一个未满三十,二十九岁的青年。骠骑将军霍去病,与西楚王项羽,真可说是中国历史上无独有偶的一对特出的青年军人。项王叔父项梁,曾教项王兵法,项王虽很喜欢,却不肯细心学,汉武帝曾想教霍去病以战国时孙武、吴起们的兵法书,霍去病也不肯学,他说,只看自己策略如何,何至学古人兵法呢?他们两人,在这一点上,性格也有些相近,他们都是自然生成的军事天才。

现在再说到东汉。光武帝起初革命时,是一位廿八岁的青年,他是一个道地的书生,虽在军中,依然脱不掉温文儒雅的大学生派头。直到历史上有名的昆阳大战,他以三千军队击破了王莽大军四十万,同时革命队伍里的人,无不大吃一惊说:"刘将军平生见小敌怯,今见大敌勇,甚可怪也。"至今《东汉书》上记载的当时昆阳战事,我们翻来阅读,还是觉得有声有色,所以从前有人说,倘使你犯了疟病,只要一读东汉光武昆阳之战,包管把你的疟鬼吓跑,那时候光武正还未满三十,是一位廿九岁的青年。此后在光武队伍里,有一大批往年的太学同学,那些都是刚出大学门的知识青年,尤其是年轻的邓禹。当光武驻军河北时,邓禹一手拿着马鞭,到军门去求见,大谈革命军的进取方略,那时他正是廿二岁。此后汉光武派他独当一面,率领军队,西入关中,那时邓禹已是二十三岁了。在光武队伍里,还有更年轻的像耿弇,他初见光武时,正与邓禹同一年头,但他才止二十一岁,比邓禹还小一岁,那时他已在黄河北岸,附随着他父亲耿况的一支军队,与寇恂等孤军转斗,打下了二十二个县城,击斩了王郎手下大将卿校以下四百余员,以及三万名兵队。在光武艰困的军事状况下,着实贡献了莫大的臂助。一个二十一岁的青年,便在军队里立此伟绩,实在是历史上尚少先例的。

现在再说到三国,见称为一世之雄的魏武帝曹操,他初拜骑都尉,受命讨伐颍川黄巾,是他初次参加军事生活的一年,那时他还未满三十,他还是一个二十九岁的青年。他的两个儿子,魏文帝曹丕与陈思王曹植,都是中国文学史上出众的大文豪。他们都是生长军中,弓马娴熟,自幼便是一位青年军人,不必细表。刘先主三顾草庐,亲访诸葛亮于隆中,诸葛亮自己说,由是感激,遂许先帝以驰驱,自此那位自比管乐的南阳卧龙诸葛先生,也开始参加军队生活了,那时的他,恰恰是二十七岁。江东破虏将军孙坚,开始来显出他军事天才的时候,还在十七岁的幼龄。他正式跟随皇甫嵩讨伐黄巾,是十八岁。他大儿子孙策,当他父亲为黄祖所害,自己招募部下得数百人,那时才十七岁，后来袁术正式授他部队时，他恰到二十岁，待他二十一岁时，他便独自带领军队，进取江东，他死时仅才二十六岁。他的弟弟吴大帝孙权，十五岁便随兄征伐，策死权继，才十八岁。当时吴国有名的青年将军周瑜，当他开始带领着步兵二千，骑兵五十人的时候，才只廿四岁，因此大家都呼他为周郎。孙策死后，周瑜与张昭分任吴国一切大权，那时才二十六岁。赤壁之战，魏武帝号称八十万水陆大军，给周瑜打得落花流水，狼狈北走，自此奠定了天下三分的局面，那时的周瑜还只三十四岁。只因他青年将军的声名太过脍炙人口了，所以后来宋代大文学家苏轼，在他有名的《念奴娇》（大江东去）的一首词里，还说是周公瑾当年小乔初嫁，雄姿英发，疑心他是一位新婚未久的英俊少年，其实公瑾当时，距离他甜蜜的新婚生活，早已快近十年了，但是周公瑾到底不失为中国历史上一位青年将军。周瑜的好友鲁肃，比周瑜长不到三岁，他开始军队生活，也只二十岁。而鲁肃的后继人吕蒙，当十五六岁时，早已偷偷地混入他姊丈的军队里走上前线，给他姊丈发见，大吃一惊，呵他后退，但是呵不住，事后告诉他岳母，吕蒙的母亲终经吕蒙苦苦哀求，只得许他正式从军。但他到底太年轻，严格说来，还不够算是一个知识青年，因此后来孙权劝他趁军务暇隙中急急读书，孙权还说，他自己也是在军马倥偬中自修学问。吕蒙听了孙权话，笃志向学，一日与鲁肃谈天，鲁肃大为惊佩，拍拍吕蒙的背，着实赞赏他，说我以为大弟但有武略，不料你至今学识英伟，非复吴下阿蒙。到后来他便继承着周瑜、鲁肃后任，做了吴国长江上游方面的总司令。白衣渡江，计取荆州的便是他。

其次要说到两晋南北朝。那时是中国中衰时期，贵族门第方兴，一辈士大夫，寄情玄虚，志在清谈，知识青年从军的故事，在那时，自然要比较落寞些，但也并非绝对没有，此处暂搁不提，且继续说到唐朝。唐太宗李世民是中国历史上数一数二的英武人物，在此不用细述，太宗自己说："朕年十八，便是经纶王业，北剪刘武周，西平薛举，东擒窦建德、王世充，二十四而天下定，廿九而居大位，四夷降服，海内艾安。"他真是一位历史上极出色的青年军人，又是历史上一位极出色的青年皇帝，无怪他自己要说："古来英雄拨乱之主，无见及者。"在他手下，最有名军人，自然要推李靖、李勣，两人同时，李靖是一位老将，而李勣则是一位青年将军，他本是一个富家子，但他很早就置身行伍，他说："我年十二三时为无赖贼，逢人则杀；十四五时为当贼，有所不惬则杀人；十七八为佳贼，临阵乃杀之；二十为大将，用兵以救人死。"原来李勣正式参加隋末大乱时翟让的土匪军队，正是他十七岁那一年。明年他十八岁，便在李密手下，指挥着五千兵队以及二十万饥民，据守黎阳仓，杀败了宇文化及。十九岁归唐，两年后，唐平窦建德，俘王世充，那时是秦王李世民为大将，李勣为下将，他们俩服兵甲，乘戎辂，告捷太庙，同时两位青年将军，恰恰同是二十一岁，真是稀世鲜有的佳话。贞观三年，李勣与李靖同出击突厥，勣降突厥部落百万，那年他还未满三十，还是一位二十九岁的青年。而李靖那年则已快近六十，是一位五十九岁的老将军了。此后李勣享寿甚高，也成为唐初的一位老将，后世数说唐兴名将，必然首推英、卫，卫国公即李靖，英国公乃李勣。又有一位与李勣年龄差近，而名位稍逊，但亦为唐代对外建立大功奇勋的名将苏定方，他亦在隋末大乱时，当十五岁的年龄，已能跟随他父亲出阵见仗，而且常常先登陷阵。他父亲死后，他代领其众，以后他以六十九高龄西定葱岭，以七十岁高龄东围平壤，李勣继之，以六十八岁高龄克平壤，虏高丽王以归。他们两人，同以十四五岁稚龄，即献身军伍，同时均以七十高年，还在为国家扬威异域，真可说是毕生以之的模范军人了。同时刘仁轨也以快近七十的高年，与苏李同在东北军中，他大创倭兵于白江口，毁倭舰四百艘，海水为赤，这是东亚历史上第一次中倭交战，刘老将军建此伟绩，也该特别提及的。

现在再说到五代与北宋，五代时的混乱局面，只有周世宗是唯一的英主，在他手里，算把这长期的混乱局面开始澄清，宋太祖只是因其成业。周世宗是一位二十四岁登极的青年皇帝，但他同时也是一位青年军人。他即位那年，便亲征北汉，打败强敌，又把手下临阵退避的一群骄将范爱能等七十余人一一处死，这一来，把晚唐以来百年以上的军伍颓风，一手整顿了。是年，他一面惩罚骄将，一面又淘汰赢卒，切实改取精兵主义，训练新劲旅，从此数年间，南征李唐，大兵直达江岸，北伐契丹，克复了瓦桥、益、津等三关，可惜他享年不久，没有在他手里完成统一。他临死，也还是未满三十，一位二十九岁的青年。宋太祖是周世宗整顿军旅时提拔起来的一位小军官，他做殿前军虞时，是二十八岁，但他开始从军，则只二十二岁。若论宋初名将，自当推算到曹彬与潘美，曹彬是将门之子，他三十二岁时已在军队里充牙将。潘美随周世宗，也还未满三十岁。此外宋代最著名的边将是杨业，他是山西茂族，父为刺史，业弱冠时已在军中以饶勇闻，其子杨延昭，常随他父亲，在军队里做先锋，当杨业死时，延昭也只是二十九岁的青年。

现在再说到南渡诸将。韩世忠十八岁便应募为军，岳飞是一位贫寒好学的青年，他在二十岁时应募入伍，史臣称他文武全器，仁智并施，为西汉而下不多见的大将才，他临死也只有三十五岁。他儿子岳云，十二岁便在军中作战，这恐怕算得是中国历史上最年轻的一位少年军人了，他临死还只有二十三岁。吴玠也是南宋一位读书有学问的名将，未到二十早已从军了。和尚原之捷，他年三十九岁，他弟弟吴璘，同在军中，同建大功，则只有二十五岁，还未满三十。仙人关之捷，吴璘是三十二岁。辛弃疾又是南宋中叶一位有名的文学将军，他开始从军是廿二岁。宋末名将赵葵，和他哥哥赵范，都是幼年即随父在军，一面读书求学，一面应战接仗，将来都成为国家栋梁大器，这也是他们父亲教育有方的功绩。

元代武功赫弈，此已尽人皆知，当时的蒙古族是尽丁皆兵的，但汉族子弟，却绝少当兵的权利。现在且说明朝，明太祖初在濠州从军，那时是廿五岁；徐达初从明祖，是廿二岁；常遇春初从明祖，在廿六岁；徐、常是明初两员大将。李文忠十九岁便以饶勇冠军，邓愈十六岁便带领队伍自成一军，沐英十八岁便为帐前都尉，明祖麾下都是些年龄不相上下的军官。汤和稍前辈，也只长明祖三岁，初在军时，也还不到卅岁。明朝人的风气，比较和唐朝相像，他们都慷慨喜功业，因此也更爱从军，在兵队里过生活。有名的理学家王阳明先生，他十五岁时，寓居京师，便出游居庸关、山海关，私出塞外，与诸属国夷人，角射校艺，因以纵观塞外山川形势，有经略四方之志。后来他一面讲学，一面还屡立战功，平漳寇，平横水、桶冈、大帽、浰头诸寇，又平宸濠之乱，晚年又平思田，破八寨断藤峡诸蛮，他是中国史上第一流的学者,同时又是中国史上第一流的伟人。现在要说到明代膺惩倭寇的两位名将俞大猷与戚继光,他们两人都是幼年好学,而且一开始便有志于军队生活的,可惜手边史料不足,无法详细推算他们两人的年龄,否则他们两人一定是这一篇知识青年从军先例中很精采的两个例。

现在再说明末清初。一辈知识青年投笔从戎,从事革命与复兴事业的,真是指不胜屈,姑举其最著者。清兵下扬州南京,黄梨洲兄弟即纠合家乡子弟数百人起义,号"世忠营",那时梨洲已卅六岁,他仲弟宗炎廿八岁,三弟宗曾廿六岁,想来他的世忠营里,一定很多年轻的知识分子。顾亭林从军苏州,年廿三岁,他的至友归玄恭,也以同年投军。王船山起兵衡山,年卅岁。毛奇龄投入毛有纶军中,年廿四岁。魏叔子和他的朋友彭躬菴等在翠微峰,结寨自卫,年廿五岁。可惜他们在军事上都没有大成功。待他们军事生活失败后,回过头来,却都做成了中国史上近三百年来有数的大学问家,尤其是黄、顾、王三先生,他们的人格与学业,对于我们近代辛亥革命的成功,还贡献了无限的影响。

现在要说到清朝,清朝始终是一个狭义的部族政权。满洲八旗军队,入关创国,有他们特优的待遇,汉族绿营兵,则在不平等待遇下受歧视。清政虽较元代略宽大,知识青年从军的故事,一样的无可说。直到中晚叶政治腐败,革命四起,那时才有一般文人学者,中途献身军伍,来为清政权暂延一息,如江忠源、罗泽南、曾国藩、胡林翼、左宗棠、李鸿章诸人皆是。同时有许多知识青年,闻风响应,投入军中,此处暂不细述。说到此等中年的文人学者,因时代需要,献身军伍,来为国家社会立大功建大业的,在中国历史上,更多先例,但非本篇范围所欲详,也只有不提及了。

最后说到辛亥革命前后,那时一辈知识青年舍身投军,从事革命建国工作的,更繁夥了,这是最近的历史,人人应知,此亦不赘。

以上所述,只是就历史上最著名人物,择要举例,并非说中国历史上知识青年从军的只有此数。若是我们要把《二十五史》详细检举,来讲述中国已往青年从军的故事,恐非专写一书莫办,现在我们且继此一说历代的"兵役制度"。春秋战国是平民军队与贵族军队交替代兴的时候,已于上文述及。秦汉则是全民兵役制,那时虽宰相之子必须戍边三天,一遇战事,还有许多自动从军,恰如现代所谓义勇军的,在那时则谓之良家子从军,所以秦汉武功远播,断非无因而致。东汉而下,全民兵役制破坏,国威亦远逊。魏晋是私家部曲兵以及奴兵、谪役兵的时代,因此国威更挫。东晋时,谢安当国,在扬州训练了一支所谓"北府兵",因是经招募挑选而成的军队,较之部曲兵、奴兵、谪役兵远胜,赖有此一支军队,始有淝水之捷,保存了半壁江南。此后刘裕还用此军队北伐。五胡北朝全是部族兵与签兵的混合队伍,直到北周苏绰,创府兵制,那时候才再有像样的国民军队。"府兵"是一种选民训兵制,当时全国户口,依家财分列九等,只有第六等以上的中上人户子弟始许入伍,下三等贫穷家庭,则不使有当兵入伍的权利,因此当时军队,全是民间的豪右精壮,隋唐借此制度完成统一,而且国威远扬。但在唐高宗时,府兵待遇渐不如旧,刘仁轨曾为此事向中央详细陈述,可惜唐室不能尽量注意,此下便渐渐从府兵变成方镇兵,那又是一种招募的军队了。但是方镇兵开始,还如东晋北府兵般，召募之后，继续一番挑选，还不失为劲旅。晚唐五代，兵渐骄，将渐惰，没有所谓挑选，直到周世宗始再振作一番。宋代承袭周制，依然用的是募兵，承平日久，挑选日疏，军律废弛，国威大弱。但在宋代积弱的军队里，也还出了不少著名军人，北宋如狄青，南宋如岳飞，是尤其著名的。尤其是岳飞，成为中国历史上的武圣人，足为弱宋增光不少。辽、金、元都是部族兵，与五胡北朝相仿。明代的卫所兵制，是师法唐代府兵制的，而且明代士大夫，都喜慷慨建功业，颇有豪气，很像唐代人物，因此明代国力也还不弱，直到亡国时，还是名将百出，在东北支撑危局的如熊廷弼、孙承宗、袁崇焕都由文臣出总师旅。若论才能，他们中间任何一人，都可抵抗住满洲，只因中央政治腐败，军事受其影响，遂使他们都失败了。这不能怪当时担任边事的将才不够。清代又是部族兵，亦如五胡北朝与辽金元，虽则同时加上一些召募的绿营兵，又是受的不平等待遇，因此清代只要满洲部族一腐化，国力便不振。现在我们国家，正在从募兵制渐次蜕化的途中，国民普遍从军的风气，尚未养成。而置身全球列强斗争的大漩涡里，又无法临阵脱逃。人家以精锐豪强来，我们以疲弱贫愚应，不仅器械不如人，队伍亦不如人。

环顾现势，回溯旧史，我们一定要走上西汉般的全民兵役制，否则如唐代之选民训民制，决不能以东晋、北宋之自由应募为保卫国家的长城。只是急切未能骤变。前中央号召十万知识青年从军，即是远追北周隋唐选拔中上等国民充当兵役的遗意，但依然是像晋宋般许我们自由应募，这也是一时不得已，然而国事艰难，大家应该踊跃以赴。在英美诸国，知识青年从军譬如家常便饭，用不着大惊小怪，但在中国今日，说到知识青年从军，依然像有极浓厚的浪漫文学的气味，依然像是传奇式的动人听闻，依然如读古史般充满着英雄式的慷慨情调，古人云"英雄造时势，时势造英雄"，又云"识时务者为俊杰"。今日知识青年从军，正是俊杰识时务者之所为，这个时势是极需要英雄的了，只看英雄如何不辜负此时势。我们很盼望在此知识青年从军的大潮流里，再出几个楚霸王与霍骠骑，或是再来几个周公瑾与诸葛孔明，或是再有几个李英公与李卫公，或是再有几个岳武穆与王文成。此乃国家民族前途祸福所系，全国知识青年，其速奋起！

（民国三十三年十一月重庆《大公报》专论）

复兴中华文化人人必读的几部书

一　引言

……我可以说，倘使在座的先生们，在五十岁以内出生的话，他从出生日起，已是我们中国人存心在怀疑，在反对，在破坏自己传统文化的时候了……我们已经是五十年来，造成风气，在怀疑，在反对，也可说在破坏这一套自己的文化。当然开始这一番思想、理论，也是为着爱国家、爱民族，其心无他，然而我们早已认为中国文化要不得，至少是看轻了中国文化，接下来就看轻了中国民族，看轻了中国人。那么我们要来救这个国家，救这个民族，就得另外来一套。那些觉得要另外来一套的是所谓前进分子，那些不能追随向前的人，便是顽固守旧要不得、该淘汰……我们五十年来的社会风气已如此，我们怎能在一年两年内，就有显著的改变，这当然是很困难的。

而且所谓"复兴文化"，也不是一个人、一个团体、一个机关所能负起责任的。这事千头万绪，我们每个人都该负起责任来。不能在一旁观看，说你有什么成绩？大家抱着这心理，这一运动便不会有很大乐观的前途。

可是我也可以从大体上讲，我们要复兴文化，在我们前面摆着有两条大路：一条路是"振兴学术"，这可以说少数知识分子，在学术界应该负的责任。我们研究有关中国各方面的学问，应该以复兴中华文化为抱负。不要对自己文化，专门去挑些可以批评的来批评，来反对。我们当知道，全世界各民族各文化，到今天为止，还没有一个能说真到了无可批评的地步。中国历史，至少已有三四千年的绵历。这中间哪有找不到毛病可批评的。从每一个人说，即使是一个大圣人，也会有过失。怎样一个强健的身体，到医院去检查，也总有毛病。我们现在的智识界总喜欢找我们历史里面零零碎碎的、向不受人注意的许多毛病，或许举出一件两件特殊的事，来大肆批评，这是最近几十年来的风气。到今天我们要振兴学术，该换一个方向，究竟中国文化里面有没有它的长处，长处在哪里？不要专找毛病。得要研究我们自己文化精华之所在，这决不是一年两年所能有成绩的事情。

另一条路是"改造风气"，这是一般社会的。譬如此刻大家看不起中国人，只看重外国人，这个风气弥漫整个社会，任何人都不免。我可以举很多具体的例来讲，可以拿一件一件的小事情来作证。今天我们虽是一个中国人，但只看重外国人，看不起中国人，接着就看不起自己。看不起了自己，还有何事肯认真实地去干？每一个家庭为父母的，总望能送子女往外国去留学，若是父母老了，七八十岁，他的子女不回来，长期居留在外国，甚至入了外国籍，照中国文化传统讲，那子女太不懂孝道。但为父母的，总觉得子女在外国，总比在中国强一点，不归来尽孝道也应该。这是他们太看重了外国，看不起中

国，看不起中国人，连自己也看不起，只要能沾到外国一点光也好。依照这种心理演变下去，中国断然会永远没有翻身的日子……

至于如何来提倡学术，改造风气，这都不是短时期一年两年内就能做到。今天我所讲的，是我们要复兴中华文化，能不能提出几部人人必读的书来？这与振兴学术改造风气这两方面都有关系。可是我今天所提出的，也只是一问题而已。我们要不要有这样几部书，能不能有这样几部书？这都是问题。我只借这个机会，举出几部书来，这几部书是不是我们人人必读，当然希望在座各位，乃至全社会，拿来做一个共同讨论的问题。此刻所讲只是我个人的想法。文化是一个共业，大家来共同合作。当我们的文化，在正常或是在隆盛的时候，好像一健康的人不注意到他的身体般，我们只在这个文化空气中生活着，大家不觉得，又好像我们此刻坐在这所房子里面，不注意到这房子。但今天我们的中国文化，已经到了一个支离破碎将次崩溃的时候，大家反对它，看不起它，至少怀疑它，在这时候来谈复兴，我们首先能不能集中到一个大方向，虽不能有个共同的信仰，也该有一个共同的了解，这里要提出几部人人必读的书，便是由这问题而起。可是所谓人人必读，我的想法，只要他能有相当于高中或大学的程度，社会上一切人都在内，是不是真能有一部两部或多几部，大家应该都看一下的书。这样可使大家在心里上有一共同的规范，或是共同了解。就如我们同在这个屋子里，自然大家的坐位可以在这边，在那边，人人尽可有不同，可是大家总是共同在此一个屋子之内，我们才能为此屋子有些想法，有些做法。所谓复兴文化，也该有一些共同向往之点，共同了解之点，至于意见，却尽不妨各人有各人之相异。

我们要从年轻人，譬如一个高中学生，直到老年人，不论他在社会还担任责任或不担任责任，不论他做什么事业、什么行业，都希望他能来读这样一本书或几本书，如此说来，也就觉得困难。要大家能读，不是说要我们少数人能读。若为今天来到这里听我讲话的人举出几本人人能读的书，还比较是轻而易举。但我们要着想到社会上的一般人，这就难了，能不能真有几本这样的书人人能读，而又是人人必读呢？说到这里，我要请各位原谅。我认为文化一定有传统，没有传统，便不叫作文化。若使今天有一位大思想家、大学问家，他发明一套新理论，提供一套新知识，但这不就叫文化，这是他个人的思想、理论、知识、研究成果。不晓得这些思想、理论、知识、成果，还要经过多少年，或是几十年或是几百年，而后才慢慢地变成了某一文化里重要的一部分，我们不能今天就把这个来叫作文化。我大胆告诉诸位，文化中一定有古老的东西，而且可说都是古老的。新的只是由此古老中所生，斩断了古老的根，便不能有新生的枝叶和花果。今天我们大家讲，复兴文化不是要复古，那么我请问各位，要复的是什么东西？你说我们要学外国人，但外国有外国之古，外国也不能只有今天一天全新的东西。你讲近代科学，近代科学也至少有两三百年之古在里面。讲民主政治，民主政治也至少有四五百年之古在里面，所以文化不能全是新的。全新的不成为文化，要慢慢在旧文化里演出新花样，这是中外一律的。所以我今天在此要想提出几部书来，却都是几部代表传统性的古老书，没有一部近代人的新出书。最重要的一点，我们要懂得我们以前的中国人，他们是怎样想法、怎样讲法、怎样做法？我们希望今天的中国人，能同我们的父母祖宗，几百年、一千年、两千年以前的中国人,通一口气,这才叫"有文化",叫"有传统"。若这口气不通的话,将来纵使中国或可以做出一个极富极强的国家来,但不一定就是文化复兴。至于一个并没有文化传统的民族与国家是否能极富极强,这是另一问题,不在此刻讨论。

现在我想要找几部人人必读的书,从前述意见讲来,还是要找出从前我们中国人大家读的书。这是比较客观的标准。若我今天提出一部书,与文化传统无关,可能这部书有贡献,有影响,或许可变成将来文化重要的一部分,确实使中国文化改造,起了新变化。可是在此刻,只是我一人意见,不能强人人必读。我们此刻是在"复兴中华文化"的前提之下来选几部书,此几部书,则是古人的,从前大家读过的,在中国社会上递传了多少年,有凭有据。不能说由我一个人来提倡读这几部书。否则我认为应该读什么几部书,你认为应该读什么几部书,各有各的意见,很难得调和。因此我们该是站在中国文化的立场,在中国传统文化里,看有哪几部特别应该看的书?其主要条件,则是从前中国人都曾看的。为何要把此做标准?这很简单,若要讲中国文化,则不能不理会到中国古人。此刻讲民主,该由大家投票表决。在今天你认为这几部书不该看,但是我们上一代、两代、三代、四代、十代、二十代历史上的古人,都曾读,都曾看重这几部书,那么这即是中华文化传统一向集中偏重在那里。我要把此标准来举出几部历史上大家都读的书,来作为我们今天也应该人人一看,让我们从此了解到从前中国人想些什么,讲些什么,看重些什么。这岂不与我们此刻要来复兴文化也有些关联。

但是这些书也不能是大书,大书不能大家有工夫去看。我已经讲过，若你在大学里当教授，设讲座，你可以从容研究。现在讲的是希望人人有一份。既不能是大书，同时又不能太专门。现在大学分科分得很细，很专门。或学文学，学史学，学经济，学法律，讲艺术，讲哲学。自然科学更不论，分门别类，实是太细太多了。我们现在的标准是人人的，不论你是艺术家、建筑师，或是医生，或是律师，或是任何行业，我们要在文化传统的共同之点上有一个了解，而来读这部书。而且要这部书不一定是学术界中人才能读，要男女老少行行色色人都能读。我告诉诸位，这像是难，却不难。只要真正是一部大有价值的书，大家都该读的书，也就绝不是一部专门书。要讲专门书，如讲史学，某一人某少数人可以读《二十四史》，却不能请大家都读《二十四史》。在学校里讲课，可以讲专门。而文化则不是一项专门学问，亦不能由某一项专门学问家来讲。我们需要的是有一个共同的了解，人人必读的书则绝非专门的，而且也绝不是大部的书。大部的书只可放在图书馆里去研究成一个学者。现在是要社会上流行的书，是要人人能读的书，那往往是几句话的书，绝不是大书。唯其是几句话的书，所以能流传到整个社会，所以能成为文化传统中一个共同的目标。但是不是有这样的书呢？我此下所举，当然只是我个人的意见。

我上面讲的这套话，我想第一是原则上的，要先讨论，是不是要提出几部我们应该提倡大家来看的书。第二是这类的书，一定要有传统性，要能使我们中华民族上下通气。要使今天我们有一口气通到上面中国古人身边去。诸位不要怕这就是落伍，其实这是不落伍的，这些书应该在今天还是有价值。若使中国古书在今天都落伍了，那么这就是中国文化落伍，所以有些人要提倡线装书扔毛厕里，要废止汉字，要用罗马字拼音，这就没有话讲了。若使我们中国古代还有几部传统性的书，这套思想，这套理论，今天还有价值，那么我们中国文化就该存在，我们今天自该也来用心一看。要说这都没有了，只有要我们今天来创造一番新的，我请问诸位，怎样般去创造？那就只有到外国留学去，但这也不是创造，只是去拿人家的，来借作自己的用。倘使我们本来没有，去拿一点人家的来，这事也还简单。譬如这房子里面空荡荡的没有东西，搬张桌子来，搬张椅子来，很简单。所可恨的，是我们这所房子里早有东西充满了，要从外面拿进来，先要把自己里面的拿出去。所以先要打倒中国文化，就是这个理由。因为外面的拿不进，拿进来了又不合式，则只有先拿掉里面的。又可恨，里面的拿不走，又拿不尽。我们今天的问题在这里……我们能不能从正面来具体想想，究竟中国文化有没有些存在的价值？若我们真认为有，那么我们要复兴中华文化，便应该在中国的旧书里，找出几部人人必读的，至少希望造成一种风气，亦可为振兴学术奠一基础。

二　四书——论语、孟子、大学、中庸

我想举的第一部书是《论语》。你若要反对中国文化，那很简单，第一就该打倒孔家店。当时立意要打倒孔家店的人，就都在《论语》里找话柄。如说"唯女子与小人为难养也"，说这是孔子看不起女人。又如说"民可使由之，不可使知之"，说孔子主张愚民政策。又如"子见南子"，把来编成剧本表演。拿《论语》里凡可以挑剔出毛病的，都找出来。至于如《论语》开卷所说"学而时习之，不亦

说乎？"有何毛病呢？这就不管了。至少从汉朝开始，那时中国人就普遍读《论语》，像如今天的小学教科书。《论语》《孝经》《尔雅》，人人必读。《尔雅》是一部字典，现在我们另外有合用的字典，不需要读《尔雅》。《孝经》今天也不须读，已经经过很多人研究，《孝经》并不是孔子讲的话。我想《论语》还应该是我们今天人人必读的一部书。倘使要找一部比《论语》更重要，可以用来了解中国文化，又是人人可读的，我想这不容易。只有《论语》，照我刚才所讲条件，从汉朝起，到我们高呼打倒孔家店时为止，本是人人必读的，在中国没有一个读书人不读《论语》，已是经历了两千年。我们要了解一些中国文化，我想至少该看看《论语》。

既然要读《论语》，便连带要读《孟子》。讲孔子讲得最好的，莫过于孟子，宋代以后的中国人常合称孔孟。唐朝以前只叫周、孔，不叫孔、孟，这不能说不是中国后代一个大进步。说周孔，是看重在政治上。说孔孟，是看重在学术、教育上。至少从宋朝到现在，一般中国人都拿孔孟并称，所以我们读《论语》也该连读《孟子》。《论》《孟》这两本书我现在举出为大家该读之书，读了《论语》有不懂，再读《孟子》，容易帮我们懂孔子。

既然讲到《论语》和《孟子》，又就联想到《大学》和《中庸》，这在宋代以来合叫作《四书》。实际上，《大学》《中庸》只是两篇文章，收在《小戴礼记》中，不算是两部独立的书。但很早就有人看重这两篇文章。到了宋朝，特别是到了朱夫子，就拿《大学》《论语》《孟子》《中庸》，合称《四书》。他说《大学》是我们开始第一本该读的。中间所讲格物、致知、诚意、正心、修身、齐家、治国、平天下，八个大纲领。把中国学术重要之点全包在内。使一个初学的人，开始就可知道我们做学问的大规模，有这样八个纲领。至于如何来讲究这格物、致知、诚意、正心、修身、齐家、治国、平天下这一套，就该进而读《论语》和《孟子》。这样读过以后，才叫我们读《中庸》。《中庸》有些话讲得深微奥妙，好像我们今天说太哲学了。所以朱子说，《四书》的顺序，该最后才读《中庸》。后来坊间印本书，《大学》《中庸》的分量都太单薄了，就把这两本书合订成一本，于是小孩子跑进学校，就先读《大学》《中庸》，再读《论语》《孟子》，这就违背了我们提倡读《四书》的人的原来意见。可是《四书》认为是我们人人必读的书，从元朝就开始，到今天已经七百年。

我的想法，我们既然要读《论语》《孟子》，兼读《大学》《中庸》也省事，而且《大学》《中庸》这两篇文章，也是两千年前已有，中间确也有些很高深的道理。我们不必把它和《语》《孟》再拆开，说读了《语》《孟》，便不必读《学》《庸》，所以我主张还是恢复旧传统旧习惯，依然读四书，只把读的方法变动些。不要在开始进学校识字就读，我也不主张在学校里正式开这《四书》一门课。我只希望能在社会上提倡风气，有了高中程度的人，大家应该看看这《四书》。尤其重要的，读《四书》一定该读朱子的《注》。提倡《四书》的是朱子，朱子一生，从他开始著作，经历四十年之久，把他全部精力多半放在为《四书》作《注》这一工作上，因此朱子的《论孟集注》《学庸章句》可以说是一部非常值得读的书。我们中国的大学者，多方面有成就，在社会上有最大影响的，所谓"集大成"的学者，上面是孔子，下面是朱子。朱子到今天也已八百年，我们不该不看重这个人。《四书》是两千年前的书，今天我们不易读。我们拿八百年前朱子的注来读两千年前的《四书》，这就容易些。直到今天，还没有一个人注《四书》能超过了朱子。所以我希望诸位倘使去读《论语》《孟子》《大学》《中庸》，一定要仔细看朱子的《注》。

我再敢直率讲一句，倘使我们读了《四书》，就不必读《五经》。当时宋朝人提出这《四书》来，就是要我们把《四书》来替代《五经》。读《四书》，既省力又得益多。至于《五经》，在汉代以来就规定为大学教材的，然而《五经》不易读。在汉时，已经讲得各家各说，莫衷一是。朱子也曾在《五经》里下工夫，但他一生，只讲了两部经，一是《诗经》，一是《易经》。可是他后来说他的工夫浪费了，他读《诗》《易》所得，远不如他读《四书》所得之多而大。倘使我们今天还要拿《诗》和《易》来做人人必读的书，那就有些不识时务。至于《春秋》，那是孔子自己写的，但谁能真懂得《春秋》？朱子说，他对《春秋》实在不能懂。直到今天，也没有人真能懂。讲《春秋》的，就要根据《左传》《谷梁传》《公羊传》，把这《三传》的讲法来讲《春秋》，但《三传》讲法又不同。所以讲《春秋》的一向要吵架。朱子劝他学生们且不要去读《春秋》，现在人还要来讲《春秋》，这是自欺欺人。谁也不懂得。又若讲礼，《仪礼》十七篇今天社会上哪里行得通。而且从唐代韩昌黎起他已说不懂这部书。从唐到清几是讲礼的，都得是专家之学，不是人人能懂，而且也易起争辨。若论《书经》，清代如戴东原，近代如王静安，都说它难读难懂。目前学者，还不见有超出戴、王的，他们如何却对《书经》能读能懂。所以我认为到今天我们还要来提倡读经，实是大可不必了。但我也并不是要主张废止经学,经学可以待大学文科毕业,进入研究院的人来研究。纵使在大学研究院,也该郑重其事。近代能读古书的大师如梁任公王静安他们在清华大学研究院做导师,也不曾提倡研究经学。若要稍通大义则可,要一部一部一字一句来讲,要在经学中做专门研究,其事实不易。王静安研究龟甲文,讲训诂,讲经学。据说他劝学者略看《仪礼》,因为名物制度有些和研究龟甲文有关。譬如一个庙,一项祭典,一件衣服,龟甲文中有些字非参考《仪礼》《尚书》守古经典不可。一言以蔽之,我并不反对大学研究院有绝顶的高才生,真等经学专家做导师,再来研究《五经》,来一部一部做研究。可是从宋朝起,一般而论,大家就已不像汉、唐时代以经学为主。元、明、清三朝的科举考试,虽也考《五经》,实际上只要第一场《四书》录取,第二场以下的《五经》只是名义上亦加考试,而录取标准并不在此。这三朝来,如《通志堂经解》,《清经解》正、续编,卷帙繁重,真是汗牛充栋,不先理会这些书,又如何来对经学上有更进一步之新发现。所以我认为我们今天虽要提倡文化复兴,似乎可以不必再要人去读《五经》。读通《五经》的是孔子,我们今天读了孔子的书,也就够了。而且经学中也尽有孔子所没有读过的,譬如《仪礼》,这是孔子以后的书,孔子一定没有读过。

今天我们要讲复兴文化,并不是说不许人复古,但古代的东西也该有一选择。更要是使人能了解。近人又认为《五经》虽难懂,翻成语体文便易懂,但先要有人真能懂,才能翻。若请梁任公、王静安来翻,他们必然敬谢不敏。在清朝时代讲经学,那时尚有个行市、行情。一人说错了,别人来纠正。今天经学已无行市、行情可言,大家不管了，一个人如此讲，别人也无法来批评，你是一个专家，尽你讲，没人做批评。却要叫人人来读你翻的，那太危险了。所以我想《五经》最好是不读，我们就读《四书》吧。

三 老子、庄子

但是我要告诉诸位，讲中国文化，也不是儒家一家就可代表得尽，还有《庄子》《老子》道家一派的思想，从秦开始到清也历两千载。我们最多只能说道家思想不是正面的、不是最重要的。但不能说在中国文化里没有道家思想之成分。儒、道两家思想固有不同，但不能说此两派思想完全违反如水火冰炭不相容。我们要构造一所房子，决不是一根木头能造成的。我们讲文化，也决不是一家思想所能构成。

中国自汉到清，恐怕读过《庄子》《老子》书的很多，不曾读过《庄子》《老子》书的很少。如陆德明《经典释文》中有《庄》《老》，但无《孟子》。宋以前不论，宋以后虽则大家读《四书》，但还是大家都兼看《庄》《老》。我想要讲中国文化，应该把《孔》《孟》《庄》《老》定为《四书》。儒、道两家在中国传统文化中是一阴一阳，一正一反，一面子，一夹里。虽在宋朝以下，所谓《四书》是《大学》《中庸》《论语》《孟子》，可是我们今天是要讲中华文化，不是单讲儒家思想。儒家思想是中国文化里一根大梁，但其他支撑此文化架构的，也得要。所以我主张大家也不妨可以注意读《庄》《老》。《老子》只有五千言，其实《论语》也不过一万多字，《孟子》多了，也不过三万多字。今人一动笔，一口气写一篇五千一万三万字的文章并不太困难，读《论语》《老子》《孟子》三书合共不超过六万字，这又有什么困难呀！每天看一份报章，也就五六万字一气看下了。只有《庄子》三十三篇较为麻烦一些。但我想，我们读《庄子》，只要读《内篇》七篇，不读其《外篇》《杂篇》也可以，当然喜欢全读也尽可全读。但《内篇》大体是庄子自己写的，《外篇》《杂篇》或许也有庄子自己的话，或许更多是庄子的学生及其后学们的话加上去。《内篇》七篇也不到一万字上下，读来很轻松。

若我们要读《庄子》《老子》的话，大家知道，《老子》有王弼《注》，《庄子》有郭象《注》，但两部注书实不同。从王弼到郭象，还有几十年到一百年，这个时候正是中国大变的时候，等于我们从民国初年到今天，思想、学术、社会上各方面都大变。所以我们看王弼注的《老子》，也还不太离谱。至于郭象注《庄子》，文章写得很好，可是这些话是郭象自己的意见，并不是《庄子》的原意。我们若要研究中国思想史，应该有一个郭象的思想在那里。他的思想正在他的《庄子》注里面。倘使我们喜欢，当然郭象的文章比较容易读，庄子的文章比较难读。但是我们读了郭象《注》，结果我们认识了郭象的思想而误会了庄子的思想，那也不好。因此我想另外介绍一本注《庄子》的书，那是清代末年的王先谦。他有一部《庄子集解》，这部书商务印书馆有卖，篇幅不大。有两个好处：一是注得简单。庄子是一个哲学家，但他的注不重在哲学，只把《庄子》原文调直一番，加一些字句解释便是。第二个好处是他把《庄子》原文分成一章一节，更易读。若你读郭象《注》，读成玄英《疏》，一篇文章连下去，就较麻烦。能分章分节去读便较容易。《论语》《孟子》《老子》都是一章一章的，只有《庄子》是一长篇，所以要难读些。也把来分了章，便不难。若这一章读不懂，不妨跳过去读下一章，总有几章能懂的。

诸位当知，这些都是两千年前人的书，此刻我们来读，定不能一字一句都懂，你又不是在个大学开课设讲座，来讲孔、孟、庄、老。只求略通大义即得。纵使大学讲座教授，有学生问，这字怎样讲？教授也可说这字现在还无法确定讲，虽有几个讲法，我都不认为对，且慢慢放在那里，不必字字要讲究。大学教授可以这样，提出博士论文也可以这样。写一本研究《庄子》的书，也可说这里不能讲，讲不通。真讲书的人，其实哪本书真能从头到尾讲，每一字都讲得清楚明白呢？这是一件不可能的事。假读书的人，会把这些来难你，叫你不敢读，或者一样来假读不真读。这些话，并不是我故意来开方便之门，从来读书人都如此。能读通大义，才是真读书。或许诸位会问，那么朱子注《四书》不也是逐字逐句讲究吗？但朱子是个数一数二的大学者，他注《四书》为方便我们普通读《四书》的人。我们是普通的读书人，为要读书，不为要注书。而且我们只要普通能读，不为要人人成学者。这里是有绝大分别的。从前人说读《六经》，我想现在把《论语》《孟子》《大学》《中庸》《老子》《庄子》定为"新六经"，那就易读，而且得益也多些。

四 六祖坛经

以上所讲都是秦朝以前的古书，但我还要讲句话，中国的文化传统里，不仅有孔子、老子，儒家道家，还有佛学。其原始虽不是中国的，但佛教传进中国以后，从东汉末年到隋唐，佛学在中国社会普遍流行，上自皇帝、宰相，下至一切人等信佛教的多了，实已成为中国文化之一支。直到今天，我们到处信佛教的人还是不少。印度佛教经典，几乎全部翻成了中文，如《大藏经》《续藏经》，所收真是浩瀚惊人，而且历代的《高僧传》，不少具有大智慧、大修养、大气魄、大力量的人，在社会上引起了大影响，那些十分之九以上都是中国人，你哪能说佛教还不是中国文化的一支呢？这正是中国民族的伟大，把外来文化吸收融化，成为自己文化之一支。

据此推论，将来我们也能把西方文化吸收过来融化了，也像佛教般，也变成为中国文化之又一支，那决不是一件不可想象的事。而且佛教是讲出世的，孔、孟、庄、老都是讲入世的，出世、入世两面尚能讲得通，至于我们吸收近代西方文化讲民主、讲科学，这些都是入世的，哪有在中国会讲不通之理？从前中国人讲修身、齐家、治国、平天下，讲治国平天下怎样不讲经济？又怎样不喜欢讲民主？我们何必要拿这所房子里的东西一起全搬出去了，才能拿新的进来。从前人讲佛教，拿佛经一部一部的翻，使中国社会上每个人都能读，何尝是先要把中国古书烧掉，抑扔进毛厕去。今天讲西方文化的人，却不肯把西方书多翻几本，有人肯翻，却挑眼说他翻错了。翻错了也不打紧，《金刚经》薄薄一小本，不也翻了七次吗。不论翻书，连讲话也不肯讲中国话，必要用英语讲，至少遇话中重要字必讲英语。这样，好像存心不要外国文化能变成中国文化，却硬要中国舍弃自己一切来接受外国文化，那比起中国古僧人来，真大差劲了。最了不起的是唐玄奘，他在中国早把各宗派的佛经都研究了，他又亲到印度去。路上千辛万苦不用提，他从印度回来，也只从事翻译工作。他的翻译和别人不同，他要把中国还没有翻过来的佛经关于某一部分的全部翻。他要把全部佛教经典流传在中国，那种信仰和气魄也真是伟大。

若使现代中国这一百年乃至五十年来，亦有一个真崇信西洋文化像玄奘般的人来毕生宏扬，要把西方文化传进中国来，也决不是一件难事。若使玄奘当时，他因要传进佛学先来从事打倒孔子、老子，我也怕他会白费了精力，不仅无效果，抑且增纠纷。

隋唐时，佛教里还有许多中国人自创的新宗派，以后认为这些是中国的佛学。这里有三大派，天台宗、禅宗、华严宗，而最重要的尤其是禅宗。在唐以后中国社会最流行，几乎唐以后的佛教，成为禅宗的天下。我这些话，并不是来提倡佛教，更不是在佛教里面来提倡禅宗，诸位千万不要误会。或许有信佛教的人在此听讲，不要认为我太偏，我来大力讲禅宗，我只说中国唐代以后，中国佛教中最盛行的是禅宗。这只是一件历史事实。因此我要选出唐代禅宗开山的第一部书，那就是《六祖坛经》。这是在中国第一部用白话文来写的书。这书篇幅不大，很易看，也很易懂。而且我们此刻自然有不少人热心想把西洋文化传进中国，那更该一读此书，其中道理，我不想在此详细讲。

我记得我看《六祖坛经》，第一遍只看了整整一个半天，就看完了，但看得手不忍释。那时很年轻，刚过二十岁，那天星期，恰有些小毛病，觉得无聊，随手翻这本书，我想一个高中学生也就应该能读这本书的了。如此一来，我上面举出的书里，儒、释、道三教都有了。也许有人又要问，你为什么专举些儒、释、道三教的书，或说是有关思想方面的书呢？这也有我的理由。若讲历史，讲文学，讲其他，不免都是专门之学，要人去做专家。我只是举出一些能影响到整个社会人生方面的书，这些书多讲些做人道理，使人人懂得，即如何去做一个中国人。若能人人都像样做个中国人，自然便是复兴中国文化一条最重要的大道。这是我所以举此诸书之理由。这样我上面举了六经，此刻加上《六祖坛经》，可以说是"七经"了。

五　近思录、传习录

从唐代《六祖坛经》以后，我还想在宋、明两代的理学家中再举两书。诸位也许又要说，理学家不便是儒家吗？但我们要知道，宋明两代的理学家已经受了道家、佛家的影响，他们已能把中国的儒、释、道三大派融化会通成为后代的"新儒家"。

从历史来说，宋以后是我们中国一个新时代，若说孔、孟、老、庄是上古，禅宗《六祖坛经》是中古，那宋明理学便是近古，它已和唐以前的中国远有不同了。现在我想在宋明理学中再举出两部书来：一部是朱子所编的《近思录》，这书把北宋理学家周濂溪、程明道、程伊川、张横渠四位的话分类编集。到清朝江永，把朱子讲的话逐条注在《近思录》之下，于是《近思录》就等于是五个人讲话的一选本。这样一来，宋朝理学大体也就在这里了。

也许有人说我是不是来提倡理学呢？这也不是。在《近思录》的第一卷，朱子自己曾说，这一卷不必读。为何呢？因这中间讲的道理太高深，如讲《太极图》之类，也可说是太哲学了。既不要人人做一哲学家，因此不必要大家读。下面讲的只是些做人道理，读一句有一句之用，读一卷有一卷之用，适合于一般人读，不像前面一卷是为专门研究理学的人读的，所以我们尽可只读下面的。我选此书，也不是要人去研究理学，只是盼人注重"做人"，则此书实是有用的。

最后一本是明代王阳明先生的《传习录》，这本书也是人人能读的。我劝人读《六祖坛经》，因六祖是一个不识字的人。当然后来他应识得几个字，可是他确实不是读书人。他也不会自己来写一本书。那部《坛经》是他的佛门弟子为他记下，如是的一本书，我说一个高中程度的人应能读。至于王阳明自己是一个大学者，但他讲的道理，却说不读书人也能懂，他的话不一定是讲给读书人听，不读书人也能听。而且阳明先生的《传习录》，和朱子的《近思录》，恰恰一面是讲陆王之学的，一面是讲程朱之学。宋明理学中的两大派别，我也平等地选在这里。教人不分门户平等来看。

六 结言

以上我所举的书，《论语》《孟子》《大学》《中庸》《老子》《庄子》《六祖坛经》《近思录》《传习录》，共九部。九部书中，有孔、孟，有庄、老，有佛家，有程、朱，有陆、王，种种派别。我们当知中国文化，本不是一个人一家派所建立的。诸位读这九部书，喜欢那一派、喜欢这一派，都可以，而且我举此九部书，更有一个特别重要的，因此九部书其实都不是一部书，都可以分成一章一节。诸位果是很忙，没有工夫的话，上毛厕时也可带一本，读上一条也有益，一条是一条。不必从头到尾通体去读。倘使你遇有闲时，一杯清茶，或者一杯咖啡，躺在藤椅子上，随便拿一本，或是《近思录》，或是阳明《传习录》，依然可以看上一条、两条就算了。究看那些条，这又随你高兴，像抽签一样，抽到哪条就哪条。

或有人说，中国人的思想就是这么不科学，没系统、无组织。但我认为中国思想之伟大处，也就在这地方，不从一部一部的书来专讲一个道理。我们只是一句一个道理、一条一个道理，但那些道理到后却讲得通，全部都通了。西方人喜欢用一大部书来专讲一个道理。像马克思的《资本论》，老实说，我从没有时间来读它，其实西方人真能从头到尾读它的恐怕也不多，如果马克思是一个中国人，他受了中国文化影响，我想只很简单两句话就够了，说你这些资本家太不讲人道，赚了这许多钱，也该为你的劳工们想想办法，让他们的生活也得改好些。这就好了。如此说来，他的话也是天经地义，一些也没错……

我对西洋哲学，当然是外行。但我觉得一部书从头到尾读完，其实也只几句话。但他这几句话，必须用许多话来证。中国书中讲一句是一句，讲两句是两句，不用再有证。只此一句两句已把他要说的道理说完了。所以西方哲学，是出乎人生之外的，要放在大学或研究院里去研究，中国人孔、孟、庄、老所说的话，是只在人生之内的，人人可以读，人人也能懂。从这个门进来，可以从那个门出去，随便哪条路，路路可通。我们中国人认为有最高价值的书应如此。

我所举的这九部书，每部书都如此。可以随你便挑一段读，读了可以随便放下，你若有所得，所得就在这一条。如《论语》云："言忠信，行笃敬，虽蛮貊之邦，行矣。言不忠信，行不笃敬，虽州里行乎哉！"你若到外国留学去，这段话对你恰好正有用。我们此刻要讲中国文化，孔子思想，卑之毋甚高论，即如"言忠信、行笃敬"六字也有用，难道有此六字，便使你不能留学！必得先打倒孔家店才能留学吗？若要民主与科学，有此六字亦何害？你到外国，言不忠信，行不笃敬，你在家里，你到街上，言不忠信，行不笃敬，到底会行不通。难道你嫌孔子讲的思想太简单？但中国思想的长处就在这简单上。我不说外国思想要不得，但和我们确有些不同。正如一人是网球家，一人是拉小提琴的，你拿打网球的条件来批评拉小提琴，只见短处，不见长处；只有不是，没有是处。你总是要我把小提琴丢了，来打网球，那未免太主观太不近人情。我们不能尽拿外国的来批评中国，等于不能拿狮子来比老鹰，老鹰在天上，狮子不能上天去。

我这样讲，你说我顽固守旧，那也没法。我在小孩时最受影响的有一故事，试讲给诸位听。那时我在初级小学，那是前清光绪时代，一位教体操的先生，他摸摸我的头，问我说："你会读《三国演义》是吗？"我说"是的"。他说："这书不要读，开头就错了，什么叫作天下分久必合，合久必分，一治一乱，这都是中国人走错了路，中国的历史才这样。你看外国，像英国、法国，他们治了还会乱，合了还会分吗？"那是六十多年前的事。中国人崇拜西洋，排斥中国自己的那一套心理，前清时代就有，我在小学时那位体操先生就是思想前进早会讲这些话。但现在的英国、法国又是如何呢？我的意思，还是劝诸位且一读这九部书，也不劝诸位去全部读，可以一条一条随便地读。读了一条又一条,其间可以会通。如读《论语》这一条,再翻《论语》那一条,这条通了,那条也可通。读了王阳明这一条,再读王阳明那一条,其间也可以通。甚至九部书全可得会通。

…………

这九部书中,也不一定要全读,读八部也可七部也可。只读一部也可。若只读一部,我劝诸位读《论语》。《论语》二十篇,至少有几篇可以不读,譬如第十篇《乡党》,记孔子平常生活,吃什么穿什么,那一篇可以不读。最后一篇《尧曰》,不晓得讲些什么,也可不读,只《尧曰篇》最后一条却该读。如是一来,《论语》二十篇只读十八篇也好。十八篇中你不喜欢的,也可不必读,譬如上面说过"唯女子与小人为难养也",这一条,你说不行,你不读这条也好。哪一部书找不出一点毛病,不要把这一点毛病来废了全书。你不能说孔子这人根本就不行,当知这只是一种时代风气,时代过了,那些便只是偏见,很幼稚,很可笑。《孟子》的文章是好的,《庄子》文章也好,若不能全读,只读《内篇》,就《内篇》中分章分段把懂的读。其余各书当然一样。我们既不是要考博士,又不是应聘到大学里去当教授,既为中国人,也该读几部从前中国人人人读的书。若有人把这几本书来问你懂不懂,你尽说不懂便好。你若把书中道理你懂得的讲,人家会把西洋人见解和你辩。那是急切辩不出结果来的。只要我读了一遍感觉有兴趣,自然会读第二遍,读一条感觉有兴趣,自然会读第二条。

让我再举一故事。那时我还不到二十岁,十九岁时,那是民国二年,已在一小学里教书。一天病了,有一位朋友同在一校,他说他觉得《论语》里有一条话很好,我问哪一条,他说"子之所慎,齐、战、疾"一条很好。他说你此刻生病,正用得着,应该谨慎,小心一点,不要不当一件事,不要大意,可也不要害怕,不要紧张,请个医生看看,一两天就会好。我到今天还记得那一段话。还觉得《论语》此一条其味无穷,使我更增加读《论语》的兴趣。你不能说今天是二十世纪,是科学时代,这一条七个字要不得,不能存在了。其实在《论语》里,直到今天还可以存在的,绝不只这一条七个字。如"言忠信,行笃敬",这条能不能存在呢?"子曰:'学而时习之……'"这条能不能存在呢?你若用笔去圈出其能存在的。第一遍至少圈得出二三十条,第二遍可圈出七八十条都不止。

还有一位朋友问我对《论语》最喜欢哪一条,我一时感的奇怪,说我并没注意喜欢哪一条。我反问他你喜欢哪一条呢?他说他最喜欢"饭疏食,饮水,曲肱而枕之,乐亦在其中矣。不义而富且贵。于我如浮云"那一条。那位先生比我还要穷,他喜欢这一条,是有特别会心的。我仔细再把这一条来读,我说你讲得好。回想那时,民国初年,在小学里教书,还能有朋友相讨论,此刻是不同了,肯读《论语》的人更少了。

我今天所讲,当然并不是一个学术上的问题,读书得其大意,为自己受用。若能成为风气,大家来读,那时情形就更不同,可以互相讨论,可以温故知新,可以各自受用。不论政、军、商、学各界,学科学的、做医生的都可读,医院里的护士,店铺里的伙计都该读。此刻的问题我所举的几部书是不是可以替换?这也无所谓。只要是大家能读,容易读,而读了又有用。

今天我大胆地提出这九部书，这九部书，可以减，可以加。有几部该读注，有几部不要注。从前我曾把王阳明先生的《传习录》做一节要本，并不是说某几条不重要故节了，我只把《传习录》里凡引到《大学》《论语》《孟子》，引到其他古书的都删了，我要使一个只懂白话，一本古书也没有读过的，让他去读这节本，我是这样节法的。我想诸位劝别人读阳明先生的《传习录》，他要说他没有读过中国古书，好了，凡是里面引到《论语》《大学》《孟子》种种古书的暂且都不要读，不好吗！等他读了有兴趣，再去找本《四书》看，自然会把自己领上一条路。最难的是对中国无兴趣，对中国古人古书更无兴趣，那就无话可讲。但如此下去，终必对自己也无兴趣，对中国人一切无兴趣，把中国人的地位全抹杀，中国的前途也真没有了。

我们今天如何来改造社会转移风气，只有从自己心上做起，我最后可以告诉诸位，至少我自己是得了这几部书的好处，所以我到今天，还能觉得做一中国人也可有光荣。

（一九六七年十二月十七日复兴中国文化会第十次学术讲演，一九六八年二月《青年战士报》）

简体版出版说明

所谓文化，兹事体大。

《中国文化丛谈》是钱穆先生系统论述中国文化的一部经典之作，详细论述了中国文化的内在本质，以及它的成长与发展。

本书为大陆首发简体中文版，对原版本进行了繁体竖排转简体横排的处理，订正了体例、格式、标点符号等方面的错误。至于钱穆先生原书的内容，本版均以保留原貌为首选。

钱穆先生借本书解答了"何谓中国"的文化疑惑，在得与失的反思中，打开中国文化的经验。